中國学術思想 研究輯刊

十二編

林慶彰 主編

第 31 冊

《說文解字》數術思想研究（下）

陳雅雯 著

花木蘭文化出版社

國家圖書館出版品預行編目資料

《說文解字》數術思想研究(下)／陳雅雯 著 — 初版 — 新北市：
花木蘭文化出版社，2011〔民 100〕
目 4+188 面；19×26 公分
（中國學術思想研究輯刊 十二編：第 31 冊）
ISBN：978-986-254-672-7（精裝）
1. 說文解字　2. 研究考訂
030.8　　　　　　　　　　　　　　　100015937

ISBN-978-986-254-672-7

9 789862 546727

中國學術思想研究輯刊
十二編　第三一冊　　　　　　　ISBN：978-986-254-672-7

《說文解字》數術思想研究（下）

作　　者　陳雅雯
主　　編　林慶彰
總 編 輯　杜潔祥
出　　版　花木蘭文化出版社
發 行 所　花木蘭文化出版社
發 行 人　高小娟
聯絡地址　新北市永和區中正路五九五號七樓
　　　　　電話：02-2923-1455／傳真：02-2923-1452
網　　址　http://www.huamulan.tw 信箱 sut81518@gmail.com
印　　刷　普羅文化出版廣告事業
封面設計　劉開工作室
初　　版　2011 年 9 月
定　　價　十二編 55 冊（精裝）新台幣 90,000 元

《說文解字》數術思想研究（下）

陳雅雯　著

目

次

第六章　《說文解字》方技思想

　　本論文第二章作「數術」釋名時，已將本論題的「數術」定位爲廣義的數術，其義相當於《後漢書・方術列傳》的「方術」，指涉範疇同時包含《漢書・藝文志》的「數術略」與「方技略」兩類。這兩略雖是各自獨立的體系，但說到共同的思想底蘊則離不開陰陽、三才、五行、八卦、干支等數術元素。因此，本文在探討《說文》的《易》學、陰陽五行、天文律曆之後，連結《說文》的方技知識，一者完善本文廣義數術的論述範疇；二者使前三章的數術思想繼續在本章發酵、作用，貫通彼此的思想氣脈。《漢書・藝文志》的方技略包括醫經、經方、房中、神儒四部分，是古代的醫學總匯。本章據此分項類目，作爲《說文》方技知識的分類標準，方便字例的歸屬與陳述，總體掌握數術思想在醫學方技所起的共鳴與影響。

　　醫學方技與數術在「術」的範疇下，共同的核心內容皆攸關人的生死吉凶，只不過一個側重生理與病理，一個偏重倫理與心理。醫術是對於人的體內吉凶作占驗，數術是對人的外在行爲吉凶作占驗。〔註1〕「診」是中醫的病症判斷，《史記・扁鵲倉公列傳》：「特以診脈爲名耳。」索隱云：「馬彪云：診，占也。」可見醫術與數術在具體操作之下，具有「占」的相通性，兩者常處於密不可分的狀態。如《史記・扁鵲倉公列傳》索隱云：「王劭云：醫方宜與日者、龜筴相接，不合列於此，後人誤之也。」正義云：「此傳是醫方，合與龜策、日者相次。」都是強調醫者與方士相似的屬性，淳于意擅長醫術，在該文以「方術」、「方數」、「數」、「術數」通稱。《漢書・藝文志》視醫學爲方技，列在數術之後；《後漢書・伏湛傳》注曰：「術謂醫、方、卜、筮。」皆可證明醫術與數術雖各有側重，但占診的質性相似，目的一致，古代醫學

〔註1〕 俞曉群，《數術探秘》（北京：三聯書店，1995.8），頁211-212。

走的是數術身體觀這一條路線。

　　繼承先秦諸子及《周易》陰陽學說，古代醫理認為陰陽是生成世界萬物的兩種氣，《素問・陰陽應象大論》云：「陰陽者，天地之道也，萬物之綱紀，變化之父母，生殺之本始，神明之府也。」「陰陽者，萬物之能始也。」〈生氣通天論〉云：「自古通天者，生之本，本於陰陽。」〈四氣調神大論〉云：「夫陰陽四時者，萬物之終始也，死生之本也，逆之則災害生，從之則苛疾不起，是謂得道。道者，聖人行之，愚者佩之。從陰陽則生，逆之則死；從之則治，逆之則亂。」陰陽變化之道，支配著萬物的生成，一切萬物運動發展源於陰陽，故稱「變化之父母」、「神明之府也」、「死生之本也」，人只能遵循，不可違背。這種運轉變化是取決於陰陽的對立與互根，來維持調和平衡。

　　同樣地，五行說施之於中醫領域，說明人體生理病理極其外在環境的相互關係，指導了臨床診斷和治療的中醫五行理論。人體臟腑組織器官有五行的歸屬，同時更把五行之間的生、剋、乘、侮關係應用於五臟，即正常情況下的我生、生我、我剋、剋我，和非正常狀況下的我乘、乘我、我侮、侮我。通過這些關係作用，五臟之間形成密不可分的有機體，任何一臟對另一臟的作用，都會引起其他各臟連鎖式的反應，並產生一種相反的力量，反作用於該臟，抵銷其發生的作用，從而得到反饋調節，恢復系統的平衡狀態或產生新的平衡。

　　先秦精氣、陰陽五行學說在醫方得到充分的發展，至此可有初步的認識。探知《說文》的方技知識正可藉助這些醫理基礎，在數術的領域中，一方面開啟《說文》的醫方論述，一方面與《說文》這些論述的根底思想作連結。研究「天道」與「生命」同是數術不可偏廢的課題，前者研究對象為天地自然，從天地大象以切入人事，進而達到預測和說明人事吉凶的目的；後者研究對象是人本身，從人道入手，旁及天地自然，以達到卻老延年、福壽天地的目的。古人論醫理與人身雖自成體系，但認識的背景知識是天學（《漢書・藝文志》的「數術略」），由「天道」（大宇宙）的哲思底蘊看待「生命」（小宇宙）（《漢書・藝文志》的「方技略」）的持存運作原理，《說文》與漢代數術思想研究才得以完整。

第一節　醫經類

　　《史記・扁鵲倉公列傳》記載齊王侍醫遂病，墨守扁鵲教條，自練五石

服之，結果病篤而死。淳于意批評他對醫理片面膚淺，指出「扁鵲雖言若是，然必審診，起度量，立規矩，稱權衡，合色脈，表裏有餘，不足順逆之法，參其人動靜，與息相應，乃可以論。」醫理著重具體性、整體性、縝密性的辯証，才能對治下藥。《漢書・藝文志》云：「醫經者，原人血脈、經絡、骨髓、陰陽、表裏，以起百病之本，死生之分，而用度箴石湯火所施，調百藥齊和之所宜。至齊之得，猶磁石取鐵，以物相使。拙者失理，以瘉爲劇，以生爲死。」從其所列的書目，〔註2〕可知醫經與醫學理論、生理學、病理學、診斷學有關。治療方法則爲「度箴石湯火所施」的外治法和「調百藥齊和之所宜」的方劑學。小序中的「陰陽表裏」即是陰陽家這一系的思維，朱謙之云：「《素問》之〈金匱眞言論〉、〈陰陽離合論〉、〈天元紀大論〉、〈五運行大論〉、〈五常政大論〉，則皆陰陽家之言可考也。」〔註3〕像《素問》這類醫書以陰陽說醫理。

　　人體的結構，《說文》云：「體，總十二屬也。从骨豊聲。」（四篇下　十七）段玉裁注：「十二屬，許未詳言，今以人體及許書覈之。首之屬有三曰頂曰面曰頤，身之屬三曰肩曰脊曰尻，手之屬三曰厷曰臂曰手，足之屬三曰股曰脛曰足，合《說文》全書求之，以十二者統之，皆此十二者所分屬也。」人體部位分頭、身、手、足四部分，每個部位又再分稱爲三，故人體總十二屬。血脈經絡佈滿全身，《說文》云：「衇，血理分衺行體中者，从𠂢从血。衇或从肉，𧖪籀文」（十一篇下　十八），人體血液，周流於支分脈絡無滯。脈爲「百病之本」，憑脈斷症，診斷疾病，以解釋生理、分析病理，才能施以針刺、砭石、湯液、火炙等治療方法，調製適合臨診所需的各種藥劑。故本類醫經字例大致是從生理機能、病理診斷和治療，分爲五臟六腑、疾病分科、醫療技術三類加以說明。

一、五臟六腑

　　中醫理論中的「藏象學」是研究人體內組織器官生理功能、病理變化，及其相互關係的理論。其中的「藏」主要指體內的臟腑，「象」是存在於這些臟腑器官中的精、氣、血、津液、神。易言之，藏象學以臟腑爲中心，陰陽

〔註2〕　《黃帝内經》、《外經》、《扁鵲内經》、《外經》、《白氏内經》、《外經》、《旁經》。
〔註3〕　朱謙之著、黃夏年編，《朱謙之文集》第三卷〈中國卮言〉（福州：福建教育出版社，2002.9），頁49。

五行、精氣神學說爲指導，闡述人體的動態變化。據《黃帝內經·五臟別論》，人體內臟分爲三類：（1）五臟：心、肝、脾、肺、腎，其生理共性爲「藏精氣而不瀉，滿而不能實。」是貯藏生命能量，供作身體機能的運作。（2）六腑：膽、胃、大腸、小腸、三焦、膀胱（脬），其生理共性爲「傳化物而不藏，實而不能滿。」共同完成飲食的消化、利用與排泄。（3）奇恒之腑：包括腦、髓、骨、脈、膽、女子胞，〔註4〕附屬於五臟的組織，亦有「藏而不瀉」作用，其性質、功能在於把五臟六腑的運轉統一起來。膽重複出現在（2）（3）兩類，是因爲古人尚未認識到膽汁來源於肝，分泌流向於腸道，而是反過來以爲來源於胃腸。膽囊中的「精汁」（《難經·四十二難》）應該充盈飽滿，藏而不瀉。如果膽囊鬆弛，精汁不滿，則爲「怯士」（《靈樞經·論勇》），「膽汁泄，則口苦」。（《靈樞經·四時氣》）其形態具有腑的一般特徵，但所容物又是「藏而不瀉」之精，有別於其他五腑，故又另稱之爲「奇恒之腑」。以此分類項目去搜尋《說文》的臟腑字例，屬於「奇恒之腑」的字例僅可找到髓、骨、脈、膽等字，「脈」字在前文「醫經」概論已述及，不再贅述；「膽」字則歸入六腑；至於「骨」、「髓」，《說文》云：「骨，肉之覈也。」「髓，骨中脂也。」可供論述的數術條件較弱，故本文臟腑字例側重（一）五臟：腎、肺、脾、肝、心；（二）六腑：膽、胃、脬、腸諸字討論。茲分述如下。

（一）五　臟

中醫學認爲五臟是人體的核心，《靈樞經·本藏》：「五藏者，所以藏精神血氣魂魄者也。六府者，所以化水穀而行津液者也。」五臟與六腑比較之下，六腑起到消化食物的作用，而五臟貯藏精氣，調節氣血的運行，控制思維、

〔註4〕　《靈樞經·海論》說腦爲髓之海，並謂「髓海有餘，則輕勁多力，自過其度；髓海不足，則腦轉耳鳴，脛痠眩冒，目無所見，懈怠安臥。」髓海盈缺關係著腦的功能，故以五臟來說，腎藏之精與腦最爲密切。明代李時珍《本草綱目》提出「腦爲元神之府」。骨骼是人體支架，骨內有腔，藏骨髓，《素問·脈要精微論》：「骨者，髓之府。」骨骼的生長發育均依賴骨髓的滋養，骨髓爲腎精所化生，故腎藏精功能旺盛，則骨髓化生有源，骨骼自然健壯，肢體活動勁捷，反之腎精不足，就會骨骼發育不良或骨質疏鬆。女子胞，又稱血室、胞宮、子臟、子宮，中醫認爲「沖爲血海」，「任主胞胎」，女子二七天癸至，任脈通，太沖脈盛，月事以時下，故可孕子。七七任脈虛，太沖脈衰少，天癸竭，地道不通，無可孕子。故女子胞需要天癸與沖、任二脈氣血的濡養，才能發揮正常的生理功能。腎氣與氣血對女子胞有直接影響。本文將「胞」與「妊」二字歸爲房中類。

精神活動。《靈樞經‧本藏》又云：「五藏者，所以參天地，副陰陽，而連四時，化五節者也。」五臟可以從身體對環境氣候的感應，調節使之與季節、晝夜變化相協調。《素問‧藏氣法時論》：「五行者，金木水火土也，更貴更賤，以知死生，以決成敗，而定五藏之氣，間甚之時，死生之期也。」五臟配合五行，金木水火土五行的盛衰有時間節律，五臟的盛衰也同樣有時間節律。根據五行節律可以知道疾病的好轉與惡化、生與死。關於五臟的運行節律，《素問‧水熱穴論》：「春者，木始治，肝氣始生……夏者，火始治，心氣始長……秋者，金始治，肺將收殺，金將勝火……冬者，水始治，腎方閉，陽氣衰少，陰氣堅盛……。」《素問‧太陰陽明論》：「脾者，土也，治中央，常以四時長四藏，各十八日寄治，不得獨主於時也。脾藏者，常著胃土之精也，土者生萬物而法天地，故上下至頭足，不得主時也。」肝、心、肺、腎對應木（春）、火（夏）、金（秋）、水（冬），而脾為土臟，土旺四季，不單獨對應一個季節，一年季節都為其他四臟提供營養，而在立春、立夏、立秋、立冬前 18 天特別發揮作用。茲依此理論，來對照《説文》五臟字例如何界説。

字　例	腎	肺	脾	肝	心
篇　卷	4 下 21	4 下 21	4 下 22	4 下 22	10 下 23

（1）腎水藏也。（四篇下　二十一）

按：《文子‧九守》：「腎為雨。」《釋名‧釋形體》：「腎，引也。腎屬水，主引水氣灌注諸脈也。」《素問‧逆調論》：「腎者，水藏，主津液。」人體的水液經過脾的輸送，肺的通調，最後達到腎，腎是控制水的臟器。《素問‧血政論》：「腎者，水臟。水中含陽，化生元氣，根結丹田，內主呼吸，達於膀胱……」，「小便雖出於膀胱……腎為水之主，腎氣行，則水行也。」腎對水液進行過濾、分流，把津液在輸送給肺，廢液經膀胱作為尿液，排出體外。水是不能向上流動，但古人設想水依賴腎的陽氣蒸發，化為氣上升到達肺，再布給全身，故腎對水有「氣化」功能。

《白虎通‧情性》：「人有五藏，五藏者何也？謂肝心肺腎脾也。肝之為言干也，肺之為言費也，情動得序，心之為言任也，任於恩；腎之為言寫也，以竅寫也；脾之為言併也，所以積精稟氣也。五藏肝仁、肺義、心禮、腎智、脾信也。……腎所以智何？腎者，水之精，智者進止無所疑惑，水亦進而不惑，北方水故腎色黑，水陰故腎雙竅為之候，何竅能瀉水，亦能流濡。」

《春秋元命包》:「目者,肝之使,肝者,木之精,蒼龍之位也。鼻者,肺之使,肺者,金之精,制割立斷。耳者,心之候,心者,火之精,上爲張星,火成于五,故人心長五寸。陰者,腎之寫,腎者水之精,上爲虛危。口者,脾之門戶,脾者,土之精,上爲北斗,主變化者也。脾之爲言附著也,如龍蟠虎伏合附著也。」《五經異義》云:「今文《尚書》歐陽說:肝木也,心火也,脾土也,肺金也,腎水也。古《尚書》說:脾木也,肺火也,心土也,肝金也,腎水也。許愼案:《月令》春祭脾,夏祭肺,季夏祭心,秋祭肝,多祭腎,與古《尚書》同。」鄭駁之云:「《月令》祭四時之位及其五藏之上下次之耳。多位在後而腎在下,夏位在前而肺在上,春位小前故祭先脾,秋位小卻故祭先肝,腎也、脾也,俱在鬲下,肺也、心也、肝也,俱在鬲上,祭者必三,故有先後焉,不得同五行之氣。今醫病之法,以肝爲木,心爲火,脾爲土,肺爲金,腎爲水則有瘳也,若反其術,不死爲劇。」鄭玄以爲各季節祭五臟,是按照五臟的位置與季節前後關係而祭,非根據季節五行配屬。今、古文經學派對五臟與五行的相配不同,茲列簡表如下:

五臟 ＼ 五行	水	火	木	金	土
古文經學派	腎	肺	脾	肝	心
今文經學派	腎	心	肝	肺	脾

（2）肺 金藏也。（四篇下 二十一）

按:許愼在《五經異義》並存古今文家之說「肺,火藏。」「肺,金藏。」在《說文》則從今文家說法,可見許愼兼用古今文之說。《白虎通義‧情性》:「肺所以義者何?肺者,金之精,義者斷決,西方亦金,殺成萬物也,故肺象金色白也,鼻爲之後何?鼻出入氣高而有竅,山亦有金石累積,亦有孔穴,出雲布雨,以潤天下,雨則雲消,鼻能出內氣也。……故《元命苞》:『鼻者,肺之使,肺者,金之精,制割立斷。』」依今文家說法,肺五行爲金,五方爲西,五色爲白,五常爲義,其「斷決」與「殺成萬物」之義,皆是五行觀的配屬,而非指稱肺的生理機能。

《素問‧六節藏象論》:「肺者,氣之本。」《素問‧陰陽應象大論》:「天氣通於肺。」呼吸的目的是排除廢濁之氣,吸入清新之氣。清晨「吐故納新」調節呼吸的鍛鍊,是通過肺臟來實現。鼻爲肺的外竅,自然之氣由鼻而入,《素問‧六節藏象論》:「天食人以五氣,地食人以五味。五氣入鼻,藏於心肺。」

《素問・經脈別論篇》：「食氣入胃，濁氣歸心，淫精於脈。脈氣流經，經氣歸於肺，肺朝百脈，輸精於皮毛。毛脈合精，行氣於府，府精神明，留於四臟，氣歸於權衡。」吸入的自然之清氣和稠厚的水穀之精氣，最初結合稱作宗氣。宗氣通過心包絡，入心助其主血脈的功能，使氣與血布達周身。經脈之營血，必須依靠肺功能的氣鼓動而運營。在氣血循環敷布與自主調整，使肺、肝、脾、腎四臟功能保持平衡。肺主氣合皮毛，蓋皮毛有散氣、排汗、收縮、緊閉，調節體溫的功能，肺臟通過其宣發功能，使衛氣達於體表，形成抵禦外邪的屏障。

（3）𦜉 土藏也。（四篇下　二十二）

　　按：許慎在《五經異義》並存古今文家之說「脾，木藏。」「脾，土藏。」在《說文》則從今文家說法，可見許慎兼用古今文之說。《白虎通義・情性》：「脾之為言併也，所以積精稟氣也。……脾，信也。……脾所以信何？脾者，土之精也，土尚任養萬物為之象，生物無所私，信之至也。故脾象土色黃也，口為之候何？口能啖嘗，舌能知味，亦能出音聲吐滋液。故《元命苞》：『脾之為言附著也，如龍蟠虎伏合附著也。』」劉熙《釋名・釋形體》：「脾，裨也，在胃下裨助胃氣主化穀也。」《素問・玉機真藏論》：「脾脈者，土也，孤藏以灌四旁者也。」《素問・太陰陽明論》：「脾者，土也，治中央，常以四時長四藏。」《素問・靈蘭秘典論》：「歧伯對曰：『脾胃者，倉廩之官，五味出焉。』又曰：『脾胃、大腸、小腸、三焦、膀胱者，倉廩之本營之居也，名曰器能化糟粕轉味而入出者也，其華在唇四白，其充在肌，其味甘，其色黃，此至陰之類通於土氣。』」脾五行屬土，不對應四季中任一季。脾在中央，為周圍的肝心肺腎四臟輸送營養。這營養精微是食物經胃腑的受納、腐熟，由脾臟運化分布，配合肺主氣功能，輸布周身經脈，以氣、血、津、精的形式，使各臟腑得到營養補給。否則，就會導致氣血虧損、津液不足的虛損之證。

（4）𦝼 木藏也。（四篇下　二十二）

　　按：許慎在《五經異義》並存古今文家之說「肝，金藏。」「肝，木藏。」在《說文》則從今文家說法，可見許慎兼用古今文之說。《白虎通義・情性》：「肝之為言干也。……五藏肝仁……肝所以仁者何？肝，木之精也，仁者好生，東方者，陽也，萬物始生，故肝象木，色青而有枝葉，目為之候何？目能出淚而不能內物，木亦能出枝葉不能有所內也。……故《元命苞》：『目者，肝之使，肝者，木之精，蒼龍之位也。』」劉熙《釋名・釋形體》：「肝，幹也，

五行屬木，故其體狀有枝幹也，亦取凡物以木爲幹也。」《素問・靈蘭秘典論》：
「歧伯對曰：『肝者，將軍之官謀慮出焉。』又曰：『肝者，罷極之本，魂之
居也，其華在爪，其充在筋，以生血氣，其味酸，其色蒼，此爲陽中之少陽，
通於春氣。』」肝爲陽中之少陽，主生發而通於春氣。用萬物生機萌發的春天
作比喻，是形容肝臟主疏泄，喜條暢，惡抑鬱，疏泄正常，則脾氣能升，行
使其運化功能，否則，清陽之氣不能上升，頭目失於濡養，可致昏眩、頭暈、
困倦、耳目欠聰明等症；清陽之氣反而下陷，可致飧泄（完穀不化）、遺矢（大
便不能自控）、久泄、脫肛等症。胃氣不得肝之疏泄，則胃氣不將，受納、腐
熟失司，濁氣、滓穢不能下降傳導，逆而上泛，可致噯腐、嘔惡、納呆、脘
腹脹滿、大便黏滯或秘結。

（5）𢜔 人心土藏也，在身之中，象形。博士說目爲火藏。（十篇下　二十三）

　　按：土藏者，古文尙書說，火藏者，今文家說。漢惟今文尙書立學官，
置博士，故謂博士說以爲火藏。許愼在此兩說並存，蓋心爲一身之主，似宜
土藏，居中。然以部位言之，則心居最上，故屬火，火炎上。饒炯《說文部
首訂》：「心之爲篆，中形象心，外形像包絡，在身之中，古《尙書》說爲土
藏者，五行位於中，舉五藏之部位言也，其體最靈。今文家說爲火藏者，五
行火空則明，舉五藏之運用言也。」〔註5〕饒氏則以爲土藏是就五行居中部位
而言，火藏是就五行之性的運用而言。

　　心氣主血脈，最依賴宗氣。宗氣「積於胸中」、「以貫心脈」（《靈樞經・
邪客》），宗氣盛則心氣充沛，推動血液正常運行。《靈樞經・邪客》：「心者，
五藏六府之大主也，精神之所舍也。其藏堅固，邪弗能容也，容之則心傷，
心傷則神去，神去則死矣。」全面控制精神活動的是心，心是全身之主，精
神居留之處，心受傷，精神則去，心神不在，無生機可言。《素問・靈蘭秘典
論》：「心者，君主之官也，神明出焉。」君主昏瞶，則百官危；心神不安，
則諸神皆廢，神明出焉。

　　《說文》五臟字的說解兼採古今文學說，但以今文學說佔多數。腎，今
古文學派一致無二意，同屬水；心主採古文學派之說（土），並列今文學派之
說（火）；肺、肝、脾採今文學說（金、木、土）。《黃帝內經素問・陰陽應象
大論》記載五臟與五行系統的相配情形如下表：

〔註5〕楊家駱主編，《說文解字詁林正補合編》第八冊（臺北：鼎文書局，民國72.4
　　　　（1983.4）），頁8-1101。

五行	五方	五色	五味	五氣	五音	五臟	五官	五體	五志
木	東	蒼	酸	風	角	肝	目	筋	怒
火	南	赤	苦	暑	徵	心	舌	脈	喜
土	中	黃	甘	溼	宮	脾	口	肉	思
金	西	白	辛	燥	商	肺	鼻	皮毛	憂
水	北	黑	鹹	寒	羽	腎	耳	骨	恐

　　上述今文經學派的五臟配置關係與醫家一樣。茲再簡述這套五臟屬性的特色：肝主疏泄，喜條達，惡抑鬱，通於春氣，與春季的生發性質相似，春屬木，故肝亦爲木。心主血脈、藏神，心臟功能健全，血液運行正常，精神旺盛，面色紅潤，通於夏季，與夏季萬物茂盛相似，夏屬火，心亦爲火。脾主運化，水穀精微從胃入脾後，由脾進一步消化，吸收轉輸全身，以供生命活動之需，通於土氣，與生萬物近似，故脾屬土。肺司呼吸，主肅降，喜通暢、清淨，通於秋氣，猶如秋季天高氣爽，秋屬金，肺亦爲金。腎藏精，主津液，「主蟄，封藏」、「通於冬氣」(《素問・六節藏象論》)，似冬季生物伏藏，冬屬水，腎亦爲水。

（二）六　腑

　　《素問・調經論》云：「五藏者，故得六府與爲表裏。」五臟與六腑存在著表裏關係，具體的表裏關係，《靈樞經・本輸》云：

> 肺合大腸，大腸者，傳道之府。心合小腸，小腸者，受盛之府。肝合膽，膽者，中精之府。脾合胃，胃者，五穀之府。腎合膀胱，膀胱者，津液之府也。少陽屬腎，腎上連肺，故將兩藏。三焦者，中瀆之府也，水道出焉，屬膀胱，是孤之府也。是六府之所與合者。

上述文字表列如下：

五臟	肺	心	肝	脾	腎	
六腑	大腸	小腸	膽	胃	膀胱	三焦
功能	傳道之府	受盛之府	中精之府	五穀之府	津液之府	中瀆之府

　　六腑中惟獨三焦沒有表裡關係的五臟。三焦是孤立的腑，爲上焦、中焦、下焦的合稱，《史記・扁鵲倉公列傳》張守節正義引《八十一難》：「三焦者，水穀之道路，氣之所終始也。上焦在心下下鬲，在胃上口也；中焦在胃中脘，不上不下也。下焦在臍下，當膀胱上口也。」心下下鬲指心臟與隔膜之間的位置，

在胃上口，上焦也；脘，《說文》云：「脘，胃府也。」中焦在胃府，下焦在肚臍下、膀胱口上。三焦除外，肺與大腸，心與小腸，肝與膽，脾與胃，腎與膀胱構成表裏關係，腑爲表，臟爲裏。表裡相互配合、促進，表裏一方失調，會引起另一方失調。臟腑各有屬於自己的通道，並以經絡彼此相聯。肺與大腸之間的通道爲手太陰肺經和手陽明大腸經；心與小腸之間的通道爲手少陰心經與手太陽小腸經；肝與膽之間的通道爲足厥陰肝經與足少陽膽經；脾與胃之間的通道爲足太陰脾經與足陽明胃經；腎與膀胱之間的通道爲足少陰腎經與足太陽膀胱經。三焦也是臟腑間的通道，六腑將三焦除外，剩下五腑，與五臟隸屬於五行。茲分述《說文》膽、胃、脬（膀胱）、腸諸字例如下。

字 例	膽	胃	脬	腸
篇 卷	4 下 22	4 下 22	4 下 22	4 下 22

（1）膽 連肝之府也。从肉詹聲。（四篇下　二十二）

按：《白虎通・情性》曰：「府者爲藏官府也。膽者，肝之府也。肝主仁，仁者不忍，故以膽斷仁者必有勇也。」《黃帝內經素問・靈蘭秘典論篇》曰：「膽者，中正之官，決斷出焉。」膽腑稟賦剛正果斷之氣，膽附於肝，肝氣雖急而出謀慮，然非膽不斷，肝膽相濟，勇敢乃成。《黃帝內經素問・金匱眞言論篇》：「肝心脾肺腎，五藏皆爲陰。膽胃大小腸膀胱三焦，六府皆爲陽。」肝與膽合爲陰陽、裏表。肝功能主疏泄、主藏血，而膽的功能則是助疏泄、助消化、助藏血，一主一輔，調節著人體的疏泄和血液生成。《難經・藏府配像》：「膽爲清淨之府也。」膽腑雖參與水穀消化功能，但僅收聚精汁，注入腸道發揮作用，不受盛水穀穢濁之物，故又稱膽爲「奇恒之府」。喜清惡濁爲膽腑本性，一旦感受惡濁污穢之氣，會出現膽汁疏泄失常，甚至膽汁外溢致黃疸。

（2）胃 穀府也。从肉囟象形。（四篇下　二十二）

按：劉熙《釋名・釋形體》：「胃，圍也。圍受食物也。」《白虎通・情性》曰：「胃者，脾之府也。脾主稟氣，胃者，穀之委也，故脾稟氣也。」《素問・靈蘭秘典論篇》：「脾胃者，倉廩之官，五味出焉。」《素問・五藏別論》：「胃者，水穀之海，六府之大源也。五味入口，藏於胃以養五臟氣。」《靈樞經・本輸》：「胃者，五穀之府。」《難經・藏府配像》：「胃者，水穀之府也。」胃是容受食物的倉庫，因其可容，故稱之爲海，是六腑中的供應倉庫。胃所容受的食物，亦稱之水穀、五味，爲人體營養的來源。食物在胃中停留的生理

意義，即是腐熟水穀。腐熟就是食物在胃中經過浸漚、揉磨，成爲糜狀，有利於進一步的消化。糜狀水穀在胃中初步消化後，一部分水穀精氣上輸於脾，通過脾的運化功能，輸布於肺，乃至周身；大部分則輸入小腸進一步消化。《素問·玉機眞藏論》：「五藏者，皆稟氣於胃。胃者，五藏之本也。」五臟的精氣來源於胃，胃是全身精氣的本源。

（3）髈旁光也，从肉孚聲。（四篇下　二十二）

按：《春秋元命包》曰：「光者，肺之府也。肺者，斷決，旁光亦常張有勢，故先決難也。」《白虎通·情性》：「膀胱者，腎之府也。腎者主瀉，膀胱常能有熱，故先決難也。」與《春秋元命包》「肺之府也」不同。《素問·靈蘭秘典論篇》曰：「膀胱者，州都之官，津液藏焉，氣化則能出焉。」膀胱爲水液歸聚之處，故謂其藏津液。《類經圖翼·經絡一·足太陽膀胱經圖》：「膀胱當十九椎，居腎之下，大腸之前，有下口，無上口，當臍上一寸水分穴處爲小腸下口，乃膀胱上際，水液由此別回腸，隨氣泌滲而入，其出其入，皆由氣化，入氣不化則水歸大長而爲泄瀉，出氣不化則避色下竅而爲癃腫。」津液之出入膀胱皆由氣化，津液入膀胱前，若失於氣化，則不能滲入膀胱，直接歸於大腸而爲泄瀉；若津液藏於膀胱之內，失於氣化，則小便不得排出，而生癃閉、腫脹等症。凡氣化均離不開腎氣的運作。反之若水濕爲患，陰邪亦必損傷陽氣，而有礙於氣化，故腎與膀胱互爲表裡。

（4）腸大小腸也，从肉易聲。（四篇下　二十二）

按：小腸上承於胃，下接於大腸。其上口稱幽門，下口稱闌門，其主要功能爲受盛化物和泌別清濁。大腸上承小腸，銜接處稱闌門，末端稱爲魄門，又稱肛門，爲排出糟粕處。《白虎通·情性》曰：「大腸小腸，心肺之府也，主禮義。禮義者有分理，腸亦大小相承受也。腸爲心肺主，心爲支體主，故有兩府。」小腸與心互爲陰陽、表裡關係。在病理變化中，心火熾盛，會移熱於小腸，導致尿少，尿短赤；相反，小腸有熱，會沿經脈上達於心，導致心煩，口舌生瘡。大腸與肺互爲表裡，肺氣肅降功能正常，有助於大腸傳導順暢，大腸傳導功能正常，能夠支持肺氣的肅降功能。肺如失肅降，津液不能下達，則大便秘結；反之，大腸實熱，氣不通順，會降低肺氣的肅降功能，導致咳喘、胸悶等。

《素問·靈蘭秘典論篇》曰：「大腸者，傳道之官，變化出焉。小腸者，受盛之官，化物出焉。」《類經》注曰：「小腸居胃之下，受盛胃中水穀而分

清濁，水液由此而滲入前，糟粕由此而歸於後。脾氣化而上升；小腸化而下降，故曰化物出焉。」小腸受納胃初步消化過的食物，再進一步消化，以泌別清濁。泌別清濁亦寓升降之義，清者爲水穀之精微，經由脾的運化功能轉輸周身，是爲升清；其濁者，即糟粕物質，通過闌門下傳至大腸，其多餘的水液則滲入膀胱，而爲尿液，此即降濁。

《素問‧靈蘭秘典論篇》曰：「大腸者，傳道之官，變化出焉。」王冰注曰：「傳道，謂傳不潔之道。變化，謂變化物之形。」水穀消化物至大常以爲糟粕，變爲糞便之形，排出體外。

二、疾病分科

疾病的診斷包括四診、八綱、辨證理論三方面。四診指的是望、聞、問、切四種診斷疾病的方法。〔註6〕它的根據在於，人體是一個有機的整體，任何疾病都會在人體各方面表現出來，四診就是從人體各方面的症狀表現，來確定疾病的性質和種類。望、聞、問、切四種診斷疾病的方法，各有其獨特作用，但又必須結合起來，做到「四診合參」，才能全面準確地瞭解病情。八綱理論即是陰、陽、表、裏、寒、熱、虛、實八種辨證，〔註7〕它在四診的基礎

〔註6〕 《史記‧扁鵲倉公列傳》有「切脈」，正義云：「《黃帝素問》：『待切脈而知病，寸口六脈三陰三陽，皆隨春秋冬夏觀其脈之變，則知病之逆順也。』」「望色」，正義云：「《素問》：『面色青，脈當弦急；面色赤，脈當浮而短；面色黑，脈當沉浮而滑也。』」「聽聲」，正義云：「《素問》：『好哭者，肺病；好歌者，脾病；好妄言者，心病；好呻吟者，腎病；好叫呼者，肝病也。』」「寫形」，正義云：「《素問》：『欲得溫而不欲見人者，藏家病；欲得寒而見人者，府家病也。』」望即是觀察病人的形色，從視覺形象判斷病症；聞，聽病人的聲音、呼吸、喘息，從聽覺或嗅覺形象判斷病症；問，詢問病人發病的經過、生理感覺、生活習慣，從病人的口述瞭解病情；切，從病人的脈象深淺、快慢、輕重，和以手觸、摸、按身體局部部位的形態、大小、軟硬，來判斷病情。

〔註7〕 （1）表裏是從疾病病位的深淺、外內來辨別，主要辨察病證、寒熱、舌象、脈象等的變化情形。就整個身體來說，皮毛、軀殼、膚腠、經絡爲外，臟腑、骨骼爲內。就具體部位來說，臟與腑，臟爲裏，腑爲表；臟腑與經絡，臟腑爲裏，經絡爲表。表證，是指六淫邪氣從皮毛、口鼻侵入所導致的病位在肌表的證候，多見於外感疾病的初期階段。裏證，是病變部位在身體內裏的證候，多見於外感病的中期、後期或內傷病。（2）寒熱是機體陰陽偏盛偏衰的表現。寒證是感受寒邪或陽虛陰盛、身體機能活動衰減所表現的證候。熱證是熱邪侵襲或陽盛陰虛，人體機能活動亢進所表現的證候。（3）虛實是辨別疾病的正邪盛衰，與表裏寒熱相聯繫，證候極爲複雜。虛證是人體正氣不足，臟腑等組織功能衰退所表現的證候。實證是邪氣過盛，臟腑等組織功能活動

上，根據病位的深淺、疾病的性質、類別、正邪的興衰，歸納爲上述八類證候，進行下藥治療，對疾病的診斷有提綱挈領、宏觀把握的作用，對於各科臨床辨證具有指導意義。八綱辨證是將證候之間的相互聯繫、轉化視爲一個整體。如表裏與寒熱、虛實相聯繫，寒熱與虛實表裏相連繫，寒證轉熱，熱證轉寒，實證轉虛，虛證轉實等。辨證是在四診和八綱的基礎上，在天人合一與變化發展觀點指導下，進一部隊並正做分析與綜合，最終確定疾病的本質。辨證方法大體上有病因辨證、氣血津液辨證、臟腑辨證、經絡辨證、六經辨證、衛氣營血辨證、三焦辨證等方面。

　　《周禮‧天官》記載當時宮廷設有「醫師、食醫、疾醫、瘍醫、獸醫」的醫療職司，醫師負責診治君王與卿大夫的病，食醫負責王室的飲食療養，疾醫負責診治平民疾病，瘍醫負責治療外傷科之病，獸醫負責治療禽獸之病。這種醫職制度的建立，已略具中醫分科的雛型，爾後更爲具體化的分科如醫師（大醫生）、疾醫（內科）、瘍醫（外科）、食醫（營養科）、帶下醫（婦科）、小兒醫（兒科）、耳目醫（五官科）等，茲大部分從《說文》「疒」部與寒熱氣血相關的疾病字例，配合醫學分科，按部首分類作分科說明。

（一）內　科

　　內科的診治範疇舉凡心臟血管、胸腔、肝膽腸胃、腎臟，與代謝內分泌、感染、免疫系統相關的症狀，大致與古代的「疾醫」相當。茲從血部、疒部、虫部字例以說明之。

1. 血部

字　例	衃	衄
篇　卷	5 上 50	5 上 51

（1）衃凝血也。从血不聲。（五篇上　五十）

　　按：《黃帝內經素問‧五藏生成篇》：「赤如衃血者死。」王冰注云：「衃

　　亢盛所表現的證候。（4）陰陽在臨床證候中，一切疾病都可以分爲陰陽兩方面，可以統領其餘六綱，具有主導地位。陰證是指符合「陰」的一般屬性證候。裏、寒、虛證均屬陰證的範圍。臨床主要表現是精神萎靡，倦怠無力，面色蒼白，形寒肢冷，氣短聲低，口淡不渴，大便溏，小便清，舌淡胖嫩，苔白，脈遲弱。陽證是指符合「陽」的一般屬性證候。表、熱、實證均屬陽證的範圍。臨床主要表現是精神煩躁，面色偏紅，肌膚發熱，口乾渴飲，呼吸氣粗，大便秘結，小便短赤，舌質紅絳，苔黃，脈洪大滑實。

血爲敗惡凝聚之血色赤黑也。」

（2）衄鼻出血也。从血丑聲。（五篇上　五十一）

　　按：《黃帝內經素問‧今匱眞言論》：「春不鼽衄。」王冰注云：「衄，謂鼻中出血也。」

　　2. 疒部

字　例	痒	痟	疝	瘕	痵	瘤	痁	痎
篇　卷	7下28	7下28	7下29	7下29	7下29	7下31	7下31	7下31

（1）痒寒病也。从疒辛聲。（七篇下　二十八）

　　按：徐鍇《說文繫傳‧通釋》：「臣鍇按字書寒噤也。」〔註8〕戴侗《六書故》：「噤痒感寒健忍之狀也。」〔註9〕

（2）痟酸痟，頭痛也。从疒肖聲。《周禮》曰：「春時有痟首疾。」（七篇下　二十八）

　　按：《周禮‧天官‧冢宰下》：「疾醫，……春時有痟首疾。」注云：「痟，酸削也。首疾，頭痛也。」疏曰：「春是四時之首，陽氣將盛，惟金沴木，故有頭首之疾。言痟者，謂頭痛之外別有酸痟之痛。」《黃帝內經素問‧金匱眞言論》：「東風生於春，病在肝，俞在頸項，故春氣者病在頭。」王冰注云：「春氣發榮於萬物之上，故俞在頸項，歷忌日甲乙不治頸，此之謂也。」春時萬物發榮於上，而頭也是人體的最上端，故春時病在頭頸，東方甲乙木，故甲乙日忌治頸。

（3）疝腹痛也。从疒山聲。（七篇下　二十九）

　　大徐本作「腹痛」，小徐本作「腸痛」。《釋名‧釋疾病》：「心痛曰疝。疝，詵也，氣詵詵然上而痛也。陰腫曰隤，氣下隤也，又曰疝，亦言詵也，詵詵引小腹急痛也。」《黃帝內經素問‧大奇論》：「腎脈大急沉，肝脈大急沉接爲疝。」注云：「疝者，寒氣結聚之所爲也。夫脈沉爲實，脈急爲痛，氣實寒薄聚，故爲絞痛爲疝。」《黃帝內經素問‧長刺節論》：「病在少腹，腹痛不得大小便，病名曰疝。」因此，疝當爲腹痛。

（4）瘕屰气也。从疒从屰从欠。欮或省疒。（七篇下　二十九）

　　按：《呂氏春秋‧重己》：「室大多陰則瘚。」高誘注：「瘚，逆寒疾也。」

〔註8〕徐鍇，《說文繫傳‧通釋》卷第十四，（北京：中華書局，1998.12），頁153。

〔註9〕戴侗，《六書故》卷三十三（任繼愈、傅璇琮總主編，《文津閣四庫全書》第七七冊《經部‧小學類》，北京：商務印書館，2005），頁844。

《史記・扁鵲倉公列傳》：「太子病，血氣不時交錯而不得泄，暴發於外則爲中害，精神不能止邪氣，邪氣積畜不得泄，是以陽緩而陰急，故暴蹶而死。」《釋名・釋疾病》：「厥，逆氣從下厥起，上行入心脅也。」《素問・生氣通天論篇》：「陽氣者煩勞則張精絕辟，積於夏使人煎厥。」注云：「然煩擾陽和，勞疲筋骨，動傷神氣，耗竭天眞，則筋脈䐜脹，精氣竭絕，既傷腎氣，又損膀胱，故當於夏時使人煎厥，以煎迫而氣逆，因以煎厥爲名，厥謂氣逆也。」《素問・陰陽別論篇》：「二陽一陰發病主驚駭，背痛，善噫，善欠，名曰風厥。」《素問・厥論篇》：「黃帝問曰：『厥之寒熱者何也？』岐伯對曰：『陽氣衰於下則爲寒厥，陰氣衰於下則爲熱厥。』」注云：「厥謂氣逆上也。」瘚是體內陰陽之氣運化上下違逆、寒熱交攻所致。

（5）痵 气不定也，从疒季聲。（七篇下　二十九）

按：《廣韻》：「痵，病中恐也。」《玉篇》：「痵，氣不定也。心動也。亦作悸。」《說文》心部：「悸，心動也。」王筠《說文句讀》：「或痵專屬疾，悸爲通語乎？」〔註10〕痵是指心悸時的氣不順。

（6）瘧 寒熱休作病。从疒虐聲。（七篇下　三十一）

按：《呂氏春秋・孟秋紀》：「行夏令，則多火災，寒熱不節，民多瘧疾。」高誘注：「夏，火王，而行其令，故多火災。金氣、火氣，寒熱相干不節，使民病瘧疾，寒熱所生。」在孟秋之月行夏令，火克金，則寒熱不節，故民多瘧疾。此疾寒熱迭作，症狀時休時作，《黃帝內經素問・瘧論》：「帝曰：『瘧先寒後熱者，何也？』岐伯曰：『夏傷於大暑，其汗大出，腠理開發，因遇夏氣，凄滄之水寒，藏於腠理皮膚之中，秋傷於風則病成矣。夫寒者陰氣也，風者陽氣也，先傷於寒而後傷於風，故先寒後熱也，並以時作，名曰寒瘧。』帝曰：『先熱而後寒者，何也？』岐伯曰：『此先傷於風而後傷於寒，故先熱而後寒也，亦以時作，名曰溫瘧。其但熱而不寒者，陰氣先絕，陽氣獨發，則少氣煩冤，手足熱而欲嘔，名曰癉瘧。』」先寒後熱爲寒瘧，先熱後寒爲溫瘧，熱而不寒爲癉瘧。

（7）痁 有熱瘧，从疒占聲。《春秋傳》：齊侯疥遂痁。（七篇下　三十一）

按：痁即是《黃帝內經素問・瘧論》所說「熱而不寒」的「癉瘧」，故《說文》釋爲「熱瘧」。

《說文》所引《春秋傳》的文字爲《左傳・昭公二十年》。齊侯的病症由

〔註10〕楊家駱主編，《說文解字詁林正補合編》第六冊，頁6-857。

疥病轉爲痁瘧，疥是搔癬，與瘧疾本不相類，因此由疥轉爲痁的可能性不大，學者多以爲「疥」當爲「痎」，孔穎達《左傳》正義云：「後魏之世，當使李繪聘梁，梁人袁狎與繪言及《春秋》，說此事云：『疥當爲痎，痎爲小瘧，痁是大瘧。痎患積久，以小致大，非疥也。』狎之所言，梁主之說也。」痎，《説文》云：「二日一發瘧」，是齊侯之虐初二日一發，後頻日熱發，以此久不差，故諸侯之賓問疾多在齊。《顏氏家訓・書證篇》：「齊侯疥遂痎，《説文》云：『痎，「二日一發之瘧」，痁有熱瘧也。案：齊侯之病本是間日一發漸加重，故爲諸侯憂也。」顏、孔二人皆以爲「痎遂痁」比「疥遂痁」合理，意謂齊侯的熱瘧發病時間越頻繁。考《周禮・天官・冢宰下》：「疾醫，……夏時有痒疥疾」，是夏陽溢於皮膚，故有此疾，其體未有不焦熱，由體焦熱而漸轉爲熱瘧，於事情事理未嘗不遂，故維持《左傳》「齊侯疥遂痁」原文。

（8）痎二日一發瘧。从疒亥聲。（七篇下　三十一）

按：《黃帝內經素問・瘧論》：「帝曰：『時有間二日或至數日發，或渴或不可，其故何也？』岐伯曰：『其間日者邪氣與衛氣客於六府，而有時相失不能相得，故休數日乃作也。』」痎是有間歇發作頻率的瘧疾。

3. 虫部

字　例	蛕	蟯
篇　卷	13 上 42	13 上 42

（1）蛕腹中長蟲也。从虫有聲。（十三篇上　四十二）

按：蛕字或作蛔。蛔蟲病是由於飲食不潔，蟲卵隨飲食從口入所致，同時還與臟腑虛弱無力，消化卵蟲有關。蛔蟲病多見臍周腹痛，時作時止，常伴有面色萎黃、寐時磨牙，或大便出蛔蟲，或腹部觸及索狀蟲塊等症狀。有時蛔蟲鑽入膽腑，可見脘腹劇痛、吐蛔、四厥之逆等症。陶弘景《本草集注》注「萹蓄」曰：「處處有，布地生，花節間白，葉細綠，人亦呼爲萹竹。煮汁與小兒飲，治蛔蟲有驗。」蛔蟲是寄生蟲病，萹蓄可治此疾。

（2）蟯腹中短蟲也。从虫堯聲。（十三篇上　四十二）

按：《史記・扁鵲倉公列傳》：「臨菑氾里女子薄吾病甚，眾醫皆以爲寒熱篤，當死不治，臣意診其脈曰蟯瘕。蟯瘕爲病，腹大，上膚黃麤，循之戚戚然，臣意飲以芫華一撮即出蟯，可數升。病已，三十日如故，病蟯得之於寒濕，寒淫氣宛，篤不發，化爲蟲。」蟯，正義云：「人腹中短蟲。」感染蟯蟲

病起於寒濕之氣鬱滯。蟯蟲是由飲食不潔、脾胃虛弱形成。臨床上多以肛門奇癢，有蠕動的白色小蟲，罹病一久，病人胃納減少，身體消瘦等症狀。

（二）外　科

外科診治的部位，一方面是以手術處理體表的病症，一方面是處理內科患部的手術，它相當於古代的「瘍醫」。本類《說文》字例，分骨部與疒部，主要偏重於肌肉神經、痔瘡等病症。

1. 骨部

字　例	髍
篇　卷	4 下 17

（1）髍瘑病也。从骨麻聲。（四篇下　十七）

按：「瘑病」指身支半枯。

2. 疒部

字　例	痔	痿	痹	痀	痓
篇　卷	7 下 31	7 下 31	7 下 31	7 下 32	7 下 33

（1）腎後病也。从疒寺聲。（七篇下　三十一）

按：《莊子・人間世》：「與人有痔病者。」《經典釋文》卷二十六〈莊子音義〉司馬彪云：「痔，隱創也。」肛門由於重心引力和腹腔內臟器的壓迫，肛門靜脈血欲傳回心臟較慢，容易淤積而導致黏膜下層的靜脈充血與曲張，所形成的小結節。

（2）腨痹也。从疒委聲。（七篇下　三十一）

按：《呂氏春秋・重己篇》：「多陽則痿。」注云：「痿蹶不能行。」《史記・韓王信盧綰列傳》：「如痿人不忘起。」索隱：「張揖云：痿不能行。」《黃帝內經素問・痿論》：「五藏因肺熱葉焦發為痿蹶，此之謂也。」又云：「故陽明虛則宗筋縱帶脈不引，故足痿不用也。」這種病毒由人們口中進入體內，在腸內繁殖然後攻擊神經系統。沿著神經纖維，病毒摧毀了一些動作神經元，使得肌肉失去作用。最常受到影響部位就是雙腿。在嚴重病例中，大部分的軀幹肌肉也受到傷害，沒有肌肉的功能人體根本無法呼吸，甚至導致死亡。

（3）腰溼病也。从疒畀聲。（七篇下　三十一）

按：《漢書・藝文志》「經方」的《五藏六府痹十二病方》，顏師古注：「痹，風濕之病。」《黃帝內經素問・痹論》：「風寒溼三氣雜至合而為痹也，其風氣勝者為行痹，寒氣勝者為痛痹，溼氣勝者為著痹也。」風濕病本可歸為內科看待，但因為屬於筋骨關節的病症，而且「痿，痹也。」「痹，溼病也。」是遞訓的訓詁方式，意義有相因關係，故將「痹」歸之神經外科。

（4）瘺半枯也。从疒扁聲。（七篇下　三十二）

按：《尸子》卷下：「禹生偏枯之疾，步不相過，人曰禹步。」《呂氏春秋・別類篇》：「魯人有公孫綽者告人曰：『我能起死人，人問其故。』對曰：『我固能治偏枯，今吾倍所以為偏枯之藥則可以起死人矣。』」《黃帝內經素問・痹論》：「汗出偏沮使人偏枯。」注云：「偏枯，半身不隨。」髀與瘺同樣都是半身不遂的症狀，構成筋肉與骨頭神經的偏枯。

（5）痙彊急也。从疒巠聲。（七篇下　三十三）

按：顏師古注《急就篇》：「痕，四體強急，難用屈申也。字或作痎，音義並同。」王應麟補注《急就篇》引《說文》曰：「痙，中寒體彊急也。痎，熱病也，丑刃反，與痕字音義異韻亦不叶，疑當作痙。」顏本《急就篇》中痕有肢體強急難屈直的意思，字或作痎，王應麟認為：痎與痕音義異韻不叶，疑作痙。戴侗《六書故》：「醫書以中寒溼發熱惡寒，頸項彊急，身反張如中風狀，或掣縱口噤為痙，有汗為柔痙，為陰痙，無汗為剛痙，為陽痙。且曰痓亦為痙。考之《說文》合之以聲，痓乃痙之譌，當定為痙。」醫書中的痓就是痙。

（三）婦　科

《素問・上古天真論篇》記述男女生理內分泌腺的發育、成熟，其中有關女子的部分，其曰：「女子七歲腎氣盛，齒更髮長，二七而天癸至，任脈通，太衝脈盛，月事以時下，故有子。……七七，任脈虛，太衝脈衰少，天癸竭，地道不通，故形壞而無子也。」女子行經育子的生理機能，在婦科疾病的診治上，多與月經氣血、受孕懷胎有關。《史記・扁鵲倉公列傳》記載扁鵲在邯鄲一帶為婦女治病，稱為「帶下醫」；並有淳于意的婦科醫案。至於胎產學的說法，也可見於《文子》、《管子》、《淮南子》、馬王堆帛書的《胎產書》。茲從胎孕、子宮疾病兩方面說明《說文》的婦科字例。

字　例	殰	腜	肧	胎	瘕
篇　卷	4 下 8	4 下 20	4 下 20	4 下 20	7 下 30

（1）𣪏胎敗也。从歺𧶜聲。（四篇下　八）

　　按：《禮記·月令》：「季夏……行春令，……乃女多災。」鄭玄注云：「女災，含任之類敗也。」《禮記·樂記》：「胎生者不殰，而卵生者不殈。」鄭注：「內敗曰殰。」殰即是流產或死胎。殰或作𦜌，《管子·五行篇》：「毛胎者不𦜌。」注云：「𦜌謂胎敗潰也。」又作𧆘，《淮南子·原道》：「獸胎不𧆘。」高誘注云：「胎不成，獸曰𧆘。」獸胎不成，偏旁作「卵」，不作「歺」。

（2）𦠆婦孕始兆也。从肉某聲。（四篇下　二十）

　　按：大徐本作「婦胎孕𦠆兆也」，小徐本作「婦始孕𦠆兆也」，婦女剛懷孕的徵兆，《說文》：「妊，孕也。从女壬，壬亦聲。」「娠，女妊身動也。从女辰聲。」段玉裁注：「凡從辰之字，皆有動意。震振是也，妊而身動曰娠，別詞也，渾言之則妊娠不別。」娠謂懷孕胎氣動。《詩·大雅·大明》：「大任有身」傳曰：「身，重也。蓋妊而後重，重而後動，動而後生。」箋云：「重，謂懷孕也。」疏云：「以身中復有一身，故言重。」甲骨文的「身」作𠂤，大腹中的一點，表示胎兒。

（3）𦜝婦孕一月也。从肉不聲。（四篇下　二十）

　　按：《爾雅·釋詁》：「胚，胎未成。」《文子·九守篇》：「精氣爲人，人受天地變化而生，一月而膏，二月而脈，三月而胚，四月而胎，五月而筋，六月而骨，七月成形，八月而動，九月而躁，十月而生。」注云：「胚，肢也。三月如水龍狀也，胎如水中蝦蟆之胎。」《文子》懷孕三月作「胚」，胚的樣子如水龍狀或蝦蟆。

（4）𦙄婦孕三月也，从肉台聲。（四篇下　二十）

　　按：《淮南子·精神》云：「夫精神者，所受於天地，而形體者，所稟於地也。故曰一生二，二生三，三生萬物。萬物背陰而抱陽，冲氣以爲和。故曰一月而膏，二月而胅，三月而胎，四月而肌，五月而筋，六月而骨，七月而成，八月而動，九月而趮，十月而生，形體以成，五藏乃形。」人是天地之氣所生，背陰抱陽，冲氣以爲和，形成胎氣，化生爲人。類似的文字亦見於馬王堆《胎產書》，其云：「故人之產也，入于冥冥，乃始爲人。一月名曰留刑……二月始膏……三月始脂……四月而水受之，乃始成血……五月而火受之，乃始成氣……六月而金受之，乃始成筋……七月而木受之，乃始成骨……八月而土受之，乃始成膚革……九月而石受之，乃始成毫毛……十月氣陳。」《爾雅·釋詁》：「胎，始也。」注云：「胚胎未成，亦物之始也。」

茲將《文子》、《管子》、〔註11〕《淮南子》、《胎產書》、《說文》有關胚胎發育過程的說法做一對照表,更可清楚知道彼此間的差異。

月數	文子	管子	淮南子	胎產書	說文	月數	文子	管子	淮南子	胎產書	說文
1	膏	－	膏	留刑	胚	6	骨	－	骨	成筋	－
2	脈	－	胅	始膏	－	7	成形	－	成	成骨	－
3	胚	如咀	胎	始脂	胎	8	動	－	動	成膚革	－
4	胎	－	肌	成血	－	9	躁	－	趮	成毫毛	－
5	筋	成	筋	成氣	－	10	生	生	生	氣陳	－

由上表所列可知,《文子》和《淮南子》的說法比較接近,《說文》的「胎」同《淮南子》;「胚」雖在《文子》出現,但月數與《說文》不同,一個是三月,一個是一月。

（5）㿗女病也。从疒叚聲。（七篇下　三十）

按:《靈樞經・水脹第五十七》:「石瘕何如?岐伯曰:『石瘕生於胞中,寒氣客于子門,子門閉塞,氣不得通,惡血當寫不寫,衃以留止,日以益大,狀如懷子,月事不以時,下皆生於女子,可導而下。』」華陀《華氏中藏經・癥瘕論》:「癥者係於氣也;瘕者係於血也。」瘕以今醫學名詞說之,當是子宮腫瘤之疾。

（四）小兒科

字　例	瘛
篇　卷	7 下 35

瘛小兒瘛瘲病也。从疒恝聲。（七篇下　三十五）

《潛夫論・忠貴篇》:「嬰兒常病傷飽也,哺乳太多則必掣縱而生癇。」戴侗《六書故》:「謂小兒風驚乍掣乍縱也。」小兒哺乳太多,或受風驚,影響腦部神經,會掣縱癲癇,手足驚攣抽搐。馬王堆帛書《五十二病方》有「嬰

〔註11〕《文子・十守》:「老子曰:人受天地變化而生,一月而膏,二月血脈,三月而胚,四月而胎,五月而筋,六月而骨,七月而成形,八月而動,九月而躁,十月而生。」《管子・水地》:「男女精氣合而水流形。三月如咀,咀者何,曰五味:曰五藏,……五藏已具,而後生肉,脾生膈,肺生骨,腎生腦,肝生革,心生肉。五肉已具,而後發為九竅,脾發為鼻,肝發為目,腎發為耳,肺發為竅,心發為舌。五月而成,十月而生。」

兒瘦」條目，言其症狀與治療方法。

（五）耳鼻喉科

字　例	齆	瘂
篇　卷	4上17	7下28

（1）齆病寒鼻窒也。从鼻九聲。（四篇上　十七）

　　按：《呂氏春秋・盡數篇》：「處鼻則為齆為窒。」高誘注：「齆齉，鼻窒不通。」《呂氏春秋・季秋紀》：「民多齆窒。」高誘注：「火金相干，故民齆窒鼻不通也。」《禮記・月令》：「季秋行夏令，……民多齆嚏。」季秋行夏令，火金相干，故患齆窒。《釋名・釋疾病》：「鼻塞曰齆，齆，久也。涕久不通遂至窒塞也。」鼻子不通塞鼻。

（2）瘂散聲也。从疒斯聲。（七篇下　二十八）

　　按：《方言》卷六：「瘂，嗌，噎也。楚曰瘂，秦晉或曰嗌，又曰噎。」又曰：「瘂，披散也。東齊聲散曰瘂，器破曰披，秦晉聲變曰瘂，器破而不殊，其音亦謂之瘂。」瘂為聲音沙啞。

（六）眼　科

字　例	眚	映	瘍
篇　卷	4上10	4上10	7下28

（1）眚目病生翳也。从目生聲。（四篇上　十）

　　按：眼睛有多生物蓋住，類似今之白內障。

（2）映睧也。从目夬聲。（四篇上　十）

　　按：映的釋義，小徐本作「睧」，《玉篇》、《類篇》同，《廣韻》：「映，目患也。」然段玉裁注曰：「此睧當作剈，目謂窅目也，窅下也。」大徐本的釋義作「涓目」，《說文韻譜》、《集韻》所引並同，王筠《說文句讀》云：「似謂目病常流淚也。」〔註12〕眼睛常會流「目油」。

（3）瘍目病，一曰惡气著身也，一曰蝕創。从疒馬聲。（七篇下　二十八）

　　按：《說文》的「瘍」字有三個意義：

　　（一）桂馥《說文義證》：「目病也者，謂目病生眵也，俗謂之瘍瞖。」

〔註13〕指目蔽垢。

（二）顏注《急就篇》：「注者，注易之病，一人死，一人復得，氣相貫注也。」《廣韻》：「瘏，牛馬病。」桂馥《說文義證》云：「牛馬多因箸注而病。」注易之病應指發生在人或牲畜身上的傳染病，是爲《說文》的「惡气著身也」。

（三）「一曰蝕創」，《廣雅·釋詁》卷一上：「瘏，創也。」是爲創症。

（七）皮膚科

《周禮·天官·冢宰下》的「瘍醫」在治療皮膚的膿瘡、疹子、跌打刀傷，是採「注藥劀殺」注藥於傷，然後刮殺的外科方法。茲說明《說文》相關的字例如下。

字　例	疕	瘍	癭	痱	瘻	疽	癧	瘇
篇　卷	7下28	7下28	7下28	7下29	7下29	7下30	7下30	7下32

（1）疕 頭瘍也。从广匕聲。（七篇下　二十八）

按：《周禮·天官·冢宰下》：「醫師，……凡邦之有疾病者、疕瘍者造焉，則始醫分而治之。」注云：「疕，頭瘍，亦謂禿也。」「頭瘍」謂頭上有瘡含膿血者，禿含膿血者，可謂之疕；禿而不含膿血者，疕亦可以兼謂之，故云：「亦謂禿也。」

（2）瘍 頭創也。从广易聲。（七篇下　二十八）

按：《說文》釋「瘍」爲「頭創」，就等同於「疕」，段玉裁注：「按頭字蓋膚上文，疕下曰：『頭瘍』則見瘍不專頭矣。」《周禮·天官·冢宰下》：「醫師，……凡邦之有疾病者、疕瘍者造焉。」注云：「身傷曰瘍。」《禮記·檀弓》：「居喪之禮，身有瘍則浴。」瘍就是瘡，不一定生在頭部，段玉裁認爲《說文》瘍作「頭創」，「頭」是多出來的文字。既然「疕」專指頭上的瘍瘡，則「瘍」當爲泛指。

（3）癭 頸瘤也，从广嬰聲。（七篇下　二十八）

《釋名·釋疾病》：「瘤，流也。流聚而生腫也。」《淮南子·墜形》：「險阻之氣多癭。」注云：「氣衝喉而結多癭疾也。」張華《博物志》：「山居之民多癭腫疾。」由於飲泉之不流者，故山居之民多罹患此病。瘤與瘡的不同在

於，瘤是不當的增生組織，體表或體內任何部位皆有可能，有良性與惡性之分，須病理切片檢查，再施以適當的手術。瘡則是體表的膿腫，排擠出膿血，敷藥自可痊癒。

（4）疿風病也。从广非聲。（七篇下　二十九）

　　按：《東觀漢記》：「南宮複道多惡風寒，老人居之且病痱。」《風俗通義》：「今人卒得鬼痱，殺雄雞以傅其心上。」桂馥《說文義證》：「鬼痱者，北人謂之鬼風，皮膚小起痒不及搔是也。」痱是皮膚起的小疹子，會癢。

（5）癭頸腫也。从广嬰聲。（七篇下　二十九）

　　按：《山海經・中山經・中次七經》：「合水出于其陰，而北流注于洛，多䲦魚，狀如鱖，居逐，蒼文赤尾，食者不癭，可以爲瘻。」郭璞云：「瘻，癭屬也，中多有蟲。」《淮南子・說山》：「雞頭已瘻。」高誘注：「瘻，頸腫疾也。」《靈樞經・寒熱第七十》：「黃帝問于岐伯曰：『寒熱瘰癧在於頸腋者，皆何氣使生？』岐伯曰：『此皆鼠瘻寒熱之毒氣也，留於脈而不去者也。』」玄應《一切經音義》十：「血漏宜作瘻，音漏，癭屬也，中有蟲，頸腋急處皆有。或有作漏，血如水下也。」瘻是長在頸腋的膿瘡，中有蟲。

（6）疽久癰也。从广且聲。（七篇下　三十）

　　按：大徐本作「癰也」，玄應《一切經音義》九引作「久癰也。」顏注《急就篇》：「癰之久者曰疽。」《左傳・襄公十九年》：「荀偃癉疽。」注云：「癉疽，惡創。」《呂氏春秋・盡數篇》：「辛水之所多疽與痤。」高誘注：「疽痤皆惡瘡也。」《論衡・幸偶篇》：「氣結閼積聚爲癰，潰爲疽。」《靈樞經・癰疽第八十一》：「黃帝曰：『夫子言癰疽何以別之？』岐伯曰：『營衛稽留於經脈之中則血泣而不行，不行則衛氣從之而不通，壅遏而不得行故熱，大熱不止，熱勝則肉腐，肉腐則爲膿。然不能陷骨髓，不爲焦枯，五藏不爲傷，故命曰癰。』黃帝曰：『何謂疽？』岐伯曰：『熱氣淳盛，下陷肌膚筋髓枯，內連五藏血氣竭，當其癰下筋骨良肉皆無餘，故命曰疽。』」癰爲惡瘡，而疽比癰更嚴重，故《說文》說是「久癰」，《靈樞經》說會下陷肌膚，筋髓焦枯，良肉無餘，五藏血氣竭。《備急千金要方》云：「肉中忽生點，子如豆粒，小者如黍粟，劇者如梅李，或赤，或黑，或青，或白，其狀不定，有根，不浮腫，痛傷之應心，根深至肌，經久便四面悉腫胞，黯熟紫黑色，能爛壞筋骨，若毒散，逐脈入藏殺人。」〔註14〕疽的膿根植得很深，膿瘡非常結實腫痛，

〔註14〕　（唐）孫思邈，《急備千金要方》卷二十二〈丁腫・癰疽〉「瘭疽第六」（北京：

劇烈的疼痛感可傳導至心，甚至會爛壞筋骨，毒氣滲入經脈，危害生命。

（7）癟寄肉也。从广息聲。（七篇下　三十）

　　按：《靈樞經・水脹第五十七》：「黃帝問於岐伯：『……腸覃何如？』岐伯曰：『寒氣客于腸外，與衛氣相搏，氣不得榮，因有所繫，癖而內著，惡氣乃起，瘜肉乃生，其始生也，大如雞卵，稍以益大，至其成如懷子之狀，久者離歲，按之則堅，推之則移。』」寄肉見於外者謂之瘤，隱於內謂之瘜。瘜肉自生日久就會變成瘤。

（8）癟脛气腫。从广童聲。詩曰既微且瘇。瘇籀文。〔註15〕（七篇下　三十二）

　　按：《呂氏春秋・盡數篇》：「重水所多尰與躄人。」高誘注：「尰足曰尰。」《漢書・賈誼傳》：「天下之勢方病，大腫一脛之大幾如要，一指之大幾如股。」如湻曰：「腫足曰瘇。」

　　《詩・小雅・巧言》：「既微且瘇」，傳云：「骭瘍為微，腫足為尰。」箋云：「此人居下溼之地，故生微瘇之疾。」微是腳脛生瘡，居潮濕之地的人多患微瘇之疾，腳足易溼瘡腫大。

（八）牙　科

字　例	齔	齞	齲
篇　卷	2下19	2下21	2下24

（1）齔毀齒也。男八月生齒，八歲而齔，女七月生齒，七歲而齔，从齒匕。（二篇下　十九）

　　按：大徐本作从齒从七，小徐本作从齒七聲，段玉裁《說文》注：「按其字从齒匕，匕，變也。」徐灝《說文解字注箋》：「七歲毀齒，因取義於七，又用七為聲，六書恐無此法，且何以解於八歲？七與匕形近之譌當从匕為是，匕者變化而生之義，謂齒落復生也。毀齒謂之齔，其音當如毀，匕毀一聲之轉耳。《繫傳》作七聲，亦當為匕聲。」〔註16〕段注本不從大小徐本从七（聲），認為七與匕形近訛誤，从匕聲與毀齒之毀才音義接近。

　　人會生齒，《周禮・小司寇》云：「自生齒以上，登于天府。」注云：「生齒而體備，男八月而生齒，女七月而生齒。」人長了牙齒，生命個體的完整

人民衛生出版社，1995.4），頁406。
〔註15〕大徐本作「脛氣足腫」，籀文下有「从夫」。
〔註16〕楊家駱主編，《說文解字詁林正補合編》第三冊，頁3-247。

性才告完成，而男女生齒與毀齒的時間分別與八、七有關，《大戴禮・本命》曰：「陰以陽化，陽以陰變，故男以八月生齒，八歲而毀；女七月生齒，七歲而毀。」又曰：「男以八月而生齒，八歲而毀齒，一陰一陽，然後成道，二八十六然後情通，然後施行；女七月生齒，七歲而毀齒，二七十四，然後化成。」《韓詩外傳》：「陰陽相反，陰以陽變，陽以陰變，八月生齒，八歲而齔齒，十六而精化小通；女七月生齒，七歲而齔齒，十四而精化小通。」生齒與毀齒是生命陰陽之道成熟的過程，所以男（陽）因八（陰）而生毀齒，女（陰）因七（陽）而生毀齒，故「陽以陰變，陰以陽變」。男女到了毀齒的雙倍年齡——十六與十四歲，生理精血成熟，具有生殖能力，故能「成道」、「化成」。《素問・上古天眞論》：「女子七歲腎氣盛，齒更髮長，二七而天癸至，任脈通，太衝脈盛，月事以時下，故有子。……丈夫八歲腎氣實，髮長齒更，二八腎氣盛，天癸至，精氣溢寫，陰陽和，故能有子。」王冰注云：「老陽之數極於九，少陽之數次於七，女子爲少陰之氣，故以少陽數偶之，明陰陽氣和乃能生成其形體，故七歲腎氣盛，齒更髮長。癸謂壬癸，北方水，干名也。任脈衝脈皆奇經脈也，腎氣全盛，衝任流通，精血漸盈，應時而下，天眞之氣降與之從事，故云天癸也。然衝爲血海，任主胞胎，二者相資，故能有子，所以謂之月事者。……老陰之數極於十，少陰之數次於八，男子爲少陽之氣，故以少陰之數合之。《易・繫辭》曰：『天九地十』則其數也。男女有陰陽之質不同，天癸則精血之形亦異，陰靜海滿而去血，陽動應合而泄精，二者通和，故能有子。《易・繫辭》曰：『男女構精，萬物化生』此之謂也。」女生齒、毀齒以「七」言之，是因女少陰，以少陽之七偶之；男生以「八」言之，則因少陽男，以少陰八偶之。牙齒、頭髮的生長皆與腎氣有關，男八女七，因腎氣盛實，所以會毀齒換牙，頭髮生長更好。而男十六精氣盛，女十四天癸至，具備了構精生子的生理機能。

（2）齦齗腫也。从齒巨聲。（二篇下　二十一）

　　按：《說文》：「齗，齒本肉也。从齒斤聲。」《急就篇》三：「鼻口唇舌齗牙齒。」顏師古注：「齗，齒根肉也。」齦指牙齦腫。

（3）齲齒蠹也。从牙禹聲。齲，齲或从齒。（二篇下　二十四）

　　按：《易通驗卦》：「人手陽明脈虛多病寒熱齒齲。」《釋名・釋疾病》：「齲，朽也。蟲齧之齒缺朽也。」《本草經集注》卷四：「蜀羊泉，治齲齒。」齲齒爲蛀牙，可用蜀羊泉治齲齒。

三、醫療方法

《說文》云：「醫，治病工也。从殹酉聲。殹，惡姿也，醫之性然。……一曰殹，病聲。……古者巫彭初作醫。」《急就篇》注「醫匠」云：「療病之工也。」《周書‧大聚解》：「鄉立巫醫具百藥以備疾災，畜五味以備百草。」醫生所以除疾疢、保性命之術者。《周禮‧天官‧冢宰下》就記載了不同的醫事專業分工，如「醫師掌醫之政令，聚毒藥以共醫事。凡邦之有疾病者，疕瘍者造焉，則始醫分而治之。」「食醫掌和王之六食、六飲、六膳、百羞、百醬、八珍之齊。」「疾醫掌養萬民之疾病」，「獸醫掌療獸病，療獸瘍。」

「殹，惡姿也，醫之性然」，王筠《說文句讀》云：「凡精於小道者，其性多乖戾。」〔註17〕又《說文釋例》云：「天下之精於一藝者，其性多乖戾，醫其一也。蓋小道可觀，致遠恐泥，亦其性本泥乃精小道耳。」〔註18〕然《說文》殹下云：「擊中聲也。」與這裡的「惡姿」不同。王筠從《說文》「惡姿」之義作解釋，有些牽強。

「一曰殹，病聲」，《說文》癥下云：「劇聲也。」段玉裁注：「劇者，病甚也。癥者，病甚呻吟之聲。酉部醫下曰：『殹，病聲也。』殹蓋癥之省。」如此一來，《說文》中的「殹」有三個意義：（一）惡姿。（二）擊中聲。（三）病聲。這裡的「殹」作「病聲」，是指生病的呻吟之聲。「古者巫彭初作醫」，《山海經‧海內西經》：「開明東有巫彭、巫抵、巫陽、巫履、巫凡、巫相。」注云：「皆神醫也。」《呂氏春秋‧勿躬篇》：「巫彭作醫」，早期的醫學與宗教和巫術有著密不可分的關係，最早的醫生就是巫師，最早的治療手段即是巫術儀式。

《說文》云：「療，治也。从疒樂聲。讀若勞。療，或从寮。」（七篇下　三十五）《周禮‧天官‧冢宰下》：「瘍醫，掌腫瘍、潰瘍、金瘍、折瘍之祝藥，劀殺之齊。」「凡療瘍，以五毒攻之，以五氣養之，以五藥療之，以五味節之。凡藥，以酸養骨，以辛養筋，以鹹養脈，以甘養肉，以滑養竅。」鄭玄注：「止病曰療。攻，治也。五毒，五藥之有毒者。」以治療外科的疾病為例，除了刮除膿血之外，還用藥物外敷，並內服藥物，根據藥性來調治身體不同的部位。同時也注重食補調理。可見當時的治療過程包括攻、養、療、節、即疾病症狀的醫治，還兼調理全身氣血。藥療部分，本文歸在經方討論，養氣部分則歸於神仙類。茲僅就《說文》醫療方法來討論，該字例計有禰、劀、劑，寊、

〔註17〕楊家駱主編，《說文解字詁林正補合編》第十一冊，頁 11-849。
〔註18〕同註17，頁 11-850。

砭、灸、醫諸字，禂是帶有巫術性質的醫療行爲，其他爲治療方法：劀、劋、砭爲砭石療法，窜是針療，灸是火灸法，醫是酒劑療法，分述如下。

（一）祝 禂

字 例	禂
篇 卷	1 上 12

禂祝禂也。（一篇上 十二）

　　人體病症必須透過醫療來復癒或改善，而人類的早期階段，治病活動融合在巫術之中，《說文》云：「巫，巫祝也，女能事無形，目舞降神者也。象人兩襃舞形，與工同意，古者巫咸初作巫。舞古文巫。」「覡，能齊肅聲神明者，在男日覡，在女日巫，從巫見。」巫爲溝通天地神靈的神職人員，舉凡日月、山川、風雨、雷電、旱澇、疾病、死亡等神秘莫測的現象，透過巫師來祝禱、占卜和醫治，巫醫則爲人類早期的醫療人員，《山海經·海內西經》：「開明東有巫彭、巫抵、巫陽、巫履、巫凡、巫相，夾窫窳之尸，皆操不死之藥以距之。」《山海經·大荒西經》：「大荒之中……有靈山，巫咸、巫即、巫盼、巫彭、巫姑、巫眞、巫禮、巫抵、巫謝、巫羅，十巫從此升降，百藥爰在。」諸巫都能採藥，或以操不死之藥，郭璞注：「距卻死氣，求更生」，救活窫窳。《呂氏春秋·勿躬篇》云：「巫咸作醫」，《世本》云：「巫咸，帝堯時醫，以鴻術爲堯之醫，能祝，延人之福，愈人之病，祝樹樹枯，祝鳥鳥墜。」

　　祝禂是帶有巫術性質的醫療行爲，趙宧光《說文長箋》日：「太醫十三科，其最後日祝由。又日：祝尤，古醫出巫咸醫。」[註19]中國古代把治病方法分成好多種科目，比如說，接骨、針灸、按摩、推拿、點穴、氣功治病、草藥治病等等，每一種治病方法叫做一個科，祝由科被列爲第十三科，所以它的全名叫作祝由十三科。《黃帝內經》提到祝由術，其日：

> 岐伯日：往古人居禽獸之間，動作以避寒，陰居以避暑，内無眷慕
> 之累，外無伸官之形，此恬憺之世，邪不深入也，故毒藥不能治其
> 内，鍼石不能治其外，故可移精，祝由而已。當今之世不然，憂患

〔註19〕 （明）趙宧光，《說文長箋》卷70（《四庫全書存目叢書》經書196冊，臺南：
　　　　莊嚴文化事業有限公司，1997.2），頁 196-343。

緣其內，苦形傷其外，又失四時之從，逆寒暑之宜，賊風數至，虛邪朝夕內至五藏骨髓，外傷空竅肌膚，所以小病必甚，大病必死，故祝由不能已也。《素問·移精變氣論》

黃帝曰：今夫子之所言者，皆病人之所自知也。其毋所遇邪氣，又毋怵惕之所志，卒然而病者，其故何也？唯有因鬼神之事乎？岐伯曰：此亦有故。邪留而未發，因而志有所惡，即有所慕，血氣內亂，兩氣相搏。其所從來者微，視之不見，聽而不聞，故似鬼神。黃帝曰：其祝而已者，其故何也？岐伯曰：先巫者，因知百病之勝，先知其病之所從生者，可祝而已也。《靈樞經·賊風》

「祝由」，王冰注曰：「祝說病由」。以上兩則《黃帝內經》引文表明：（1）上古祝由治病是基本的治療方法；（2）祝由有巫師的身分，可對治致病的鬼神；（3）祝由可癒病，是因上古無邪深之病，即使精神氣亂也可因祝說病由，達到移精變氣的目的。鮑東藩《煮石軒筆記》記述祝由採用畫符、燒香、燒紙、念咒等等的形式治病，其云：

韓飛霞曾治白虎歷節風，其人信巫不信藥。韓乃用霞天膏、白芥末，作墨書字入水，令頓服一缶，吐利交作，去膠痰臭汁數斗而起，謂韓符水有神。韓眞能出奇以活人者。今之祝由科，假符以欺人，其實皆用藥水以吞符，幸而中病，亦藥之靈，非符之靈也。蒙蔽之人，信巫不信醫，喜符不喜藥，受欺而不悟，殊可笑也。〔註20〕

《清朝野史大觀》〈清代述異〉卷上「湖南祝由科」云：

趙甌北云：湖南有祝由科，能以符咒治病。余與陳玉亭同直軍機，時皆少年，暇輒手搏相戲，玉亭有力，握余手輒痛不可忍，余受侮屢矣。一日在郊園直舍，余憤甚，欲報之。取破凳一梲，語玉亭：「吾閉目相擊，觸余梲而傷，非余罪也。」余意閉目則玉亭必不敢冒險來犯；而玉亭又意冒險來，余必不敢以梲擊也。忽聞梲端搰一聲，驚視，則玉亭已血滿面將斃矣，蓋梲著唇間也。急以湯灌之始甦。呼車送入城。是日下直，余急騎馬往視玉亭，而馬忽跳躍，余亦跌死半刻方醒。及明日見玉亭，玉亭故無恙。後其家人語余奴子，始知余之跌，即玉亭所爲祝由科，能以傷移於人也。方術妖符，固有不可以常理論者。然

〔註20〕轉引自馬伯英，《中國醫學文化史》（上海：上海人民出版社，1997.5），頁751。

湖南葛益山以此治病，最擅名，人稱葛仙翁。余在滇時，將軍果毅公
患左肩一小瘤，本舊時騎馬跌傷臂，其筋攣結而成者。至是爲庸醫所
誤，皮破不能合。滇撫明公德特爲招致葛仙來治之，用符水噴患處，
刀割去腐肉，愈割而瘤愈大，竟不效而去。〔註21〕

以上兩則傳聞記載祝由使用符咒治病，不一定見效。往古之人生活條件簡
單，少慾念之累，靜保天眞，自無邪勝，不假毒藥鍼石之勞，祝由的治療
方式即可應付之。但是當今之世，生活環境文明，人們身心的負擔反而越
重，而且又疏於配合四時節候作息，內損外傷，大小病不斷，徒假藥物鍼
石之勞，已非祝由能勝任。所以祝由掌握咒訣技術的承傳，小病能治，大
病就不行了。

（二）砭　石

字　例	砭
篇　卷	9下32

砭以石刺病也，从石乏聲。（九篇下　三十二）

　　按：《山海經・東山經》：「高氏之山，其下多箴石。」注云：「可以爲砭
針治癰腫者。」《漢書・藝文志》：「醫經者……用度箴石湯火所施。」顏師
古注：「石，謂砭石，即石箴也。古者攻病則有砭，今其術絕矣。」《黃帝內
經素問・異法方宜論》：「東方之域，魚鹽之地，海濱傍水，其病爲癰瘍，其
治宜砭石，故砭亦從東方來。」王冰注云：「砭石如玉，可以爲鍼。」《黃帝
內經素問・寶命全形論》：「故鍼有懸布天下者五，……四曰制砭石大小……」
全元起注云：「砭石者，是古外治之法，有三名：一鍼石，二砭石，三鑱石，
其實一也。古未能鑄鐵，故用石爲鍼，故名之鍼石。言工必砥礪鋒利，制其
小大之形，與病相當。黃帝造九鍼以代鑱石。上古之治者，各隨方所宜，東
方之人多癰腫聚結，故砭石生於東方。」鑱石在《史記・扁鵲倉公列傳》的
記載爲「治病不以湯液醴酒，鑱石撟引。」司馬貞《索隱》：「土咸反，謂石
鍼也。」《靈樞經・九鍼論》：「一曰鑱鍼者，取法於巾鍼，去末寸半，卒銳
之，長一寸六分，主熱在頭身也。」巾鍼即是骨笄、骨簪類；鑱石不脫石、

〔註21〕小橫香室主人編著，《清朝野史大觀》（下）（臺北：臺灣中華書局，民國75.4
　　　　（1986.4）），頁93。

骨、玉、角類，形制比較粗大，有使用上的特殊情形，《史記·扁鵲倉公列傳》：「形弊者，不當關灸、鑱石及飲毒藥也。」「陽疾處內，陰形應外者，不加悍藥及鑱石。」《黃帝內經素問·奇病論》：「身羸瘦，無用鑱石也。」可知鑱石只能施用於身體比較強壯的人。據考證，山東微山縣兩城山出土的東漢畫像石，其中四塊畫像石刻著半鳥半人的形象，手作揚舉狀，徒手無所握，或握一短棒物，可名之爲「扁鵲針灸行醫圖」（見圖），〔註22〕扁鵲所持針具是石鍼。

古代砭石的用途有四：〔註23〕

（一）用於熨。即是用熱水或火將砭石加熱後敷於患處，《五十二病方》載有：「燔小隋石，淬醯中以熨。」將燒過的砭石在醋中淬占，利用餘熱溫熨患部。《黃帝內經·太素》楊上善注「知鍼石」條說：「氣血未盛，未爲膿者，可以石熨，寫其盛氣也。」水熱的砭石，如江西上高縣戰國墓中出土的球形磨光穿孔石器，可以繩繫，放入鼎中的水煮熱，用作熱熨（見圖）。火熱砭石，如湖南長沙下麻戰國墓出土的扁圓形石器，兩端有琢磨痕跡和火燒裂紋，一面光滑如鏡，經考證是煨熱用於熨燙（見圖）。

〔註22〕劉敦愿，〈漢畫像石上的針灸圖〉《文物》1972年第6期，頁48。
〔註23〕參考馬繼興、周世榮，〈考古發掘中所見砭石的初步探討〉《文物》1978年第11期，頁81-82。

可用於熨法的水熱砭石（原長7公分）
示意圖

可用於熨法的火熱砭石
（原長6公分）

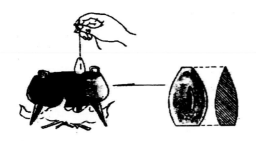

　　有的砭石帶有人工刻劃的圖飾，如 1962 年湖南霞流市胡家灣春秋墓葬中
出土，刻有蟬形圖飾，背面鑿有繫繩用的雙孔，與上述水熱砭石相同（見圖）。
也有人工製造的陶質砭石，如在河北易縣戰國墓葬出土，刻劃「雨師」形象，
可供熨法及按摩之用（見圖）。

刻劃蟬形圖飾的砭石
（原長 2.8 公分）

刻劃「雨師」形象的砭石
（原長 18.3 公分）

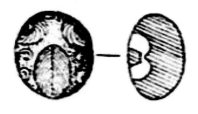

　　（二）用於按摩。《砭經》云：「摩即按也，摩其周而不必振其骨。」按
摩用砭石為磨制成卵圓形的石器，1964 年湖南益陽桃博戰國墓出土一凹形圓
石，內外兩面都有明顯的摩痕，凹槽中可納一手指指腹（見圖）。

　　（三）用於切割膿腫，刺放瘀血。《說文》：「劀，刮去惡創肉也。從刀矞
聲。《周禮》曰劀殺之齊。」《周禮·天官·冢宰下》：「瘍醫掌腫瘍、潰瘍、

金瘍、折瘍之祝藥劀殺之齊。」鄭玄注:「祝當爲注⋯⋯,注謂附著藥。劀,刮去膿血。殺謂以藥食其惡肉。」又《説文》:「劋,砭刺也,从刀票聲。一曰劋劫也。」段玉裁注:「謂砭之謂刺之,皆曰劋也。砭者,以石刺病也。刺者,直傷也。砭刺必用其器之末,因之凡末謂之劋,《莊子》謂本末爲本劋。」《素問‧異法方宜論》:「其病皆爲癰瘍,其治宜砭石。」《靈樞經‧玉版》:「故其已成膿血者,其唯砭石鈹鋒之所取也。」《難經》卷三云:「其受邪氣,畜則腫熱,砭射之也。」馬王堆帛書《脈法》記載砭石大小的使用必須視癰腫的大小深淺而定,否則有害。〔註24〕能夠切割膿腫、刺放瘀血的砭石形制不一,有作鑿或鏟狀,如 1974 雲南省故大理國境內的寶塔出土的藥材竹簍,簍內有一鏟狀砭石,下端有刀緣(見圖)。又如 1965 年湖南華榮縣長崗廟新石器遺址,也出土三件鏟狀石器,三件都是單面斜刀,刃口銳利,作爲砭石,易切開皮肉(見圖)。

雲南大理國鏟狀砭石　　　　　湖南長崗廟鏟狀石器之一
（原長 4.7 公分）　　　　　　　（原長 4.8 公分）

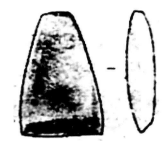

有作刀形的砭石,如 1966 年湖南長沙接駕嶺西南新石器遺址出土的石刀,其上有一圓孔(見圖)。而 1955 年鄭州商代遺址出土一枚玉質劍狀砭石,與「九鍼」中的鈹鍼外形相似(見圖)。

〔註24〕《脈法》:「氣出胕(郄)與肘,□一久(灸)而□。用砭(砭)啓眽(脈)者必如式,癰(癰)種(腫)有膿(膿),則稱其大小而□□之。□有四【害】:膿(膿)深砭(砭)較(淺),胃(謂)之不重逕,一害。膿(膿)較(淺)而砭(砭)深,胃(謂)之過,二害。膿(膿)大【而砭(砭)小】,□□而大□□□,三【害。膿(膿)】小而砭(砭)大,胃(謂)之砭(砭)□,砭(砭)者,石食(蝕)肉醫(也),四害。」《馬王堆漢墓帛書‧五十二病方》(馬王堆漢墓帛書整理小組編,北京:文物出版社,1979.11),頁 21-22。

湖南接駕嶺刀狀砭石　　　　　　鄭州玉質劍狀砭石

（長 6 公分、寬 2.3 公分）　　　　　　（長 11.8 公分）

有作鑱形的砭石，如 1964 年湖南益陽鹿角山新石器遺址發現的五件石鑱（見圖），即是石砮之類，《本草綱目》卷十「砭石條」提到石砮可用以刺百病癰腫。

這類割刺膿腫的砭石另一種名稱是砥石，《韓非子・外儲說右上》：「夫痤疽之痛也，非刺骨髓則煩心不可支也。非如是不能使人以半寸砥石彈之。」在無麻醉的情形下，切開膿腫的速度要快，就是要用「彈」的方法，也就是「挑開」之義。又《韓非子》：「秦醫雖善除，不能自彈也。」（〈說林下〉）「故能使人彈疽者，必其忍痛者也。」（〈外儲說右上〉）「夫彈痤者痛，飲藥者苦，為苦憊之故，不彈痤飲藥，則身不活，病不已矣。」（〈六反〉）《戰國策・秦策二》：「扁鵲怒而投其石。」高誘注：「石砭，所以砭彈人癰腫者也。」《淮南子・說林》：「醫之用鍼石。」高誘注：「石鍼所抵，彈人癰痤，出其惡血。」《後漢書・趙壹傳》：「鍼石運乎手爪。」注云：「古者以砭石為鍼，凡鍼之法，右手象天，左手法地，彈而怒之，搔而下之，此運手爪也。」都是以砭石彈膿腫的割除方法。

（四）用於叩擊。這類砭石形體稍大，多成棒槌狀，如湖南石門皁市商代遺址出土的石棒，外表光滑，原長 13 公分（見圖）。

所以砭石可作為外科手術、針灸和理療的工具。

（三）鍼　刺

字　例	甯
篇　卷	7上24

甯入衇刺穴謂之甯。从穴甲聲。（七篇下　二十四）

按：古人最早用石針、骨針、竹針、陶針作治療，如山東平陰縣朱家橋商周遺址出土的骨針，長約 8 公分，銳端爲圓錐尖，鈍端卵圓；城子崖龍山文化遺址出土的兩種黑色陶針，一長 5.5 公分，兩端皆圓錐尖，形如橄欖；一長 8.8 公分，鈍端如卵圓，這些一端有鋒，另一端無孔的骨針、陶針，在當時很可能被用作刺病的工具。在出土文物中，至今未見竹針實物。後來的金屬針，是在以上原始針具的基礎上發展而來。《五音集韻》：「病在經絡，九散不能消除，以鍼刺之。」《一切經音義》十八：「攻病曰藥石，古人以石爲鍼，今人以鐵，皆謂療病者也。」《說文》有「鍼」、「箴」二字，一爲「所以縫也」，一爲「綴衣箴也」，只與縫衣有關。中國古代醫書有所謂的「九鍼」：鑱鍼、員鍼、鍉鍼、鋒鍼、鈹鍼（或作鈹鍼）、員利鍼、毫鍼、長鍼、大鍼，有的醫籍有火鍼（或作燔鍼）無大鍼，鍼具的形制也有差異，例如明代高武《針灸節要》與徐春甫《古今醫統》成書時間接近，九鍼名稱一樣，但形制差異較大，經考察《針灸節要》「九鍼圖」係抄自元代杜思敬《鍼經摘英集》。茲依《靈樞經》〈九鍼十二原〉、〈九鍼論〉所記的九鍼名稱、形制、功能，附以《類經圖翼》的九鍼圖與現今的九鍼模型圖，〔註25〕列表如下：

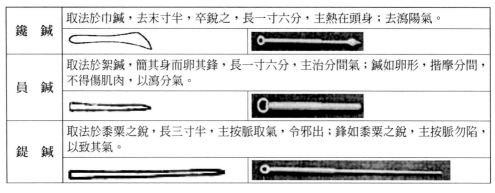

鑱　鍼	取法於巾鍼，去末寸半，卒銳之，長一寸六分，主熱在頭身；去瀉陽氣。	
員　鍼	取法於絮鍼，簡其身而卵其鋒，長一寸六分，主治分間氣；鍼如卵形，揩摩分間，不得傷肌肉，以瀉分氣。	
鍉　鍼	取法於黍粟之銳，長三寸半，主按脈取氣，令邪出；鋒如黍粟之銳，主按脈勿陷，以致其氣。	

〔註25〕　（明）張介賓，《類經圖翼》四卷「九針圖」（王玉生主編，《類經圖翼‧類經附翼評注》，西安：陝西科學技術出版社，1996.8），頁 167-168。九鍼模型圖援引自李建民，《死生之域‧周秦漢脈學之源流》（中央研究院歷史語言研究所專刊之一○一，民國90.12（2001.12））圖四二c，頁 427。

鋒　鍼	取法於絮鍼，簡其身，鋒其末，長一寸六分，主瀉熱出血；刃三隅，以發痼疾。	
鈹　鍼	取法於劍鋒，廣二寸半，長四寸，主大癰膿，兩熱爭者也；末如劍鋒，以取大膿。	
員利鍼	取法於氂，鍼微大其末，反小其身，令可深內也，長一寸六分；主取癰痹者也；大如氂，且員且銳，中身爲大，以取暴氣。	
毫　鍼	取法於毫毛，長一寸六分，主寒熱痛痹在絡者也；尖如蚊虻喙，靜以徐往，微以久留，正氣因之，眞邪俱往，出之而養，以取痛痹。	
長　鍼	取法於綦鍼，長七寸，主取深邪遠痹者也；鋒利身薄，可以取遠痹。	
大　鍼	取法於鋒鍼，其鋒微員，長四寸，主取大氣不出關節者也；尖如梃，其鋒微員，以瀉機關之水也。	

　　九鍼的用途或淺刺皮膚表層，或穿刺靜脈放血，或破膿除癰，或刺穴位以治病。1968 年在河北滿城西漢劉勝墓（公元前 113 年）出土的四根金針和五根殘損的銀針，即九鍼的部分實物（見圖）。四根金針經過鑑定，一根是鋒針，長 6.6 公分，針柄佔全長的 2／5，鋒部作三稜形；兩根是古毫針，長 6.6公分，針柄佔全長的 3／4，鋒部長 1.8 公分，越至末端越尖銳；一根長 6.9 公分，針柄佔全長的 2／3，鋒部短，鈍尖，可能是員利針。另外五根殘損的銀針，其中一根上部殘，下部完好，殘長 5.3 公分，比金針粗，末端鈍圓無峰，經斷定爲古代鍉針。〔註 26〕

河北滿城漢墓金銀醫用針（河北博物館藏）

〔註 26〕 甄志亞主編，《中國醫學史》（臺北：知音出版社，民國 89.10（2000.10）），頁 30。

（四）灸

字 例	灸
篇 卷	10 上 47

灸灼也。从火九聲。（十篇上　四十七）

　　灸法是對治療的部位進行固定的溫熱刺激，段玉裁注：「今以艾灼體曰灸。」《黃帝內經素問·異法方宜論》曰：「北方者，天地所閉藏之域也，其地高陵居，鋒寒冰冽，其民樂野處而乳食，臟寒生滿病，其治宜灸焫。灸焫者，亦從北方來。」王冰注：「火艾燒灼，謂之灸焫。」灸焫之法與北方人處於寒冷環境中的生活狀況有關，烘火取暖可舒緩嚴寒氣候造成的身體不適，因而逐漸認知到，如果是受涼引起的腹痛及寒濕造成的關節痛等病，用熱熨可療病痛。經過時間的推移與改療法改進，人們採用樹枝或乾草作燃料，進行局部固定的溫熱刺激，從而形成了灸法。其中艾草性味芳香、溫經、止痛、易燃，被用為灸治的主要燃料，《孟子·離婁》：「七年之病，求三年之艾。」《莊子·盜跖》「無病自灸」用以保健。考古工作者在河南陝縣岑虢國墓出土一件春秋時代的弧形銅器，經過研究，為取火的陽燧。同墓出土的還有一件繪有盤螭紋的扁圓形銅罐，是用以盛裝艾絨以供陽燧取火之物，前趙王育說：「上古灸者，用陽燧之火，即以火珠向陽，以艾於下承之，使得火也。火氣行，中經脈而疾徐。」因此，虢國墓的這組灸治專用器具，是迄今考古出土有關灸焫的最早實物。另據考，新石器時代的骨卜係將艾蒿類的菊科植物燃著，置於動物骨骼上，繼而以其裂紋求徵兆，沈括《夢溪筆談》卷十八記載「以艾灼羊髀骨，視其兆，謂之死跋焦」，這類骨卜所採用的原料和施行方法，皆與灸術極相似。〔註27〕

　　馬王堆帛書《五十二病方》有在傷口直接施灸的治療方式，「有（又）久（灸）其痏」，此傷口是因用砭石治療疝氣時刺破皮膚，「先上卵，引下其皮，以碞（砭）穿其【隋（脽）】旁。」所留下的傷口。然後「久（灸）其泰（太）陰、泰（太）陽□□」，〔註28〕在脈上施灸。另外，還有治療癩病的灸法為「瀆（癩）□久（灸）左胻□。」〔註29〕「取枲垢，以艾裹，以久（灸）瀆（癩）

〔註27〕同註26，頁 28-29。
〔註28〕同註24，頁 82。
〔註29〕同註24，頁 85。

者中顛，令蘭（爛）而已。」〔註30〕「胻」爲膝下部分，「臬」是麻屑，「中顛」是指頭頂，爲百會穴的部位。也是用艾草施灸。

（五）酒 劑

字 例	醫
篇 卷	14上40

醫 治病工也。从殹酉聲。殹，惡姿也，醫之性然。得酒而使，故从酉，王育說。一曰殹，病聲。酒所以治病也，《周禮》有醫酒，古者巫彭初作醫。

（十四篇下　四十）

《説文》曰：「《周禮》有醫酒」，《周禮・天官・冢宰下》的「酒正」有「一曰醫」，鄭玄注：「《內則》所謂或以酏爲醴。」醫本爲酒名，借爲醫療字。又因酒所以治病也，醫得酒而使，藥中用酒者多也，《一切經音義》二十四卷引云：「醫，治病工也。醫之性得酒而使，藥非酒不散。」古代醫學借用君、臣、佐、使四名，用比喻的方法，賦予特定的意義，其中「使」有二義：（1）喻指在方劑學中起最次作用的藥物；有時也只次於臣藥的藥物，與佐藥無別。因所起作用最次要，爲輔助其他藥物以治病者，故以「使」喻。（2）喻指藥物中的下品藥。〔註31〕「得酒而使」應是指酒在藥劑中起次作用或輔助其他藥物的意思。酒具有興奮作用，可作強壯劑；有麻醉作用，可作麻醉劑；有殺菌作用，可作消毒劑；有揮發和溶媒的性能，是常用的溶劑。加上酒能「通血脈」、「行藥勢」，用酒泡製藥物爲藥酒。《黃帝內經素問・湯液醪醴》指的就是酒，岐伯曰：「自古聖人之作湯液醪醴者以爲備耳。夫上古作湯液，故爲而弗服也。中古之世，道德稍衰，邪氣時至，服之萬全。」上古聖人作湯液是備而不用，到了中古，道德稍有衰微，邪氣時至，服湯液可禦邪治病，王冰注曰：「雖道德稍衰，邪氣時至，以心猶近道，故服用萬全也。」酒在醫療上也有一定的作用，《漢書・食貨志》說「酒，百藥之長。」

第二節　經方類

　　《漢書・藝文志》云：「經方者，本草石之寒溫，量疾病之深淺，假藥味

〔註30〕同註24，頁79。
〔註31〕張顯成，《先秦兩漢醫學用語研究》（成都：巴蜀書社，2000.4），頁90-91。

之滋，因氣感之宜，辨五苦六辛，至水火之齊，以通閉解結，反之於平。及失其宜者，以熱益熱，以寒增寒，精氣內傷，不見於外，是所獨失也。故諺曰：『有病不治，常得中醫。』」從其所列的書目，〔註32〕大抵是內科、婦科、兒科等臨床用藥，食治的經驗方藥、方法裒集，涉及了植物學、動物學、礦物學、化學的藥劑知識，其特色有三（1）藥物有「寒」、「溫」、「苦」、「辛」等氣味之分。（2）製劑要要適度的控制水火，《呂氏春秋・本味》：「凡味之本，水為最始。五味三材，九沸久變，火為之紀，時疾時徐。」其中水、火、木「三材」，與藥物加工製劑對水、火、木的要求一致。（3）對疾病的病因、病理、證候教少涉及，而經驗之方則可不斷累積，包括禁祝方亦在收集之內。透過馬王堆帛書《五十二病方》的記載，可知早期經方知識的形成，是採「方先於藥，以病統方」方式。所謂「方先於藥」，是指人類對藥物的藥性理解，是經過長時間嘗試、服用而累積經驗，神農嚐百草即是典型的代表，即使如《五十二病方》也只有三例描述藥性、藥理。〔註33〕以後醫家對藥性、藥理的知識逐漸完具，藥書才獨立成家。「以病統方」就是以病為綱，在病名之下臚列各式各樣的常用或經驗之方，《五十二病方》可代表這種早期經方書的格式。〔註34〕因此，早期經方書的經驗知識重於藥理知識。

人類賴以生存的食物，或用以療病的藥物，都是來自於自然界的賜予，有人稱之於「醫食同源」或「藥食同源」，《說文》云：「藥，治病草。从艸樂聲。」藥物起源的古代傳說，大多說是神農氏，《淮南子・修務》：「神農……嘗百草之滋味，水泉之甘苦，令民知所避就。當此之時，一日而遇七十毒。」《搜神記》：「神農以赭鞭鞭百草，盡知其毒及寒溫氣味所生。」其實說得是

〔註32〕 《五藏六府痺十二病方》、《五藏六府疝十六病方》、《五藏六府癉十二病方》、《風寒熱十六病方》、《秦始黃帝扁鵲俞拊方》、《五藏傷中十一病方》、《客疾五藏狂顛病方》、《金創瘲瘛方》、《婦人嬰兒方》、《湯液經法》、《神農黃帝食禁》。

〔註33〕 （1）「毒堇□□□堇葉異小，赤莖，葉從（縱）縞者，□葉，實味苦，前【日】至可六、七日秀（秀），□□□□澤旁。」（2）「青蒿者，荊名曰【萩】。薑者，荊名曰盧茹，其葉可亨（烹）而酸，其莖有刺（刺）。」（3）「駱阮一名白苦，苦浸。」馬王堆漢墓帛書整理小組編，《馬王堆漢墓帛書（肆）》同註24，頁68，89，90。

〔註34〕 「犬筮（噬）人傷者；取丘（蚯）引（蚓）矢二升，以井上罋鹽處土與等，并熬之，而以美【醯】□□□□之，稍垸，以熨其傷。犬毛盡，傳傷而已。」「犬所齧，令毋痛及易瘳方，令【齧】者臥，而令人以酒財沃其傷。已沃而□越之。嘗試。毋禁。」同註24，頁45。

人們認識藥物的實踐過程。藥性的觀念，《史記‧扁鵲倉公列傳》云：「扁鵲曰：陰石以治陰病，陽石以治陽病。夫藥石者，有陰陽水火之齊。」「陰陽」即指藥性的剛柔寒熱而言。《周禮‧疾醫》云：「以五味、五穀、五藥養其病。」又《周禮‧瘍醫》云：「凡藥，以酸養骨，以辛養筋，以鹹養脈，以苦養氣，以甘養肉，以滑養竅。」從藥物的五味性能來說其藥效及主治的疾病部位。藥物有植物類，也有動物類，如《山海經》：「河羅之魚……食之已癰。」（〈北山經〉）「有鳥焉……名曰青耕，可以禦疫。」（〈中次十一經〉）還有礦物類的藥物，如硫磺壯陽、水銀殺蟲。《說文》的經方字例，分述如下。

字例	薑	蘘	菔	蕙	蘭	薐	藫	蕙	苣	芺
篇卷	1下5	1下7	1下8	1下8	1下8	1下9	1下11	1下13	1下15	1下16
字例	艾	芸	芐	荃	茚	芫	桂	桔	礜	
篇卷	1下21	1下21	1下22	1下23	1下26	1下30	6上4	6上11	9下25	

（1）薑 御溼之菜也。从艸彊聲。（一篇下 五）

按：《孝經援神契》：「椒薑禦溼。」《急就篇》：「葵韭蔥薤蓼蘇薑」顏注：「薑，禦溼菜也。」徐鍇《說文繫傳》：「薑可以止腹病，治腳下溼。」〔註35〕李時珍《本草綱目‧菜部》第二十六卷：「生薑……搗汁和黃明膠熬，貼風濕痛甚妙。」《神農本艸經‧中經》曰：「乾薑……逐風、溼痹、腸澼、下利，生者尤良，久服去臭氣，通神明，生川谷。」

（2）蘘 蘘荷也。一名葍菹，从艸襄聲。（一篇下 七）

按：徐鍇，《說文繫傳》：「崔豹《古今注》：紫者曰葍菹，葍音福。白者曰蘘荷。解毒用蘘荷，今俗亦謂白者可為藥也。」〔註36〕《說文》段注：「崔豹《古今注》曰：『似薑，宜陰，翳地。』師古曰：『根旁生筍，可以為菹，又治蟲毒。』」蘘荷有解毒之用，可治蟲毒。《搜神記》卷一二記載晉代的治蟲單方說：「今世攻蟲多用蘘荷根，往往驗。蘘荷或謂嘉草。」《本草綱目》卷一五「蘘荷」下亦列其別名為「嘉草。」《周禮‧疾醫》治毒蟲以「嘉草攻之」，鄭玄注稱不明「嘉草」指什麼草藥，實所稱「嘉草」指的是蘘荷根。

（3）菔 蘆菔似蕪菁，實如小尗者。从艸服聲。（一篇下 八）

按：桂馥《說文義證》：「蘆菔，今謂之蘿蔔。《本草》蕪菁及蘆菔，輕身

〔註35〕徐鍇，《說文繫傳‧通釋》卷第二（北京：中華書局，1998.12），頁12。
〔註36〕同註35。

益氣，可長食之。」〔註37〕

（4）蕙 令人忘憂艸也。从艸憲聲。詩曰安得薏艸。或从煖。蕿 或从宣。（一
篇下　八）

　　按：崔豹《古今注》云：「欲忘人之憂，則贈以丹棘，一名忘憂草也。」
《本草圖經》：「萱艸主安五臟，利心志，令人好歡樂無憂。」任昉《述異記》：
「萱草又名忘憂草。吳中書生謂之療愁。」

（5）蘭 香艸也。从艸闌聲。（一篇下　八）

　　按：桂馥《說文義證》：「蘭可充佩……又主調飲食，《王度記》：『天子以
鬯，諸侯以薰，大夫以蘭芝，士以蕭，庶人以艾。』」宋均注《禮斗威儀》云：
「蘭主給合調。」《文選·七啓》：「紫蘭丹椒，施和必節。」李善引鄭玄曰：
「蘭主給調和是也。」蘭除作爲充佩、飲食調和，又可作浴湯，《大戴禮·夏
小正》：「五月蓄蘭。」傳云：「爲沐浴也。」《幽明錄》云：「廟中道夾樹蘭香，
齋者煮以沐浴然後祭，所謂蘭湯也。」

（6）葰 薑屬，可以香口。从艸俊聲。（一篇下　九）

　　按：《儀禮·既夕禮》：「實綏澤焉」注云：「綏，廉薑；澤，澤蘭也，皆
取其香且禦溼。」綏爲葰的假借字，葰一名山辣。

（7）蘆 人薓，藥艸，出上黨。从艸浸聲。（一篇下　十一）

　　按：《一切經音義》十一：「蔘，《說文》作薓，苦草也。其類有多種，謂
丹蔘、元蔘等也。」《神農本草》：「立夏之日，蜚廉先生爲人薓、茯苓使，主
腹中七節，保神守中。」人參一名「土精」如人形者有神，生上黨山。

（8）薏 薏苢。从艸音聲。一曰薏英。（一篇下　十三）

　　按：《漢書·馬援傳》：「初援在交阯，常餌薏苢實用，能輕身省慾，以勝瘴
氣。」《抱朴子·仙藥篇》：「菊花與薏花相似，直以甘苦別之耳，菊甘而薏苦。」

（9）苢 苤苢，一名馬舄，其實如李，令人宜子。从艸目聲，周書所說。（一
篇下　十五）

　　按：《逸周書·王會篇》：「康民以桴苡，桴苡者，其實如李，食之宜子。」
苤苢之實如李子，食之容易懷孕生子。《本草經集注》卷三：「車前子味甘、
鹹、寒，無毒。……男子傷中，女子淋瀝，不欲食，養肺，強陰，益精，令
人有子，明目，治赤痛。……一名苤苢，一名蝦蟆衣，一名牛遺，一名勝舄。」

（10）芙 艸也，味苦，江南食之以下气。从艸夭聲。（一篇下　十六）

按：桂馥《說文義證》云：「《本草》苦芙。《蜀本圖經》云：子若貓薊，莖圓無刺，五月采苗，堪生噉，所在下溼地有之，味苦。」〔註38〕芙，味苦，食之下氣，即順氣。

（11）芠 久臺也。〔註39〕从艸乂聲。（一篇下　二十一）

按：張華《博物志》：「削冰令圓，舉以向日，以艾於後承其影則得火。」故艾謂「冰臺」。《詩・采葛》：「彼采艾兮。」傳云：「艾所以療疾。」《本草圖經》：「艾初春布地生，苗莖類蒿，而葉背白，以苗短者爲佳，采葉暴乾，經陳久方可用。」

（12）芸 艸也，侣目宿，从艸云聲。淮南王說，芸艸可目死復生。（一篇下　二十一）

按：《禮記・月令》：「仲冬之月芸始生。」注云：「香草也。」皇疏云：「應陽氣而生。」淮南王，劉安也。可以死復生，可以使死者復生，蓋出《萬畢術》《鴻寶》等書，今失其傳矣。王紹蘭《說文段注訂補》：

> 死復生謂芸艸，非謂人也。《通藝錄》釋芸引羅願《爾雅翼》云：「老子曰夫物芸芸，各歸其根。」芸當一陽初起，復卦之時，於是而生。又淮南說芸可以死而復生，此則歸根復命，取之於芸，釋之曰《月令》仲冬之月芸始生，則鄂州所謂一陽初起者是也。《夏小正》正月采芸傳曰：謂廟采也，二月榮芸，是花作於二月矣，余乃蒔一本於盆盎中，霜降後枝葉枯爛，越兩月日短至矣，宿根果苗，其芽叢生三五枝，據程所釋得之目驗，其云霜降後枯爛，日短至宿根苗，芽叢生，是即芸艸可以死復生之證。〔註40〕

（13）芌 地黃也。从艸下聲。禮記：鈃毛牛藿羊苄豕薇是。（一篇下　二十二）

按：《淮南子・覽冥》：「地黃主屬骨，而甘草主生肉之藥也。」玄參科（Scrophulariaceae）地黃 Rehmannia glutinosa Libosch.的新鮮或乾燥塊根。秋季採挖，除去蘆頭、鬚根及泥沙，鮮用；或將地黃緩緩烘焙至約八成乾。前者稱鮮地黃，後者稱生地黃。將淨生地黃加黃酒拌勻，置適宜的容器內，密閉，隔水加熱，或用蒸氣加熱燉透，至內外色黑，油潤；也可不拌酒直接蒸至黑潤，切厚片入藥，稱爲熟地黃。

〔註38〕同註37，頁 2-580。

〔註39〕大小徐本作「冰臺」。

〔註40〕同註37，頁 2-626、627。

鮮地黃，性寒，味甘苦。清熱生津，涼血止血。用於熱病傷陰，舌絳煩渴，發斑發疹，吐血衄血，咽喉腫痛。

乾地黃（生地黃），性涼，味甘微苦。清熱涼血，養陰生津。用於熱病舌絳煩渴，陰虛內熱，骨蒸勞熱，內熱消渴，吐血衄血，發斑發疹。主治陰虛內熱、虛煩不眠、月經過多等症。《神農本草經》云：「乾地黃，味甘寒，主折跌、絕筋、傷中，逐血痺，填骨髓，長肌肉；作湯除寒熱、積聚，除痺。生者尤良，久服輕身不老。」古方亦用在補腎藥，在《傷寒雜病論桂林古本》中皆以乾生地入藥，如【腎氣丸】即採用乾生地、桂枝，配黃酒服；而不如後世相近的複方【桂附地黃丸】（又稱【金匱腎氣丸】）是採用熟地黃、肉桂皮。

熟地黃，性微溫，味甘。滋陰補血，益精填髓。用於肝腎陰虛，腰膝酸軟，骨蒸潮熱，盜汗遺精，內熱消渴，血虛萎黃，心悸怔忡，月經不調，崩漏下血，眩暈耳鳴，鬚髮早白。用於滋陰（尤其是腎陰）、補血。主治腎虛陰虧、头晕目眩、腰酸、遺精、崩漏等症。因爲炮製，滋膩感與服用後腸胃不適的情形少於乾生地。肝經調血用的知名複方──【四物湯】，尋常是以熟地黃入藥；除非病者有血熱、上火情形才改用乾生地。〔註41〕

《說文》所稱禮記是謂《儀禮》。今《儀禮・公食大夫禮》毛作「芼」，苄作「苦」。《禮記・內則》「雉兔皆有芼。」鄭玄注：「芼，味菜釀也。」則毛當从艸，許慎引作「毛」，假借字也。

（14）䕞黃莖也。从艸金聲。（一篇下　二十三）

按：《說文》段注：「今藥中黃芩也。」唇形科植物黃芩的根。內部實在的叫子芩、條芩、鼠芩。春、秋季採挖，除去莖葉及鬚根，曬至半幹後撞去栓皮，曬乾。生用、酒炒或炒炭用。性寒，味苦。黃芩的主要功用是：清熱燥濕，瀉火解毒，安胎。功能主治，消熱燥濕，瀉火解毒，止血，安胎。用於濕溫、暑溫胸悶嘔惡，濕熱痞滿，瀉痢，黃疸，肺熱咳嗽，高熱煩渴，血熱吐衄，癰腫瘡毒，胎動不安。〔註42〕

（15）䔖菖蒲也。从艸卬聲。益州生。（一篇下　二十六）

按：菖蒲是多年生的草本植物，《禮記・月令》云：「冬至後，菖始生。菖百草之先生者也，于是始耕。」菖蒲抽芽生長之時，作爲耕田的指標植物。《呂氏春秋・任地》：「冬至後五旬七日，菖始生。菖者，百草知先生者也。」

〔註41〕 參考維基百科 http://zh.wikipedia.org/wiki/%E5%9C%B0%E9%BB%83
〔註42〕 參考 http://www.duosuccess.com/BZGM/h001.htm

注云：「菖蒲，水草也。多至後五十七日而挺生。」

《孝經援神契》：「菖蒲益聰。」李時珍《本草綱目》卷一九云：「菖蒲，主治風寒濕痺，開心孔，補五臟，……解豆巴大戟毒。」桂馥《說文義證》云：「《抱朴子》韓眾服昌蒲十三年，身上生毛，日視萬書，言皆誦之。冬祖不寒。《神仙傳》：王興者，陽城人，聞中嶽有石，上菖蒲一寸九節，食之可以長生，故來采之。」〔註43〕服食菖蒲可以耳聰目明、益智寬胸，去濕解毒的記載。

農曆五月以後，天氣漸漸炎熱，蚊蠅孳生，傳染病容易蔓延，所以五月也稱做「惡月」或「毒月」。古人就用天中五瑞——五種植物：菖蒲、艾草、石榴花、蒜頭和山丹來去除各種毒害。五月五日的端午節，因家家戶戶懸掛菖蒲避邪，故稱「菖蒲節」。菖蒲為天中五瑞之首，因為生長的季節和外形被視為感「百陰之氣」，葉片呈劍型，將之掛在門上，象徵卻除不祥的寶劍，可驅魔斬妖。方士們稱它為「水劍」，後來的風俗則引申為「蒲劍」。《本草釋名》引《典術》云：「堯時天降精於庭為韭，感百陰之氣為菖蒲，故曰堯韭，方士隱為水劍，因葉形也。」晉代《風土誌》中則有「菖蒲，或作人形，或肖劍狀，名為蒲劍，以驅邪卻鬼。」清代顧鐵卿在《清嘉錄》中有一段記載「截蒲為劍，割蓬作鞭，副以桃梗蒜頭，懸於床戶，皆以卻鬼。」據說喝端午節的菖蒲湯有治百病的效果，用菖蒲和艾草湯洗澡也可以強身去病。「荊楚歲時記」則記載：「端午以菖蒲生山澗中一寸九節者，或縷或屑泛酒。」上述的習俗就是清除毒蟲、毒物，以祈求身體健康為目的。〔註44〕

（16）蒝魚毒也。从艸元聲。（一篇下 三十）

按：桂馥《說文義證》：「《本草》芫花，一名去水，一名毒魚，一名杜芫，芫其根名蜀桑，可用毒魚。」芫根煮之以投水中，魚則死而浮出。芫花可以為藥，《史記·扁鵲倉公列傳》：「蟯瘕為病，腹大，上膚黃麤，循之戚戚然。臣意飲以芫華，一撮即出，蟯可數升，病已。」芫花可治蟯蟲病。

（17）桂江南木，百藥之長。从木圭聲。（六篇上 四）

按：《本草經集注》木部上品首列菌桂，味辛溫主百病，養精神和顏色，為諸藥先聘通使。久服輕身，不老，面生光華媚好，常如童子。

（18）桔桔梗，藥名。从木吉聲。一曰直木。〔註45〕（六篇上 十一）

〔註43〕同註37，頁 2-663。
〔註44〕參考「塔山自然實驗室」http://tnl.org.tw/article/column/hanwen/01061/01061.htm
〔註45〕小徐本無「一曰直木」此句。

按:《本草經集注》:「桔梗,味辛、苦,微溫,有小毒。主治胸脅,痛如刀刺,腹滿,腸鳴幽幽,驚恐悸氣。」

（19）礜毒石也。从石與聲。（九篇下　二十五）

按:《說文》段注:「《周禮》注曰:今醫方有五毒之藥,作之合黃墊,置石膽、丹沙、雄黃、礜石、慈石其中,燒之三日三夜,其煙上箸,以雞羽掃取之,以注創惡,肉破,骨則盡出。《本草經》曰:礜石味辛,有毒」礜是一種毒石,專用於創惡的治療。

大致說來,在《說文》的艸部、木部、石部可搜尋到經方字例,其中標有藥名或效能的有薑、蕙、葰、薘、莒、芙、芸、苄、芫、桂、桔。

第三節　房中類

《漢書・藝文志》云:「房中者,情性之極,至道之際,是以聖王制外樂,以禁內情,而爲之節文。傳曰:先王之作樂,所以節百事也。樂而有節,則和平壽考。及迷者弗顧,以生疾而殞性命。」從其所列的書目,〔註46〕可知這門學問主要是與性學相關,有求子、養生和房中禁忌等。這些房中書雖全部亡佚,不過由馬王堆出土的房中書,可印證房中並不只限於「性」。馬王堆房中書的內容分別是:《養生方》、《雜療方》、《胎產書》、《十問》、《合陰陽》、《雜禁方》、《天下至道談》,房中術「宜家」、「廣嗣」、「養生」、「成仙」之旨,不乏行氣、蓄精、採補返還、強精益髓等養生祕術,必須遵循一定的原則和法度。蓋房中之「樂」令人迷而忘返,所以強調「禁」、「節」、「樂而有節」,《素問・上古天眞論》:「以酒爲漿,以妄爲常,醉以入房,以欲竭其精,以耗散其眞,不知持滿,不時御神,務快其心,逆於生樂,起居無節,故半百而衰也。」馬王堆帛書也說:「聖人合男女必有則」,「先戲兩樂,交欲爲之,曰知時」,「弗欲強之,曰絕」(《天下至道談》),《合陰陽》云:「昏者,男之精。將旦者,女之精。責(積)吾精以養女精,前脈皆動,皮膚氣血皆作,故能發閉通塞,中府受輸而盈。」以男養女,使女之皮膚平展而氣血流暢,開鬱通塞,五臟六腑都受到補益之功。《合陰陽》又云:

> 凡將合陰陽之方:握手,土指陽,揗村(肘)房,抵夜(腋)旁,

〔註46〕　《容成陰道》、《務成子陰道》、《堯舜陰道》、《湯盤庚陰道》、《天老雜子陰道》、《天一陰道》、《黃帝三王養陽方》、《三家內房有子方》。

土竈綱，抵領鄉，揗拯匡，覆周環，下缺盆，過醴津，陵勃海，上
常山，入玄門，御交筋，上欲精神，乃能久視而與天地牟（侔）存。

以上所述內容是合陰陽之前的氣功導引術，將房事與導引結合進行，以期卻
病防老，延年益壽，居處樂長，符合養生之道。〔註47〕故「行氣」是房中術
的目的和主體。另外如《胎產書》中的「人字」圖是根據嬰兒生產之時辰，
對照圖中標示的時辰所在位置，以預占嬰兒未來命運或性格傾向。「禹藏埋胞
圖」是十二月份埋胞衣的時間、場所、方位，會影響嬰兒的吉凶、愚智與夭
壽。廖育群爬梳馬王堆房中書，發現其重大特色：即五臟、六腑、四季、陰
陽劃分等中醫理論，未見於《足臂經》、《陰陽經》、《五十二病方》等著作，
反而出現在如《十問》之類的房中書，〔註48〕因而認爲構成中醫基礎理論之
源在房中，他說；「充斥漢代以後醫學著作，並構成中國醫學基礎理論體系的
重要組成部分的臟腑學說、四季、陰陽等，其『源』之所在。」〔註49〕趙璞
珊也觀察到房中書內容具有醫理意義：

（房中書）不僅提到天地、陰陽等自然現象，並且提到人體、氣血、
形氣、精氣、血氣、五臟、筋脈、九竅、十二節、五穀、五聲、五音、
七損、八益等許多醫學問題，都融合在這部房中的理論之中。因此，
它成爲現存出土文物中屬於醫學理論範疇最早書籍之一。〔註50〕

房中術與醫學具有親緣性，既有「經」也有「方」，卻不被收編爲醫經、經方
之列；與神仙方術關係密切，又不完全屬於神仙。其實，神仙也有御女房術
內容，蒙文通分析晚周仙道爲三派，房中一派流行於晚周。〔註51〕周秦之時
房中書卷帙眾多，在方技中獨具一方。因此，我們看待房中的等流，勢必要
把眼界再擴大一些，《素女經》重刊本序曰：「又如《春秋繁露》、《大戴禮》
所言古人胎教之法，無非端性情，廣嗣續，以盡位育之功能。性學之精，豈

〔註47〕 王明輝《中醫性醫學》認爲：馬王堆房中書所提到夫婦性事前的「戲道」，是
導引氣功。馬王堆房中書對性醫學的研究，除了生育目的外，更突出了養生
和療疾等特色。（臺北：旺文社股份有限公司，1999.5），頁183-196。

〔註48〕《十問》第1節：「食陰之道，虛而五臟」；「口必甘味，至之五臟」。第3節：
「以徹九竅，而實六腑」。第10節：「飲夫天漿，致之五臟。」

〔註49〕 廖育群，《岐黃醫道》（臺北：洪葉文化事業有限公司，1994.4），頁50。

〔註50〕 趙璞珊，〈對中國醫學形成的一些看法〉《中華醫史雜誌》1991年第21卷第1
期，頁4。

〔註51〕 蒙文通，〈晚周僊道分三派考〉，收入於氏著《中國哲學思想探原》（臺北：臺
灣古籍出版社有限公司，1997.10），頁433。

後世理學迂儒所能窺其要眇。」〔註52〕房中與醫經、經方、神仙關係密切，其所展現的方技文化特徵，是人類強烈自我延續的願望，從生殖崇拜到提供繁複的「醫」、「藥」、「術」醫療養生之道來加以實踐，不能以異樣眼光，視之爲淫晦。《說文》可搜尋到的房中字例是就「情性之極」的懷妊而言，計有包（妊、娠、嫋、孕）諸字，妊、娠、嫋、孕與包同義，在說解「包」時附帶提及，故括弧之。茲分述如下。

字 例	包	（妊）	（娠）	（嫋）	（孕）
篇 卷	9上38	（12下5）	（12下6）	（12下6）	（14下24）

（1）包 妊也，象人裹妊，子在中，象子未成形也，〔註53〕元气起於子，子人所生也，男左行三十，右行二十，俱立於巳爲夫婦，裹妊於巳，巳爲子，十月而生，男起巳至寅，女起巳至申，故男年始寅，女年始申也。（九篇上　三十八）

按：包爲懷妊之意，與此同義的《說文》字例尚有，「妊，孕也。从女壬，壬亦聲。」「娠，女妊身動也，从女辰聲。《春秋傳》曰：后緡方娠，一曰官婢女隸謂之娠。」「嫋，婦人妊娠也，从女芻聲。周書曰：至于嫋婦。」「孕，裹子也。从子乃聲。」都是懷孕、有身孕的意思。

《說文》子下曰：「十一月陽气動，萬物滋，人以爲偁。」故元气起於子，子，人所生也。男自子左數次丑、次寅、次卯爲左行順行，凡三十得巳，女自子右數次亥、次戌、次酉爲右行逆行，凡二十亦得巳，至此會合，故《周禮》男三十而娶，女二十而嫁，是爲夫婦也。巳部曰：「巳也，四月易气巳出，陰气巳藏。萬物見，成彣章。」故夫婦會合而裹妊是爲子也。《易本命》曰：「天一地二人三，三三而九，九九八十一，一主日，日數十，故人十月而生。」《淮南子・氾論》曰：「禮三十而娶。」高誘注：「三十而娶者，陰陽未分，時俱生於子，男從子數左行三十立於巳，女從子數右行二十亦立於巳，合夫婦，故聖人因是制禮，使男三十而娶，女二十而嫁，其男子自巳數左行十得寅，故人十月而生於寅，男子數從寅起，女自巳數右行十得申，亦十月而生

〔註52〕《素女經》（民國・葉德輝輯，《叢書集成續編》第81冊・子部，上海：上海書店，1994.6），頁447。

〔註53〕各本均無「象人裹妊，子在中，象子未成形也」此十五字，段玉裁注本因推文意補之，乃說字形非說義，說義之文爲「妊」，女部妊下曰：「孕也。」子部孕下曰：「裹子也。」

於申，故女子數從申起。」高誘之説與許慎之説同。〈神仙傳〉王綱云：「陽生立於寅，純木之精，陰生立於申，純金之精，夫以木投金，無往不傷，是以金不爲木屈，而木常畏於金。」乃就十二地支的五行屬性生剋説之，寅爲木，申爲金，金剋木，故「金不爲木屈，而木常畏於金」。《容齋續筆》：「金之五行家學凡男子小運起於寅，女子小運起於申，莫知何書所載。」今日者卜命男命起寅，女命起申，此古法也。

徐鍇《説文繫傳・通釋》：「任，懷妊也，巳爲四月，萬物含實，故象人懷子也。子在北方，多至夜半，一陽所起，故曰子人所生，男自子左數，次寅、次卯爲左行，凡三十得巳。女自子右數，次亥、次戌、次酉，凡二十亦得巳，至此會合夫婦懷妊之義，巳爲子，謂所生子也，巳初懷子，男左行自午次未，凡十月得寅，女右行自巳次辰、次卯，凡十月得申。寅在東北，爲夏正月，物徹于甲而出，陽初出，故男年之始。申在西南爲夏，七月陰氣至此始出，故爲女年之始也。」〔註54〕茲援圖標示十二地支、四方與左右行，以方便上述文字對照：

在前文有關「醫經」症狀分科的牙科字例中，提到「齔」字，《説文》云：「毀齒也。男八月生齒，八歲而齔，女七月生齒，七歲而齔，从齒匕。」女生齒、毀齒以「七」言之，是因女少陰，以少陽之七偶之；男生以「八」言之，則因少陽男，以少陰八偶之。牙齒的生長與腎氣有關，男八女七，因腎氣盛實，所以會毀齒換牙。男女到了毀齒的雙倍年齡——十六與十四歲，精化小通，男子有精液形成與排出，女子有月經來潮，具有了生殖的生理能力。天癸係由精所化生，與性功能有關的物質。人由幼至老，生長、發育、性成

─────────────────────

〔註54〕徐鍇，《説文繫傳・通釋》卷十七，同註35，頁183-184。

熟、衰退、衰老與腎氣之精盛衰直接相關，腎是人一生生命演化的計時器。

古人認爲男女結婚的適當年齡，男爲三十，女爲二十，蓋值此之年，男女才眞正陰陽充盛、發育完全，婚後易受孕、生育，所育之子身強體健，《婦人良方・求男論》云：「合男女必當其年，男雖十六而精通，必三十而娶；女雖十四而天癸至，必二十而嫁。皆欲陰陽充實，然後交而孕，孕而育，育而子堅壯長壽。」《說文》說男女各從子（元氣之始）左行三十、右行二十，指的就是男女適婚生育年齡分別爲三十、二十，而後「俱立於巳爲夫婦」，男女左右行之後會合於巳爲夫婦，巳象懷妊之胎兒形，故「懷妊於巳」。又因懷胎十月生子，男從巳左行至寅，女從巳右行至申，皆各爲十，故「男年始寅，女年始申」。

第四節　神僊類

《漢書・藝文志》云：「神僊者，所以保性命之眞，而游求於其外者也。聊以盪意平心，同死生之域，而無怵惕於胸中。然而或者專以爲務，則誕欺怪迂之文彌以益多，非聖王之所以敎也。孔子曰：索隱行怪，後世有述焉，吾不爲之矣。」從其所列的書目，〔註55〕可知這門學問與求仙有關的服食、導引、行氣等術。中國古代神仙思想的核心，一致認爲人能夠通過一定的手段和方法達到長生不死，肉體飛升的神仙。因爲凡人都不能逃脫死亡的命運，要擺脫死亡只有修道向仙，這得靠現世的修煉努力才能實現。修煉就是重視生命保存的方法，成神成仙是現世生命的延續和超越，可以「三患莫至，身無常殃。」（《莊子・天地》）成仙之後，脫離疾病衰老，超出生死輪迴。

長生不死的修煉方法中，一是尋藥，尋求能使人服用後長生乃至不死的仙藥。二是導引行氣，《莊子・刻意》云：「吹呴呼吸，吐故納新，熊經鳥伸，爲壽而已矣，此導引之士，養形之人，彭祖壽考者之所好也。」有「熊經鳥伸」的導引術和吐故納新的煉氣法。長沙馬王堆帛書《導引圖》的「信」即是「伸」，彎腰而兩手俯地，像鳥那樣把頭頸上伸，是「鳥伸」的導引法；「熊經」則是跨足直立，兩臂向前凌空環抱，前後左右搖動腰身（見圖）。三是房

〔註55〕　《密戲雜子道》、《上聖雜子道》、《道要雜子》、《黃帝雜子步引》、《黃帝岐伯按摩》、《黃帝雜子芝菌》、《黃帝雜子十九家方》、《泰壹雜子十五家方》、《神農雜子技道》、《泰壹雜黃治》。

中術，從兩性有節的交合活動，調節生理心理，改善體質的方術。《漢書・藝文志》載有多種這類或被稱爲「陰道」的著作。這類修煉術都是可操作的「方」，完全屬於經驗、實踐的領域。

馬王堆帛書「導引圖」之 32 圖「信」（前）、41 圖「熊經」（後）

中國古代的方技醫藥養生和神仙家雜糅不分，特別是醫術中內服的藥物，與神仙家的服食相似。古人服食，從植物、動物、礦物到化學製劑，無所不包，與經方無太大區別，如葛洪的《抱朴子》內篇分入藥之物爲上、中、下三品，上藥是升仙之藥，中藥是養性之藥，下藥是除病之藥。不過，服食是爲了要延年益壽，而醫家的經方則是「對症下藥」，以治病爲主。神仙家所服食的爲上品的升仙之藥，以金石礦物爲主，這是因爲「服金者壽如金，服玉者壽如玉。」（《抱朴子・仙藥》引《玉經》）草木與金石相對比較起來，草木比金石容易腐朽。但是，某些具有靈氣、長壽型的動植物，如木芝、草芝、菌芝、蝙蝠、靈龜、蟾蜍等，也是服食家重要的服食種類，次於金石。因此，本《説文》字例分列神仙與服餌兩類字。

一、神　仙

劉熙《釋名・釋長幼》說人生百年爲限，百年者曰「期頤」，而「老而不死曰仙，仙，遷也，遷入山也。」畢沅《釋名疏證》云：「老而不死曰仙，仙，遷也。僊，升高也。僊能超升也。」這樣的養生境界，人雖壽考而形體卻青春永駐，膚白髮黑，貌如藐姑射山之神人，《莊子・逍遙遊》：「藐姑射之山，有神人居焉，肌膚若冰雪，綽約若處子，不食五穀，吸風飲露，乘雲氣，御飛龍，而遊四海之外。其神凝，使物不疵癘而年穀熟。」變化身形，可以飛升，《莊子・齊物論》：「大澤焚而不能熱，河漢沍而不能寒。疾雷破山，飄風振海而不能驚。」神仙可長生不老，且又具有各種神通能力，自由自在。《莊

子‧大宗師》：「登高不慄，入水不濡，入火不熱。……其寢不夢，其覺無憂，其食不甘，其息深深。」是心忘容寂，與世無爭之逸人。漢代所說的神仙如「羽人」，身生毛羽，頭顱突出，能舉形飛行（見圖）。

<h2 style="text-align:center">漢代銅羽人</h2>

當時著名的方仙道士有宋毋忌、正伯僑、充尚、羨門子、安期生、石生、盧生、侯生、徐福、韓終、李少翁、公孫卿、欒大等，他們多為燕、齊之人，「為方仙道，形解銷化，依於鬼神之事。」（《史記‧封禪書》）據《漢書‧郊祀志下》載谷永言：「昔周史萇弘，欲以鬼神之術，輔尊靈王，會朝諸侯，而周室愈微，諸侯愈叛。楚懷王隆祭祀，事鬼神，欲以獲福助，卻秦師，而兵挫地削，身辱國危。秦始皇初并天下，甘心於神僊之道，遣徐福、韓終之屬多齎童男童女，入海求神采藥，因逃不還，天下怨恨。漢興，新垣平，齊人少翁，公孫卿、欒大等皆以僊人黃冶祭祠事鬼使物，入海求神采藥，貴幸賞賜累千金，大尤尊盛，至妻公主，爵位重絫，震動海內。元鼎、元封之際，燕齊之間方士瞋目扼掔言神僊祭祀致福之術者以萬數。」足見秦漢之際，方仙神道規模甚大，影響朝野上下，形成社會風尚一股重要的力量。

固然神仙思想是人現世生命的修煉境界，但將「神」與「仙」拆解來看，神應該也包括天地間的靈祇，故本類《說文》說文字例計有神、祇、靈、僊、仚、眞、嬗。茲說明如下。

字　例	神	祇	靈	僊	仚	眞	嬗
篇　卷	1上5	1上5	1上38	8上38	8上38	8上40	12下10

（1）神天神，引出萬物者也，从示申聲。（一篇上　五）

　　按：《周禮‧春官宗伯‧大司樂》：「以祀天神」鄭玄注：「天神謂五帝及

日月星辰也。」五帝，《周禮・春官・小宗伯》注「兆五帝於四郊。」曰：「以太昊、炎帝、黃帝、少昊、顓頊爲五天帝。」而緯書的五帝，如《春秋文耀鉤》：東方蒼帝，曰靈威仰；南方赤帝，曰赤熛怒；中央黃帝，曰含樞紐；西方白帝，曰白招拒；北方黑帝，曰汁光紀。五帝主五行以生萬物，日月星辰亦能生物，《周禮・春官・大宗伯》：「以實柴祀日月星辰」賈公彥疏：「《左氏傳》云：『天有六氣，降生五味。』五味即五行之味，是陰陽風雨晦明六氣，下生金木水火土之五行。」是五帝與日月星辰皆能引出萬物。《史記・自序》云：「神者，生之本也。」揚雄《太玄・玄告》：「大無方，易无時，然後爲鬼神也。」注云：「神者，妙萬物而爲言說。」徐鍇《說文繫傳・通釋》：「天主降气以感萬物，故言引出萬物也。」〔註56〕徐灝《說文解字注箋》：「神之爲言引也，祇之爲言提也。天地生萬物，物有主之者曰神，《說苑・脩文篇》云：『神靈者，天地之本而爲萬物之始也。』故曰：天神引出萬物，地祇提出萬物也。天曰神，地曰祇，對文則異，散文則通。」〔註57〕

（2）禔地祇提出萬物者也，从示氏聲。（一篇上　五）

　　按：《周禮・春官・大宗伯》：「以血祭祭社稷、五祀、五嶽，以貍沉祭山林川澤，以疈辜祭祀方百物。」注云：「此皆地祇。」楊泉《物理論》：「地者，底也，底之言著也，陰體下著也，其神曰祇，祇，成也，育生萬物備成也。」

（3）靈巫也，以玉事神。从王霝聲。靈靈或从巫。（一篇上　三十八）

　　按：屈賦〈九歌〉：「靈偃蹇兮皎服」，「靈連蜷兮既留」，「思靈保兮賢姱」。王逸注皆云：「靈，巫也。楚人名巫爲靈。」《廣雅・釋詁》：「靈子，醫、覡、覡、巫也。」《廣雅疏證》卷四下曰：「〈楚語〉云：民之精爽不懽貳者，而又能齊肅衷正，其知能上下比義，其聖能光遠宣朗，其明能光照之，其聰能聽徹之，如是則明神降之，在男曰覡，在女曰巫，故巫謂之靈，又謂靈子。」

　　《禮記・諡法》曰：「極知鬼事曰靈，好祭鬼神曰靈。曾子曰：『陽之精氣曰神，陰之精氣曰靈。』」

（4）僊長生僊去，从人罨聲，罨亦聲。（八篇上　三十八）

　　按：《釋名・釋長幼》：「老而不死曰仙。仙，遷也，遷入山也。」《漢書・郊祀志》：「僊人羨門。僊人羨門。」顏師古曰：「古以僊爲仙。」漢碑或从罨，或从山。

〔註56〕徐鍇，《說文繫傳・通釋》卷第一，同註35，頁3。
〔註57〕楊家駱主編，《說文解字詁林正補合編》第二冊，頁2-86。

（5）𠑽人在山上皃，从人山。（八篇上　三十八）

　　按：桂馥《說文義證》：「疑此為僊之或體，後人亂之。《聲類》仙，俗僊字。《廣韻》仚，輕舉皃。《釋名》：『老而不死曰仙。仙，遷也，遷入山也。』故其制字人旁作山也。」〔註58〕仚字點出神仙家修煉的地點。

（6）𦏶僊人變形而登天也。从𠤎目乚，八所目乘載之。㲋古文眞。（八篇上　四十）

　　按：燕齊方士但是齊國稷下道家提出「精氣」為「道」的學說，「精氣」是萬物生長的根源，《管子‧內業》：「凡物之精，此則為生。下生五穀，上為列星。」也是人的生命根本，「藏於胸中，謂之聖人。」「道」是「卒乎乃在於心」，「淫淫乎與我俱生」，「不見其形，不聞其聲，而序其成」，人只要心境安靜，精氣就能善養長存，「凡道無所，善心安愛。心靜氣理，道乃可止。」內心虛靜，去掉欲望，專心積蓄精氣，五官暢順，身體強健，就能得道。「中不靜，心不治」，「人能正靜，皮膚裕寬，耳目聰明，筋信而骨強。乃能戴大圜而履大方，鑒於大清，視於大明。」「心能執靜，道將自定。得道之人，理氶而毛泄，胸中無敗。」「執靜」內功能夠使敗壞之氣從肌膚毛孔中蒸發排泄出去，使凶中沒有敗壞之氣，從而精氣得以儲存積累，延年益壽。「內藏以為泉原，浩然和平，以為氣淵。淵之不涸，四體乃固；泉之不竭，九竅遂通。乃能窮天地，被四海。」精氣是身體機能內藏的泉源、淵藪，蓄養不竭涸，竅脈自通暢。

　　《呂氏春秋‧先己篇》：「凡事之本必先治身，嗇其大實，用其新，棄其陳，腠理遂通，精氣日新，邪氣盡去，及其天年，此之謂眞人。」《淮南子‧精神》：「所謂眞人者，性合於道也，故有而若無，實而若虛，處其一不知其二，治其內不識其外，明白太素無為，復樸體抱神，以游於天地之樊，芒然彷徉於塵垢之外，而逍搖於無事之業，浩浩蕩蕩乎，機械之巧弗載於心，是故死生亦大矣而不為變，雖天地覆育亦不與之拵抱矣。」修煉成功的得道之人即為「眞人」。《淮南子‧齊俗》：「今夫王喬赤松子吹嘔呼吸，吐故內新，遺形去智，抱素反眞，以游玄眇，上通雲天。」《抱朴子‧明本》：「夫得僊者，或昇太清，或翔紫霄。」徐鍇《說文繫傳‧通論》：「人生而靜，物之性，性而有欲，性之害也，感於物而動，然後心術形焉，不能反身，天理乃失，……巧智繁多，反以害其身，僊人者反本脩古重道，延命長世，宇民之道也，然

〔註58〕楊家駱主編，《說文解字詁林正補合編》第七冊，頁7-315。

必眞乃能。……學僊者必正其心也，故於文匕目乚八爲眞。匕者，化也，反人爲匕，眾人熙熙，如登春臺，我獨泊兮，如無所歸；眾人或或好惡積億，眞人恬漠，獨與道息；人皆趨顯，我獨守默；人皆與彼，我獨守此，故反於人也。……故眞從目，鹵莽不能識也，乚隱也，八其所乘也，乘風雲也，眞人其生也天行，其死也物化，眞人之气常存於天，非謂其身能上也。」〔註59〕徐鍇解析「眞」的細微部件，扣合眞人的修煉境界。

　　《說文》「眞」字上面的「匕」是變化的意思，《說文》匕下云：「變也。從到人。」「眞」字的上部是「直」字。《說文》直下云「正見也。從乚從十從目。椉古文直。」「十」、「目」、「乚」爲「直」。從「十目」者，具有正知正見，看到事物的眞相，一定不是普通的凡人，所以眞人的「眞」從「匕」，變化於人。「眞」的究竟之意，就是修煉者要修眞養性，逐漸地返本歸眞，最後修成「眞人」。當「眞」到一定的程度，就會返出自己的本能，「十目所視，無微不見。」當然看得也就更「眞」。

　　(7) 嬲 甘氏星經曰：大白號上公，妻曰女嬲，尻南斗食厲，天下祭之曰䴏星，從女前聲。（十二篇下　十）

　　　　按：《史記・天官書》曰：「昔之傳天數者在齊甘公。」徐廣曰：「或曰甘公名德也，本是魯人。」正義：「《七錄》云：『楚人，戰國時作《天文星占》八卷。』」索隱：「〈天官書〉云：『齊甘公』，〈藝文志〉云：『楚有甘公』，齊楚不同，未知孰是。」《漢書・藝文志》無《甘氏星經》，有《甘德長柳占夢》十一卷，云楚人。《抱朴子・辯問篇》：「子韋甘均，占侯之聖也。」《漢書・張耳陳餘列傳》：「甘公曰：『漢王之入關，五星據東井。』」文穎曰：「善說星者，甘氏也。」晉灼曰：「齊人。」桂馥《說文義證》：「甘公，秦漢間人，非六國楚之甘公矣，疑是二甘公，在楚者名均，在齊者名德。」〔註60〕

　　　　《史記・天官書》曰：「大白，大臣也，其號上公。」徐鍇《說文繫傳・通釋》：「太白陰也，故爲上公。」〔註61〕「妻曰女嬲，居南斗食厲」，未聞。大白俌明星，《詩》毛傳曰：「日且出出謂明星爲启明，日既入謂明星爲長庚。」《史記》〈封禪書〉、〈地理志〉：陳倉有上公明星祠，說得是大白也。《說文》云：「天下祭之曰明星」，是祭女嬲，非謂其爲星而祭之，以其食厲也，謂之

〔註59〕徐鍇，《說文繫傳・通論》卷上第三十三，同註35，頁308。
〔註60〕楊家駱主編，《說文解字詁林正補合編》第十冊，頁10-75。
〔註61〕徐鍇，《說文繫傳・通釋》卷第二十四，同註35，頁242。

明星者，以太白之號被之也。

以上《說文》這類神祇字例，神祇乃天地之神。僊、仚、眞則是仙人，煉精化氣，仙風道骨。靈、巫、覡是巫術神職人員。嫦則是星辰神化人物。

二、服　餌

服食是仙家道士的延壽養生藥方，《太平經》說：

> 青童……採飛根，吞日精，四者服開明靈符，五者服月華符，六者服陰生符，妻者拘三魂，八者制七魄，九者佩星象符，十者服華丹，十一者服黃水，十二者服迴水，十三者食鑲剛，十四者食鳳腦，十五者食松梨，十六者食李棗，十七者服水湯，十八者鎮白銀紫金，十九者服雲腴，二十者作白銀紫金，二十一者作鎮，二十二者食竹筍，二十三者食鴻脯，二十四者佩五神符。備此二十四變化無窮，超凌三界之外，游浪六合之中。〔註62〕

《太平經》記載的服食種類十分廣泛，有自然精氣、符咒、符水、動物內臟、植物果實、金石礦物等，之所以會將這些物質用作服食，有的是因其神秘符術，有的是取服食物的經久不壞、清靜純然性質，助益、提升、加強修煉仙家的身體功能與生命延續。不同的服食會有不同的效益，服食因而也有等級之分，《太平經》中分上中下三級，其云：

> 問曰：「上中下得道度世者，何食之乎？」答曰：「上第一者食風氣，第二食藥味，第三者少食，裁通其腸胃。」又云：「天之遠而無方，不食風氣，安能疾行，周流天之道哉？又當與神吏通功，共爲朋，故食風氣也。其次當與地精并力，和五土，高下山川，緣山入水，與地更相通，共食功，不可食穀，故飲水而行也。次節食爲道，未成固象，凡人裁小別耳。故少食以通暢，亦其成道之人。」〔註63〕

食自然精氣是最上等的服食，才能在天地間飛行周流。其次食地精五土，方可高下山川，緣山入水。其次是少食，裁通腸胃。

葛洪也主張服用一些藥物，以充盈身體，從而收集許多服食藥方，也是分上中下三種，「《神農經》曰：『上藥令人身安命延昇天，神遨遊上下，使役

〔註62〕（漢）于吉編撰，《太平經合校》（臺北：鼎文書局，民國68.7），頁8。
〔註63〕同註62，頁716-717。

萬靈，體生毛羽，行廚立至，……中藥養性，下藥除病。』〔註64〕《抱朴子・
仙藥》篇就有上百種服食藥材，其中的植物性質藥物如靈芝、伏苓、地黃、
麥門冬、胡麻、楮實、枸杞、菊花等，經現代實驗研究分析，證實這些藥物
確實具有延緩衰老、增強體質的作用，與治病藥物的食法有所區別，葛洪說：
「按《中黃子服食節度》云：『服治病之藥，以食前服；養性之藥，以食後服
之。』吾以咨鄭君，何以如此？鄭君言：『此易知耳。欲以藥攻病，既宜及未
食，內虛，令藥力勢易行，若以食後服之，則藥但攻穀而力盡矣。若欲養性，
而以食前服藥，則力未行，而被穀駃之下去不得止，無益也。』〔註65〕治病
之藥食前服用，是為充分發揮其攻病之效；養性之藥食後服用，才能更帶動
其藥性。《說文》的服食字例僅有玉、芝二字。茲說明如下。

字　例	玉	芝
篇　卷	1上19	1下3

（1）玉石之美有五德者，潤澤且溫，仁之方也；䚡理自外可目知中，義之方
　　也；其聲舒揚，專且聞遠，智之方也；不撓而折，勇之方也；銳廉而不
　　忮，絜之方也。象三玉之連，丨其貫也。玉古文玉。（一篇上　十九）

　　按：《詩・召南・野有死麕》：「有女如玉。」箋云：「如玉者，取其堅而
潔白。」《詩・秦風・小戎》：「言念君子，溫其如玉。在其板屋，亂我心曲。」
箋云：「念君子之性溫然如玉，玉有五德。」女子與君子的品性，直接援玉象
以比況。《禮記・聘義》孔穎達正義：「夫昔者君子比德於玉焉，溫潤而澤，
仁也；縝密以栗，知也；廉而不劌，義也；垂之如隊，禮也；叩之其聲，清
越以長，其終詘然，樂也；瑕不揜瑜，瑜不揜瑕，忠也；孚尹旁達，信也；
氣如白虹，天也；精神見於山川，地也；珪璋特達，德也；天下莫不貴者，
道也。《詩》云：『言念君子，溫其如玉。』故君子貴之也。」說法雖與《說
文》不盡相同，但都賦予玉高貴的德性。《白虎通・瑞贄》：「禮王度記曰：『玉
者有象君子之德，燥不輕，溼不重，薄不澆，廉不傷，疵不掩。』是以人君
寶之。」玉的比附象徵意義如此豐厚，蓋玉為石之精也，有玉的地形亦有殊
象，《淮南子・墜形》：「白水宜玉。」《尸子》：「水方折者有玉。」《荀子・勸

〔註64〕葛洪，《抱朴子》卷11〈仙藥〉（臺北：新文豐出版股份有限公司，民國87.3
　　　　（1998.3）），頁59。
〔註65〕同註64，頁67。

學》：「玉在山而木草潤。」古人服食玉，即假想玉之精氣助於養生，《周禮・天官・玉府》：「王齊，則共食玉。」注云：「玉是陽精之純者，食之以禦水氣。」葛洪認為「服金者壽如金，服玉者壽如玉。」（〈仙藥〉篇引《玉經》）死者墓葬歛玉則有防腐作用，河北滿城漢墓 M1 出土的漢代玉衣，與 M2 出土的漢代鑲玉棺，都可說明古人迷信玉可防腐。

（2）𦾰 神艸也，从艸从之。（一篇下　三）

　　按：段注本改艸作芝。《爾雅・釋草》：「茵灌茵芝」郭注：「一歲三華，瑞草。」《論衡・驗符》：「芝生於土，土氣合，故芝艸生。」梁・孫柔之《瑞應圖記》：「芝草常以六月生，春青夏紫秋白冬黑。王者慈仁則芝草生，食之令人延年。」〔註 66〕《神農本艸》：「山川雲雨、五行四時、陰陽晝夜之精，以生五色神芝。」「服之輕身延年」，故謂之神艸。

結　語

　　湖南長沙馬王堆三號西漢古墓出土的方醫帛書計有《足臂十一脈灸經》、《陰陽十一脈灸經》甲本、《脈法》、《陰陽脈死候》、《五十二病方》、《卻穀食氣》、《陰陽十一脈灸經》乙本、《導引圖》、《養生方》、《雜療方》、《胎產書》。《足臂十一脈灸經》、《陰陽十一脈灸經》內容論述人體十一經脈的循行、主病和灸法，與《靈樞經・經脈》論十二經脈部分接近，是現存最早靜脈和灸法的專書。《脈法》主要記述砭法在脈上排瀉膿血已治療癰腫。《陰陽脈死候》是古代診斷學著作，所述「五死」病候，與《靈樞經・經脈》相近，無五行說色彩。《五十二病方》為目前發現的最早古醫方，記述 52 種疾病症狀和治療方法。疾病種類包括內科、外科、婦產科、小兒科、五官科、皮膚科等。每種疾病少則一二方，多則二三十方，全書共 291 方。治療方法包括藥物、灸法、砭石及外科手術等，藥名達 240 餘種。《卻穀食氣》是現存最早的漢代行氣文獻之一。《導引圖》是現存最早的導引圖譜，有 44 幅導引姿勢彩圖，標有所治病名或模擬的動物名稱。《胎產書》記述胎產禁忌，近似《漢書・藝文志》所收的《婦人嬰兒方》。《養生方》、《雜療方》和竹簡的《十問》、《天下至道談》、《合陰陽方》屬於房中類醫書。《養生方》、《雜療方》的部分和木

〔註 66〕　（梁）孫柔之，《瑞應圖記》（「珍本術數叢書」第 71 本，臺北：新文豐出版股份有限公司，民國 84.7（1995.7）），頁 536。

簡的《雜禁方》是巫術方技。

　　馬王堆方醫帛書、竹簡、木簡，就其內容性質皆屬於《漢書‧藝文志》「方技略」。《足臂十一脈灸經》、《陰陽十一脈灸經》、《脈法》、《陰陽脈死候》與《黃帝內經》有淵源，當歸爲醫經類。《五十二病方》、《胎產書》、《雜禁方》應入經方類。《十問》、《天下至道談》、《合陰陽方》和《養生方》、《雜療方》的大部分內容則爲房中類。《養生方》、《雜療方》的部分和《卻穀食氣》、《導引圖》應屬於神仙類。〔註67〕這些方醫的核心思想，還是脫離不了陰陽五行的數術思想。其他諸如戰國中晚期的湖北《江陵望山一號墓竹簡疾病雜事札記》、甘肅《武威漢代醫簡》方劑書，湖北江陵張家山醫簡的《脈書》、《引書》，前者內容大致同於馬王堆的經脈之書，是《靈樞經‧經脈》的祖本；後者算是馬王堆《導引圖》的解說。安徽阜陽雙古堆的本草漢簡，與《神農本草經》相較，顯得更原始。另外，還有居延醫簡、敦煌醫簡，據陳夢家考證寫成年代，在西漢中後期至東漢中後期間，即公元前一世紀初至公元二世紀中葉。〔註68〕

　　《漢書‧藝文志》「方技略」佚失的書目，透過以上這些出土的秦漢方醫簡帛，與先秦兩漢的傳世醫籍如《黃帝內經》(《素問》、《靈樞經》)、《難經》、《神農本草經》、《傷寒論》、《金匱要略》的互補參驗，大致可以一窺其貌，是漢代興盛的數術不可漏失的重要環節，同時也是《說文》的數術內容不可缺失的討論章節，藉由以上方醫文獻的佐證，更清楚明白《說文》對醫技方術知識的引用。

〔註67〕魏啓鵬、胡翔華，《馬王堆漢墓醫書校釋》(一)(成都：成都出版社，1992.6)，頁2。
〔註68〕參考陳夢家，《漢簡綴述》之〈漢簡考述〉(北京：中華書局，2004.4)，頁10。

第七章 《說文解字》數術思想闡義

　　《說文》在字書歷史的定位中，人們總在文字學領域上使用「加法」，而很少用「減法」去討論逐漸被忽略或減掉的思想和觀念。探究《說文》數術思想的底蘊，等於是要將被遮蔽起來的知識、思想，從「邊緣化」加以正視，從「秘密化」加以曝光，把過去對於加法的注意力，適當地轉移這些減法上來，看看這些逐漸有意或無意地被淡忘、被封塵到歷史記憶深處和社會生活秘密處的思想，其實也是《說文》所要傳達的重要訊息。因此，當我們在這樣的探究、發掘中，從《說文》的行文裡打撈出一些僅存的殘叢小語，彷彿在古墓中挖掘出土物的碎片一樣。要做拼合的工作之前，則先要比對漢代相關的知識、思想環節，才會發現真相的原理。藉著這些發掘的線索，我們捕捉到了《說文》星點般的思想，也綻現了它源自的思想原鄉，如此一來，可以為《說文》的加法研究多注入一些減法的關照與闡釋。

　　數術思想是《說文》的減法研究領域，這些思想因子不僅被安排在釋義中，同時也隱身在釋形、聲訓中；或者藉由拼合互見的線索，進而發現新大陸。所以，這是屬於《說文》特有的減法闡釋觀，不容易被發現，然而一旦發現這些密碼，可以開啟《說文》的一道風景，進入它的思想世界。《說文》的數術思想或與之相搭的說解形式，無法一一按照文字學的傳統被安置在該有的位置，但是，今天我們集中在這個減法區塊，作一些歷史闡述觀點的變化，對於《說文》研究所起的作用，可重新作一番評估與反省。因此，在以《說文》字例解析數術所涵蓋的《易》學、陰陽五行、天文律曆、方技等思想的專章之後，特立本章，一方面歸納分析《說文》數術字例的解說通則，以印證補益《說文》的文字學研究法則，在減法研究領域中找到熟悉的加法

身影；一方面匯整本研究從文字學跨到數術闡釋的過程中，所啓發的省思角度，以建立對《說文》的新體認，為過去的加法研究補足減法的內容觀點。這樣的減法研究領域非但不折損《說文》的加法功能，反而更擴大《說文》的內涵，可見「加法」與「減法」的研究擷取角度，並不影響二者共同存在於《說文》的事實。茲以「《說文》數術思想闡義」為本章題，即是整合各專章共同的學術議題所延伸而出的平行一章，也是從《說文》的文字學軌則接續其數術闡釋後的連帶啓示，作為前面各專章的餘音回響。

第一節　《說文》數術字例之解說通則

字書不比一般著作可暢所欲言，其分條羅列各個屬字的編纂方式，形成字書點狀與線狀的行文節奏。要以這樣的節奏表達任何的思想，僅能言簡意賅，點到為止。本文為《說文》數術字例作詳細說解，就是試圖從許慎的簡約語言表層，進入到每個字例的內層，解開字例語言所要傳達的深厚思想，是與漢代的數術思潮串聯一起。在檢索說解字例的過程當中，我們發現：在《說文》點狀、線狀的簡潔行文節奏中，許慎其實也在同步建立內在書寫體例，這可以方便許慎在這部字書有限的書寫空間裡，作最大效益的發揮。書寫體例的運作與呈現，是許慎思想的化身，也是溝通字書書寫節奏的系聯模式。將字書的書寫節奏化零為整，有助於觸類旁通，相互印證，以得知許慎更多的想法與觀念。

《說文》數術字例的書寫體例，是以許慎自己那方來說，但從研究者這邊而言，則是對數術字例歸納後的解說通則。由前面四章出現的《說文》數術字例，我們歸納其解說通則有三：（一）拆解字形法。（二）三互見法。（三）聲訓法。這三種通則非許慎獨創，非《說文》獨有，它們已為先秦典籍所常用，代表當時的人慣用這些方法來表達想法。茲分述《說文》數術字例的解說通則如下，使《說文》「檃括有條例」得以實例證知，並進一步瞭解這些條例通則如何在《說文》字例中發揮作用。

一、拆解字形法

將文字拆解成不同的筆畫，並為拆解筆畫作一番詮釋，以得文字之義者，常常是按照說解者的體認作字形分析，出於人為的有意操作，不一定符合文

字先天的構形原則。這種以人爲特殊意圖對文字作後天的筆畫拆解，本文稱之爲數術拆解字形法。早在春秋戰國時代，即有拆字釋義的先聲，如《左傳・昭公元年》的「皿蟲爲蠱」，皿中的害蟲爲蠱；《左傳・宣公十二年》的「止戈爲武」，制止干戈爲武；《韓非子・五蠹》：「古者倉頡之作書也，自環者謂之私，背私謂之公。」「私」的古文作ㄙ，故謂「自環」，營圍私有小圈子之義；「公」從八從ㄙ，「八」有分背之義，故云「背私謂之公」，不從私有爲公。所以，拆字法的特色即是拆成「文中文」、「字中文」、「字中字」，再以一套說辭爲之說解，其說辭往往帶有個人成見或當時的意識形態，不一定符合文字的初形本義。

到了漢代大爲流行的緯書，說解文字更是好用拆字法，並附會神秘色彩的經說，如《春秋元命包》云：「屈中挾一而起者爲史，史之爲言紀也，天度文法，以此起也。」「地者，易也，言養物懷任，交易變化，含土應節，故其立字，土力於乙爲地，地加土以力，又加乙者，言奉太乙也。」「日之爲言實也，節也。含一開度立節，使物咸別，故謂之日，言陽布散合如一，故其立字，四合其一者爲日。」《春秋考異郵》云：「人乘馬以理天下，王者駕馬，故字以王爲馬頭。」《春秋說題辭》云：「天之爲言顛也，居高理下，爲人經緯，故其立字一大以鎮之。」「十夾一爲土。」（《太平御覽》卷 37）「人散二者爲火。」（《初學記》卷 25）「八推十爲木。」（《太平御覽》卷 952 引）「兩人交一，以中出者爲水。一者數之始，兩人譬男女，言陰陽交，物以一起也。」（《太平御覽》卷 58）這與卯金刀爲劉，十八子爲李相同，均讖緯拆字之法。當時就有學者認爲緯書這樣說解文字近於謬誤，《後漢書・儒林傳》尹敏說：「讖書非聖人所作，其中多近鄙別字，頗類世俗之辭，恐疑誤後生。」緯書喜用拆字法釋義的情形，類似許慎於《說文・敘》提到當時諸生或廷尉的隸書拆字惡習，如「馬頭人爲長」、「人持十爲斗」、「虫者屈中也」、「苛人受錢，苛之字止句也」，許慎評之曰：「不合孔氏古文，謬於史籍。」「怪舊藝而善野言」。王安石《字說》以波爲水波，滑爲水骨，正承這種流弊。

緯書拆字法的謬說，按照正統文字學水平來衡量，的確渲染太過。但是，如果將之視爲漢代特定階段發展的產物，則有一定的意義與合理性。第一，緯書拆字法承襲了先秦分析字形結構以說字義之法。第二，緯書解說字形是爲了符合緯書本身的經學詮釋學，以緯解緯，有其合理性。第三，緯書所據字形不脫隸書，隸書的筆畫多方折波磔，不同篆籀的圓曲詰詘，站在篆籀立

場而言，隸書的字形筆畫故不免謬誤。第四，緯書釋字的謬誤，使人意識到此風不可長，故許慎「今敘篆文，合以古籀」，試圖將之導回正軌。話說回來，許慎如果要遏止歪風，《說文》就不應當再出現所謂的數術拆字法，才不至於自相矛盾。然而，不可否認的是，說解文字一定要分析字形，分析字形就須拆解筆畫，只是許慎根據的字形不是隸書，而是古籀篆文，說解於古有據，當然比隸書更站得住腳，但數術拆字法依然可見。因此，《說文》與古文字學者說法相牴觸的地方，絕大部分都是許慎以數術觀解析文字所致。

許慎的文字學集劉歆與張敞之大成。劉歆一系，主要是建立了以「六書」為主的文字學理論；張敞一系，是以考字形流變為主。許慎鑒於隸書之誤，而要「今敘篆文，合以古籀」，追古溯源，就是要考文字之流變，所以許慎拆字之法當承自張敞系統。張敞治經以《公羊傳》為主，兼修《左傳》；又從齊人受《倉頡篇》，並能識美陽西周器銘。因此，他的古文字知識，主要得自今文經學，也可能有一部份得自古文經學的《左傳》故訓；且不限於《倉頡篇》，於《史籀篇》可能亦通曉，融會了今古文經學的文字學。《漢書‧郊祀志》：「張敞好古文字。」由此看來，張敞的文字學是以研究字形流變為主。張敞之學曾由敞子張吉傳給外孫杜鄴，杜鄴又傳給其子杜林和張吉之子竦，杜林復傳衛宏、徐巡，《說文》引杜林、衛宏、徐巡之說，等於承襲了張敞古籀篆兼容之路，所以許慎要「今敘篆文，合以古籀」，就是他分析字形的依據。換言之，許慎的經學學思想是建立在古籀篆之文，以古籀篆之文闡發其經學思想。

許慎往往藉著拆字筆畫傳達自我理念，或寓寄殊義，所以，他的數術拆字法是一種以簡馭繁、以小見大的運用功夫。為求行文的明目細項呈現，茲以前四章的章名作為屬性類目，依次整理出《說文》特殊拆解筆劃之例，並加按語說明之。

（一）《易》學字例

（1）屯 從屮貫一屈曲之也，一，地也。易曰：屯剛柔始交而難生。

按：《說文》解釋「屯」字，是採《易‧屯》象辭的說法。凡艸木之生，其根必直下，若根先曲，則生意不遂，惟其芽有所礙，始有曲耳。剛柔始交，陰陽相合，化生萬物，萬物始生。萬物始生以草木萌芽表示，草木剛萌芽初生，要受到土層的壓迫，萬物始生要遇到很多阻礙，所以屯然而難。

（2）爻 象易六爻頭交也。

按：許慎這句「象易六爻頭交也」看似簡單，其實大有內容，此處的「象」

除了指虛象，並且有深刻的象徵意涵，許慎以象籠統概之。爻，從二乂，乂古文五，乂爲天地陰陽之氣交午，氣動而後交，數動而有象，爻以象天下之動，故說爻爲交。

（3）元 從一，兀聲。

　　按：元次於一，其所從之一，即是太極、道，故元爲道之始。

（4）页 從大一。

　　按：大爲正面之人形，一指人頭頂上方至高無上的天，由於天體高廣，無以爲象，故用人之顛頂以表至上之義。所以，一兼具指事與象形，指事者，指出方位所在，在人之上；象形者，或謂人之頭頂，或謂高廣天體。

（5）无 奇字無也，通於元者，虛无道也。王育說天屈西北爲无。

　　按：（一）无通於元者，意謂有二：1. 元之丿在二之下，无之丿通於二之上，以无字之丿上貫於元，證其爲從元。2. 元是道，「神无方，而易无體」无也是道，元无並爲道，以虛无之說，黏合元无皆爲道。（二）王育說天屈西北爲无：以页无形相似，无則一足屈，乃言天亦有屈，是以天屈西北之意與无之屈足相黏合，是又謂无字從天也。許慎以二說連結无字之形義來源，前說是元與无，後說是天與无。

（6）王 董仲舒曰：「古之造文者，三畫而連其中，謂之王。三者，天地人也，
　　　　而參通之者王也。」孔子曰：「一貫三爲王。」

　　按：許慎引董仲舒與孔子之說，不僅釋「王」之形，且釋其義，三者，天地人；｜者，參通、一貫。能一貫三，參通天地人三才之道者謂之王。

（7）皇 從自王，自，始也，始王者。

　　按：以鼻子之「自」爲始義，始王方謂之皇。

（8）士 數始於一，終於十，從一十。孔子曰：推十合一爲士。

　　按：十，從一十，釋形兼釋義，以數之始於一，終於十，表示士之博通完備，士不僅要博通，而且能推十合一，由博返約，一以貫之。所以士從一十，可從一推至十，也要從十返至一，雙向通貫。

（9）儿 此籀文象臂脛之形。

　　按：人雖爲天地之性最貴者，但不從人頂天立地之象，而從籀文象臂脛之形（屈背彎腰，鞠躬狀），意謂人要謙虛爲度，不可自恃甚高，傲睨萬物。所以，許慎未把籀文人字當或體字，卻擺放在正文處，並立爲部首，不只因其有從屬之字，且因其形提示天地之性最貴者的眞諦。許慎強調籀文人的特

徵，等於也在間接分析字形，以不拆字而拆解其義，故以「象」示之。

（10）𡗓 从大一，一目象先。

按：夫，从大一，一目象先，意謂成年加冠之禮。

（11）𧈧 蜥易蝘蜓，守宮也，象形。祕書說曰：「日月爲易，象含易也。」一曰从勿。

按：許慎特引祕書釋易之說，蓋漢代人普遍認定日月爲易，離（☲）爲日，陽中藏陰；坎（☵）爲月，陰中藏陽，爲漢代象數易學月體納甲說的基礎元素。

（12）三 數名，天地人之道也，於文一耦二爲三，成數也。弎古文三。

按：於文一耦二爲三，三由天數一地數二構成，爲人數，故天地人之道。

（13）十 數之具也。一爲東西，丨爲南北，則四方中央備矣。

按：十的縱畫橫畫剛好交織指出四方，且中央自然備矣，故實爲五方。太乙九宮四正，正得十之形。許慎認爲十不僅作數字用，而且是必須進位的飽和之數，故曰「數之具」，也可作表示五方的符號。

（14）二 地之數也，从耦一。

按：二不僅是地數，从耦一，亦表示二從道之一而來，蓋惟初太始，道立於一，元气初分，造分天地，輕清昜爲天，重濁侌爲地。

（15）𦉭 陰數也，象四分之形。𦉭古文四如此。三籀文四。

按：四字外囗而中儿，囗象方形，儿象兩大指分物形。方之隅四數，方之圍亦四數，故四以分方爲意。四之中二畫，但象分形，非八數之八。

（16）𠄡 五行也。从二，陰昜在天地閒交午也。乂古文五如此。

按：从二指天與地，陰陽之氣在天地間交午。五之古文乂象四維。

（17）𦁰 易之數，陰變於六，正於八，从入从八。

按：六爲老陰，變；八爲少陰，不變，故曰「陰變於六，正於八」。六从入从八，八而入之，即變八之六，以會其陰退氣消之意。

（18）𠀎 陽之正也，从一，微陰从中衺出也。

按：七爲少陽，从一即陽，但陽中有陰則不純，故爲少陽，其因出於辟卦，蓋子月（十一月），爲十二消息卦的復卦（☷☷），律中黃鐘；午月（五月），爲十二消息卦的姤卦（☰），律中蕤賓。從十一月到五月凡七，陽氣從初爻初起，累月而上增，至四月乾卦（☰）爲純陽，五月「陰气午逆陽，冒地而出」，所歷之月凡七，故微陰從陽氣中衺出。

（19）九 易之變也，象其屈曲究盡之形。

按：九爲老陽，陽氣之終，究則求變，變則通，通則返本復始。

（二）陰陽五行字例

（1）米 東方之行，从屮，下象其根。

按：木本可作全體象形，不可拆解，然許慎將之拆成上下二體，是爲強調木冒地而生之義，从屮，象甲坼冒地而生，木枝條引上而生，根亦隨之引下而長。如此拆形釋義，更具生長的動態描述。若作全體象形，反顯靜態。所以許慎之說有其合理性。

（2）火 南方之行，炎而上，象形。

按：描述火炎上的特性。

（3）灥 北方之行，象眾水並流，中有微陽之气也。

按：漢代人認爲八卦即文字的前身，坎卦（☵）爲水，許慎說的「中有微陽之气」即爲坎卦中間的陽爻。

（4）土 二象地之下地之中，｜物出形也。

按：土者地也，地者坤也，萬物資生，坤厚載物，所以二象地之下、地之中，｜爲吐生萬物之形。

（5）金 西方之行，生於土从土，ナ又注，象金在土中形，今聲。

按：金从土，左右注，象金在土中形，是依五行相生之理土生金而言，故許云：「生於土。」

（6）中 和也，从〇｜下上通也。 古文中， 籀文中。

按：（一）「中和也」三字當連篆作一句讀，謂中爲中和之中，非訓中爲和。（二）「从〇｜下上通也」：〇得天〇地□之中，天地之位定矣，中亦隨之有定。｜即中極，可引而上下與天地相通。（三） 古文中：中者必執兩端，乃能行權而得中，執一不執兩則無權，執兩端者，所用亦在此，惟屈乃能權能中， 之屈處正謂其權在此，其中在此。（四） 籀文中：象古㫃字有斿，从表旗幟的㫃或勿，建中與立表定時測影相關，因而定出中的方位。

（7）東 从木，官溥說，从日在木中。

按：東从日在木中，其木爲榑桑，日出東方，所登榑桑。

（8）北 乖也。从二人相背。

按：北方，伏方也。陽氣在下，萬物伏藏，北方爲冬，天气上騰，地气下降，天地不通，人，天地之性最貴，受陰陽之中，故二人相背以爲北宇。

（9）東 鳥在巢上。象形。日在東方而鳥東，故以爲東西之東。

按：日在西方而鳥棲，謂鳥棲時，日在西方，遂以鳥棲之棲，爲西方之西，古本無東西之西，寄託於鳥在巢上之棲字爲之，與「中」、「東」「北」一樣，借具體取象來表達方位。

（10）青 東方色也。木生火，从生丹；丹青之信，言必然。𡴞古文青。

按：青从生丹，青爲木行，丹爲火行，故青字包含木生火的相生之理。

（11）白 西方色也。侌用事，物色白。从入合二，二，侌數。𦥔古文白。

按：白爲西方色，於時爲秋，秋主閉藏，故白从入合二，二爲地之數，萬物入藏於地。

（12）赤 南方色也，从大从火。烾古文从炎土。

按：赤从大从火，既會其色，亦會其五行。古文烾的火與土，有火生土的香生之理。

（13）黃 地之色也，从田芺聲。芺古文光。炗古文黃。

按：「黃」从田从光，土裡含藏著金，隱藏著土生金相生之理。

（14）甘 美也，从口含一，一，道也。

按：甘所含之一，不僅指甘美的味道，同時也提升爲美感意識。

（15）灋 刑也，平之如水从水，廌所目觸不直者去之，从廌去。法今文省。

按：「灋」是我們判斷善惡好壞、是非曲直的標準。它是應該像水一樣絕對公平的，對所有的人都是沒有任何偏祖和厚薄的，所以从「水」。法獸「廌」會用牠的獨角去牴觸那個沒有道德的壞人，並去除他，所以从「廌」和从「去」。後來的「法」字省掉了「廌」，就只剩下「水」和「去」，就成了現在這個「法」字了。

（16）曡 楊雄說：目爲古理官決罪三日得其宐乃行之，从晶宐。王新目从三日大盛，改爲三田。

按：漢爲火德，新莽爲土德，日爲火，田爲土，故王莽改三日爲三田，疑圖讖漢有再受之象，惡「疊」字有三日太盛，故改爲三田。

（17）龍 鱗蟲之長，能幽能朙，能細能巨，能短能長，春分而登天，秋分而潛淵。从肉肉飛之形，童省聲。

按：「龍」象其體蜿蜒飛動，上橫出一，象其角，旁彡象鳥飛之差池，龍無羽而能飛，無以象之，故取於鳥羽。

（18）禾 嘉穀也。二月始生，八月而孰，得之中和，故謂之禾。禾，木也；木王而生，金王而死。从木从芺省，芺象其穗。

　　按：二月爲木，八月爲金，禾二月生，八月熟，故木王而生，金王而死。禾從木從𣎍省，𣎍象其穗，合始生之月的木行，與八月熟穗於一字。

（19）黍禾屬而黏者也，目大暑而穜故謂之黍。從禾雨省聲。孔子曰黍可爲酒，故從禾入水也。

　　按：「從禾入水」禾爲木，禾入水，水生木相生之理具足，木才得以生火，黍大暑種，故屬火。

（20）示從二，三𠂹日月星也，觀乎天文目察時變。

　　按：從二，古文上，這裡以古文上表示天之義；三𠂹各代表日月星，天象變化，示吉凶於人。

（21）甲東方之孟，陽气萌動。從木戴孚甲之象。大一經曰：人頭空爲甲。命古文甲，始於一，見於十，歲成於木之象。

　　按：（一）從木戴孚甲之象：〇象甲坼萌冒於上，丁象根生於下，植物上下生長的動能，彷若躍然紙上。（二）大一經曰，人頭空爲甲：其比附之理同於《易‧說卦》八卦比附人體、《爾雅‧釋魚》以干支比附魚體、馬王堆《胎產書》以地支標示人體的「人字圖」。（三）植物只有在天時適宜時才能發芽，所以是「始於一」即從「一」（天數）開始。「十」有完備的意思。「見於十」是指植物能夠成長，只有在天時、地利等一切條件都具備的時候才能有收成，故云「歲成於木之象」，反映「甲」與「木」配的五行思想。

（22）乙象春艸木冤屈而出。侌气尙彊，其出乙乙也，與丨同意。乙承甲，象人頸。

　　按：（一）萌發的新芽呈屈軋之形。（二）乙象人頸，出自《大一經》。

（23）丙位南方，萬物成炳然，侌气初起，昜气將虧。從一入門，一者昜也。丙承乙，象人肩。

　　按：（一）從一入門，一者昜也：萬物炳然，陽功成，入於門（猶門也），則陰陽之氣將有所轉換，陰氣初起，全盛之陽將虧。（二）丙象人肩，出自《大一經》。

（24）丁夏時萬物皆丁實。象形。丁承丙，象人心。

　　按：（一）丁次於丙，爲盛夏，花落跗見將成實。《大一經》因「丁」形正中，故象心。

（25）戊中宮也。象六甲五龍相拘絞也。戊承丁，象人脅。

　　按：（一）「六甲五龍相拘絞」作爲漢代的常語，其實所涉及的內容爲《五

天五運圖》的觀念，而漢代人慣用「戊」篆之形以圖像之。（二）戊象人脅，出自《大一經》。

（26）己 中宮也。象萬物辟藏詘形也。己承戊，象人腹。

按：《周易·說卦傳》：「坤爲地」，故坤爲土，又曰：「坤爲腹」，故《說文》曰己「象人腹」，坤爲地，大地含藏萬物，萬物與陰陽之气藏則歸土，屈曲包含，象人腹圓曲也。人腹中央也。

（27）庚 位西方，象秋時萬物庚庚有實也。庚承己，象人齎。

按：（一）西方者秋，主成熟萬物，故說「萬物庚庚有實」。（二）庚象人齎，出自《大一經》。

（28）辛 秋時萬物成而孰。金剛味辛，辛痛即泣出。从一从辛。辛，辠也。辛承庚，象人股。

按：（一）春生秋殺，秋象以行刑，人入於辠，則辛痛泣出。（二）辛象人股，出自《大一經》。

（29）壬 位北方也。会極易生，故《易》曰：龍戰於野。戰者，接也。象人裏妊之形。承亥壬以子，生之敘也。壬與巫同意。壬承辛，象人脛。脛，任體也。

按：（一）以消息之位言之，坤爲十月消息卦，其辟在亥；以卦位言之，乾處西北，亥爲乾之地。龍戰於野，陰極生陽，從十月（亥）到十一月（子）爲陰陽交接之際，壬承亥啓子，而壬之裏妊，正象陽孕於陰之內，故象人裏妊之形以孕育，是壬承亥以生子。（二）壬象人脛，出自《大一經》。

（30）癸 冬時水土平，可揆度也，象水從四方流入地中之形。癸承壬，象人足。癸籀文从癶从矢。

按：（一）冬時大地萬物凋殘，不相親附，惟水得陽之餘氣，生於地中，流於地上，借水之分流，象徵大地之中蘊藏揆度而生的動能活力。（二）癸象人足，出自《大一經》。

（31）子 十一月易气動，萬物滋。人以爲偁。象形。学古文子，从巛，象髮也。𦳘籀文子，囟有髮臂脛在几上也。

按：子既爲陽氣動萬物滋生的十一月，又象人首與手足之形，人以爲稱，蓋十一月夜半子時，陽气初起，人承陽，本其初。

（32）丑 紐也。十二月萬物動用事。象手之形，時加丑，亦舉手時也。

按：夜半子時，雞鳴丑時，過半夜至雞鳴，群動將作，故丑爲舉手時，

制字取此爲形。

（33）顊髕也。正月陽气動，去黃泉，欲上出，陰尙彊。象宀不達，髕寅於
下也。𡩟古文寅。

按：正月之時，人陽气上銳而出，但陰氣尙強，陽氣不能徑，閡於宀，
曰所擯，故寅字上覆宀，象有所阻礙，更象陽氣離黃泉欲上出，卻受擯斥。

（34）辰震也。三月易气動，靁電振，民農時也，物皆生。从乙匕，象芒達。
厂聲也。辰，房星，天時也。从二，二古文上字。

按：許愼將辰篆拆解成四部份：厂聲；从二，古文上字；从乙、匕，象
芒達。三月陽氣動，新芽抽軋而上出，於辰爲房星，適合農時。

（35）巳也，四月易气巳出，陰气巳藏。萬物見，成彣章。故巳爲它，象
形。

按：四月陽氣巳出，不可象，凡蟄物驚蟄而起，蛇蟄最久，陽盛始出，
故取而象之。十二屬中巳爲蛇。

（36）午啎也。五月会气啎屰易，冒地而出。象形，此與矢同意。

按：五月，物長滿遍布，陽氣看似旺盛，但已有陰氣要從地裡干擾，上
與陽相忤逆。

（37）酉就也。八月黍成，可爲酎酒。象古文酉之形。丣古文酉从丣。丣爲
春門，萬物已出；丣爲秋門，萬物已入。一閏門象也。

按：酉爲仲秋八月，萬物搖落，西方也。古文酉字爲丣字加一，爲閉門
之象，象徵元一陽內收。

（38）戌威也。九月易气微，萬物畢成，易下入地也。五行土生於戌，盛於
戌。从戊一，一亦聲。

按：（一）《說文》「五行土生於戌，盛於戌。」是採《淮南子‧天文》五
行生壯死說法，但是《說文》不按照《淮南子‧天文》「五行土生于午」（午
爲火）爲說，是因十干化運中「戊癸化火」，故「戊午合德」——「五行土生
於戌」；再者，《說文》戊下云「中宮」，戊爲中宮土，故「土生于戌」。（二）
戌从戊一，戊爲土，一指陽也，戊中含一，陽在其中，是指「易下入地也」。

（39）亥荄也。十月微易起，接盛会。从二，二古文上字。一人男，一人女
也。从乚，象裹子咳咳之形。春秋傳曰：亥有二首六身。𠪳古文亥。
亥爲豕，與豕同。亥而生子，復從一起。

按：（一）以消息之位言之，坤爲十月消息卦，其辟在亥；以卦位言之，乾

處西北，亥爲乾之地。龍戰於野，陰極生陽，從十月（亥）到十一月（子）爲陰陽交接之際，壬承亥啓子，而壬之裏妊，正象陽孕於陰之內，故象人裏妊之形以孕育，是亥壬合德，壬承亥以生子。亥從二人，一人男一人女，乾道成男，坤道成女，男女構精，萬物化成，ㄥ象抱於裹子，在裹中咳咳然笑。亥而生子，託始於一，亥終則復始一。（二）今篆法身祇有五畫，蓋周時首二畫，下作六畫，與今篆法不同也。豕之古文見九篇豕部作布，與亥古文無二字。

（三）天文律曆字例

（1）日从口一，象形。㞢古文象形。

按：日，从口一，日爲陽，以一象太陽不虧之精。古文㞢之「乙」實「乞」之誤，爲三足烏或太陽鳥。

（2）晶从三日。

按：三者眾也，謂日光之精分爲眾星，非謂有三日也。這裡的「日」指星光。

（3）曐从晶从生。一曰象形，从古〇復注中，故與日同。曐古文。

按：篆文「日」或古文「㞢」的「一」或「乙」象太陽不虧之精與太陽鳥，晶與曐之日當作⊙，从古〇復注中，象星光。晶與曐之篆形日與小篆日同形，然⊙與古文曐之「品」（甲文作品、㗊、㠭、㗊，晶星不別，與《說文》古文曐相合），則與古文㞢有別。

（4）月闕也，太陰之精，象形。

按：日中一畫象太陽不虧之精、三足烏。月爲陰，月中二畫爲太陰之精，且從馬王堆 T 型帛畫可知並象兔與蟾蜍。

（5）雲从雨云，象回轉之形。云古文省雨，云亦古文雲。

按：云古文雲正可作篆文雲回轉之形的註腳。

（6）靁从雨晶，象回轉形。㗊古文靁，㗊亦古文靁，靁籀文靁，閒有回回靁聲也。

按：古篆籀文靁的晶，象旋繞的雷紋；籀文靁多「回」，象雷聲。

（7）冥从日六一聲。日數十，十六日而月始虧幽也。

按：冥中从日六，日數天干爲十，合六爲十六，故曰「十六日而月始虧幽也」。

（8）朢月滿也，與日相望，臣朝君，从月从臣从壬，壬，朝廷也。朢古文朢省。

按：《說文》在此假壬爲廷，作朝廷義。日爲君，月爲臣，月滿盈乃得日光之全，朢从月从臣从壬，朢月與日相望，猶臣朝君。

（9）颺風動蟲生，故蟲八日而化。颰古文風。

按：篆文颺，風中有虫，蓋蟲乃風氣所生。古文颰則謂蟲八日而化。

（10）早从日在甲上。

按：《說文》甲下引《大一經》說甲爲人頭，故日在頭上爲早。

（11）龠樂之竹管，三孔，目和眾聲也。从品侖，侖，理也。

按：龠的三口作橫排狀，而許慎卻从「品」，非以品說三孔，而是取眾管環狀排列之象，故龠若拆解成亼、品、冊三部份，是集眾管如冊，合而言之，是眾管如圓狀，藉「品」形以表之，眾管圓狀有理，故和眾聲。

（12）音从言含一。

按：甘下說：「口含一，一，道也。」此言含一，一亦道也，指音樂的完整性、合諧性與節度性。

（13）章樂竟爲一章。从音十，十，數之終也。

按：以數之終「十」表示樂竟。

（14）竟樂曲盡爲竟，从音儿。

按：以古文儿之曲形爲樂曲竟之義。丈，十尺也，从又持十。

（15）丈十尺也，从又持十。

按：丈之度起於人手，蓋從寸口到曲肘爲尺，十尺爲丈，故从又持十。

（16）寸十分也，人手卻一寸動脈謂之寸口，从又一。

按：寸从又一，一指手之寸口處，其度爲十分，以人體爲度。

（17）尺从尸从乙，乙所識也，周制寸尺咫尋常仞諸度量，皆目人之體爲法。

按：從寸口到尺澤，剛好十寸爲尺，从尸从乙，尸實象曲肘之臂，乙指尺澤處。

（四）方技字例

（1）包象人裹妊，巳在中，象子未成形也。元气起於子，子人所生也，男左行三十，右行二十，俱立於巳爲夫婦，裹妊於巳，巳爲子，十月而生，男起巳至寅，女起巳至申，故男年始寅，女年始申也。

按：《說文》以包之「巳」說明二義：（一）未成形之子。（二）地支子與巳：1. 人十月而生：男子自巳左行十得寅，男年始寅；女子自巳右行十得申，女年始申。2. 男女嫁娶之年：男自子左行三十得巳，女自子右行二十得巳，

男三十而娶，女二十而嫁，合夫婦懷妊之義。「巳」在包字中既象徵未成形之子，同時也有地支記數、記年的數術意義。

（2）☰人在山上皃，从人山。

　　按：入山修煉之人爲仙。

（3）☱僊人變形而登天也。从匕目乚，八所目乘載之。☲古文眞。

　　按：僊人煉丹爐、開天目，反人變化，飛升登天，抱素返眞。

經過上述分析可以了解，許愼的拆字法並非一定要作顯性的字形拆解，有時隱含在訓詁中，釋義兼釋形，如：易，「祕書說曰：『日月爲易，象含易也。』」；午，「五月会气牾屰易，冒地而出」；无，「奇字無也，通於元者，虛无道也。王育說天屈西北爲无。」；王，「董仲舒曰：『古之造文者，三畫而連其中，謂之王。三者，天地人也，而參通之者王也。』孔子曰：『一貫三爲王。』」。或以「象……」句型，釋義兼作隱性的字形分析，如：九，「象其屈曲究盡之形」；四，「象四分之形」；癸，「象水從四方流入地中之形」；爻，「象易六爻頭交」；戊，「象六甲五龍相拘絞也」；己，「象萬物辟藏詘形也」。

此外，許愼對同形筆畫賦予了不同的實質意義。換言之，某一筆畫代表不同的概念，表示此一筆畫是諸多概念的虛擬近似符號，不能因諸多概念同從一近似筆畫，而將諸多概念視爲全部相等。茲就本論文字例歸納分類說明如下：

（一）从一者

1. 太極之道：元（从一，兀聲）、二（从耦一）、三（於文一耦二爲三）。

2. 天：天（从大一）。

3. 太陽之精：日（从口一）

4. 陽氣：丙（从一入冂，一者易也）、七（从一，微会从中衺出也）。

5. 地：屯（从中貫一屈曲之也，一，地也）。

6. 道：音（从言含一）、甘（口含一，一，道也）。

7. 一：士（數始於一，終於十，从一十）。

8. 東西向：十（一爲東西）。

9. 核仁：命古文甲，始於一，見於十，成於木之象。

10. 簪：夫（从大一，一目象先）。

11. 指部位（寸口）：寸（从又一）。

（二）从二者

1. 天：示（从二，三垂日月星也）。

2. 上：辰（从二，二古文上字），亥（从二，二古文上字）。

3. 天地：五（从二，侌昜在天地閒交午也）。

4. 地下與地中：土（二象地之下地之中）。

5. 二：白（从入合二，二，会數）、三（於文一耦二爲三）。

（三）从八者

1. 八：六（从入从八）。

2. 分別：四（象四分之形）、八（象分別相背之形）。

（四）从十者

1. 十：士（數始於一，終於十，从一十）、章（从音十，十，數之終也）。

2. 戴孚上冒的芽和下生的根：帇古文甲，始於一，見於十，成於木之象。

（五）从日者

1. 太陽：早（从日在甲上）、易（日月爲易）。

2. 星光：晶（从三日）、曡（从晶从生）。

3. 十：冥（从日六冖聲。日數十）。

4. 火：曡（从晶宜。王新曰从三日大盛）。

（六）从乙者

1. 太陽鳥：囗古文象形（實「乙」之誤）。

2. 艸木冤屈：辰（从乙匕，象芒達）。

3. 指部位（尺澤）：尺（从尸从乙，乙所識也）。

（七）从巳者

1. 子未成形：包（𢀓在中，象子未成形也）。

2. 蛇：巳（巳爲它，象形）。

3. 地支。

（八）从丨者

1. 上下貫通：王（一貫三爲王）、中（从〇丨下上通也）。

2. 出生：土（丨物出形也）。

3. 南北向：十（丨爲南北）。

（九）从尸者

1. 人之形譌：尼古文仁或从尸。

2. 手臂：尺（从尸从乙，乙所識也）。

（十）从品者

1. 星光：曐（古文曡）。
2. 眾管：龠（从品侖）。

由是可知，漢字的「象」與「意」是非常靈活的，看似相同的筆畫形狀，但是代表的意義則是各自有別，如「从一」的「象」與「意」在諸字中皆有殊異，有偏哲學之義，如太極、太陽之精、陽氣、道；或是自然實體如天地；實用物如簪、核仁；或指東西方向；或數字一。易言之，簡單的一筆橫畫符號，可表示太極、天地、方向等等諸「象」所要涵蓋的「意」，擺在個別的文字中自示其所當之義。

許愼的數術拆字法就是漢代人認知古篆籀文的形義之學。因此，他在解釋這些字形時，不免帶入漢代的思想特色，而顯得陰陽數術味十足，這也是許愼最遭後人詬病之處。尤其，晚清到民國以來發展的古文字學，因爲有了上古甲金文字爲據，文字有了更早的初形本義，以此檢驗《說文》之誤，便須正補其穿鑿附會，如李孝定《甲骨文字集釋》二字下云：「許云地數，乃漢時陰陽五行家言，非確詁也。」〔註1〕五下云：「陰陽五行之說盛於東漢，其起源亦不甚早，先民造字之時，紀數之字當屬早出，其時必無此等觀念也。」〔註2〕李先生亦承認《說文》中有陰陽五行觀念，然他對此一思想的起源與盛行時間，失之片隅，眞相未竟。六字下云：「六字先成，《易經》晚出，許說之誣至顯。」〔註3〕亥下云：「許說亥字支離滅裂，上文云一人男一人女，下後言亥爲豕，實風馬牛不相及。」〔註4〕事實上，經由本文第三、四章字例的探討，證明許愼之說深富《易》學思想，一點也不支離破碎；亥豕之說只可視爲亥的一日說，許氏藉此附記形近訛誤，當然不能與亥字本說合併爲一，亥字收羅兩種說法，沒有風馬牛不相及的問題存在。以古文字學檢視《說文》之疏，有時會忽略歷時的時空轉變因素，從本位立場觀點，去強制規範、或同化不同時空的想法，當然會有彼此誤解不合之處。而今回歸到漢代當時的思想秩序，則可理解許愼解字釋義的意義與合理性，對《說文》諸多的誤解也得以因此澄清，還給許愼歷史公道。

〔註1〕 李孝定，《甲骨文字集釋》（臺北：中央研究院歷史語言研究所，民國 59.10（1970.10）），頁 3965。
〔註2〕 同註1，頁 4177。
〔註3〕 同註1，頁 4181。
〔註4〕 同註1，頁 4425。

二、互見法

《周禮・天官・司會》:「以參互考日成,以月要考月成,以歲會考歲成。」
賈公彥疏:「以司書之等相參交互考一日之成,一日之中計算文書也。」舉凡
人事物等各方面可供舉證,相互參見印證者,即謂「參互」。施之於著書,必
有前後可連貫的遣詞用句、篇章、人物、事件或理路,即謂互見法。互見法
本是不意爲之而爲之的自然撰著筆法,惟史家特別重視,而有名稱上的沿革。
《禮記・經解》云:「屬辭比事,《春秋》之敎也。」「屬辭比事而不亂,則深
於《春秋》者也。」程端學《春秋本義》序認爲,聯合事跡前後相涉者而比
觀之,他說:

> 嘗謂讀《春秋》者,但取經文,平易其心,研窮其歸,則二百四十
> 二年之事之義。大小相維,首尾相應,支離破碎、刻巧變詐之説,
> 自不能惑。聖人惻怛之誠,古人之復禮之旨,粲然具見,而鑒戒昭
> 矣。〔註5〕

毛奇齡《春秋屬辭比事記一》云:「〈經解〉曰:『屬辭比事,《春秋》敎也。』
夫辭何以屬?謂夫史之散漶者,宜合屬也;事何以比?謂夫史官所藏之事亂參
錯,而當爲之比以類也。」〔註6〕王夫之《禮記章句・經解》:「屬辭,連屬字
句以成文,謂善爲辭命也;比事,比合事之初終彼此以謀其得失也。」〔註7〕
章太言〈春秋故言〉自註:「一事而涉數國者,各國皆記其一端,至《春秋傳》
乃排比整齊,猶司馬《通鑑》比輯諸史記傳表志之事,同爲一篇,此爲屬辭比
事。」〔註8〕屬辭比事就是一種史筆互見法,《春秋左傳》、《國語》、《戰國策》
等史書皆有此法。到了司馬遷的《史記》,於書中時有清楚交代互見的線索,以
「事在某」、「語在某」常語提示。例如:〈周本紀〉:「其事在周公之篇」、〈禮書〉:
「事在袁盎語中」、〈秦本紀〉:「其語在〈始皇本紀〉中」、〈呂后本紀〉:「語在
齊王語中」、〈留侯世家〉:「語在項羽事中」。不過也有基於「以避諱與嫉惡,不
敢明言其非,不忍隱蔽其事而互見焉」,採取「本傳晦之,而他傳發之」(蘇洵
〈史論〉)、「此詳彼略,互爲補充;連類對比,兩相照應」的方法。互見法雖非
司馬遷所始創,然他是第一位於《史記》作明確提示者,故後世論互見,言必

〔註5〕 程端學,《春秋本義》(《文淵閣四庫全書》第160冊,經部・春秋類,臺北:
　　　　臺灣商務印書館,民國75.3),頁160-5。
〔註6〕 毛奇齡,《春秋屬辭比事記》(《叢書集成初編》,北京:中華書局,1991),頁1。
〔註7〕 見《船山全書》第四冊,(長沙:岳麓書社,1996.10),頁1172。
〔註8〕 章太炎,《檢論》卷2(臺北:世界書局,民國47.7(1958.7)),頁532。

稱史遷。

　　《說文》以其點狀、線狀與簡潔的行文節奏，要歸整一萬零五百一十六字（正文數 9353 加重文數 1163），也必然體現字與字、說解與說解、篇與篇之間，錯綜離合、彼此關聯的精神，許慎注過《史記》，以史遷筆法言之即為互見法，錢大昕則稱之為「舉一反三」，〔註 9〕徐永慶《說文解字注匡謬》引用錢氏之說：

> 按古人著書，文簡而義該，往往舉一二以見例，不必每字每句求其相
> 合也。如五藏配五行，古文說與博士說各異，唯腎為水藏同，而《說
> 文》云：心，土藏，博士說以為火藏，至脾土藏，肝木藏，肺金藏，
> 則但用博士說，不言古文異同。錢少詹事大昕曰：此舉一反三之例也。
> 木，東方之行；金，西方之行；火，南方之行；水，北方之行，則土
> 為中央之行可知。鹹，北方味也，而酸苦辛甘皆不言方。霄，水音也，
> 而宮商角徵皆不言音。鐘，秋分之音；鼓，春分之音，而不言二至。
> 笙，正月之音；管，十二月之音，而不言餘月。龍，鱗蟲之長，而毛
> 羽介蟲之長不言，皆舉一二以見例，非有遺漏，則青云東方色，赤云
> 南方色，白云西方色，而黑不言北方色，無足異也，拘泥五方當言五
> 色，假如以天地四方為言，黃云地之色，將於元（按：元實為玄，蓋
> 徐氏為清人，避清聖祖玄燁之諱。）下補天之色乎？律以填詞按譜，
> 後世時文對股之法則，許氏之書多矣。〔註 10〕

是以舉一反三互見是《說文》「隱括有條例」之一，讀《說文》不可不知此一條例。茲依《說文》實例觀之，錢、徐二人之說仍有未逮，今參考其說增益為五項法則並舉例說明之。

（一）舉一反三，類推會通

　　本項所言即錢大昕、徐永慶二人之說。其特點為：可以舉一反三的字例，本為成套的系統觀念，但許慎未一一解釋每個系統的字例成員，僅舉一二以見例，根據見例可以類推其餘，作聯想會通。文字在使用的過程中，意義必會引申或轉變，義項因而累增，舉一二以見例的字就是在傳達這種成套系統觀的義項，而未被見例的字則又是記錄不同的義項。因此，舉一反三就是協

〔註 9〕 錢大昕，〈《說文》舉一反三之例〉，見楊家駱主編《說文解字詁林正補合編》
　　　　第一冊前編下〈說文例〉（臺北：鼎文書局，民國 72.4（1983.4）），頁 1-1053。
〔註 10〕 楊家駱主編，《說文解字詁林正補合編》第八冊，頁 8-852。

助成套的系統觀念聯系，以可知的部分推出闕漏的部分，既有助於成套系統義項的系聯，又同時保有字例本有的義項。在《說文》有限的行文節奏中，此一條例有助於釋放出更多的義項容納空間。

前文錢、徐所舉之例，本文不再複述，茲就錢、徐二人所舉之例稍作補充。

（1）補充一：辛

五味字「辛」，《說文》云：「秋時萬物成而孰，金剛味辛」由季節秋與五行金，可類推其方爲西。《說文》是間接提示方位，並不是錢、徐所說：辛不言方。

（2）補充二：音、霄

《說文》音下云：「宮商角徵羽，聲也。」這是《說文》唯一說齊了五音全名的線索，不過更特殊的是，《說文》只有羽音的專字，作「霄，水音也」。因此，許慎特別點明之，而原來可作五音的宮商角徵羽，《說文》還是保持其本義，並未言及五音。由許慎提供「音」、「霄」的訊息去推知宮、商、角、徵、羽在《說文》的本義之外，可以假借作「五音」之義。所以，五音字例雖只出現「霄」一個專字，但與「音」作系聯之後，也等於是將五音字例全盤托出。許慎用這樣的互見法，彌補與克服了五音字例無法完整呈現的缺點與困難。

（3）補充三：四靈

《大戴禮・天圓》：「毛蟲之精者曰麟，羽蟲之精者曰鳳，介蟲之精者曰龜，鱗蟲之精者曰龍，倮蟲之精者曰聖人。……茲四者，所以役於聖人也。」《說文》惟獨在龍字說「鱗蟲之長」，其餘鳳、龜、麟三字本例皆無言及，施用舉一反三，可由龍類推其餘。不過，《說文》在焉字下出現了「凡字，朋者，羽蟲之長。」的答案，鳳字本例說鳳是鵬鳥，所以鳳乃羽蟲之長。

許慎對於這些成套系統觀念的字例，諸如：五行、五色、五音、五味、十二音、陰陽《易》數、四靈等，沒有一套字例是說得完整的，如：五行缺土的「中央」說，五色缺黑的「北方色」，五音缺宮的「土音」、商的「金音」、角的「木音」、徵的「火音」等等。惟獨五臟說俱全，然又有今古文學家之不同。其闕論比例之高，似乎暴露《說文》之失，不過換個角度想想，《說文》不以完整盡說爲務，可能是要以點化方式傳達五行數術思想爲重。換言之，傳達思想不一定要在相關的字例一一說明清楚，擇一二字以見例，即有事半功倍之效。同時，也因其未說盡，才能容納更多的義項，而且促使《說文》的體例更能靈活運轉，以補其行文節奏之不足。

（二）此略（詳）彼詳（略），互為補充

本項特色為：凡是《說文》此例不詳、莫名之處，於彼例中可得到解答，以彼例作為此例之補充說明，反之亦可，類似訓詁學中的互訓法。茲舉實例說明如下：

（1）包、子、寅、巳、申

《說文》「包」的釋義關係到地支子、寅、巳、申，茲羅列各字之例，以作為包的補充說明。

⊙妊也，象人裹妊，巳在中，象子未成形也。元气起於子，子人所生也，男左行三十，右行二十，俱立於巳為夫婦，裹妊於巳，巳為子，十月而生，男起巳至寅，女起巳至申，故男年始寅，女年始申也。

♀十一月易气動，萬物滋。人以為偁。象形。孚古文子，從巛，象髮也。
𡿧籀文子，囟有髮臂脛在几上也。

寅正月陽气動。

巳巳也，四月易气巳出，陰气巳藏。萬物見，成彣章。故巳為它，象形。

甶七月会气成。

按：1. 子在「包」中，兼作子與地支義，而在其本例中亦是如此；巳在「包」中，兼作胎兒與地支義，而在其本例中，兼作蛇與地支義。猶在胎中未成形者為巳，出生者為子，故子篆形象頭、手、襁褓之身。

2. 子為「十一月易气動，萬物滋」，故「元气起於子」。

3. 男三十而娶，女二十而嫁，故男由子位左行三十至巳位，女由子位向右行至巳位，俱立於巳位為夫婦，裹妊於巳（胎兒），合夫婦之倫，故「萬物見，成彣章」。

4. 人懷胎十月而生，因此，巳（胎兒）在巳位左行十至寅為男，故男年始寅，寅「正月陽气動，去黃泉，欲上出」。巳（胎兒）在巳位右行十至申為女，故女年始申，申「七月会气成」。

5. 由此運行模式，知十二地支子居北方，依次向左環繞一圈，各表十二月份。

（2）壬、包、子、亥

《說文》「壬」的釋義關係到地支子、亥，而其「象人裹妊之形」與「包」的釋義相同，故將壬、包、子、亥列為互見之例。

壬 位北方也。套極易生，故《易》曰：龍戰於野。戰者，接也。象人裹妊
之形。承亥壬以子，生之敘也。壬與巫同意。壬承辛，象人脛。脛，任
體也。

妊也，象人裹妊，8在中，象子未成形也。

十一月易气動，萬物滋。人以爲偁。象形。学古文子，从巛，象髮也。
龥籀文子，囟有髮臂脛在几上也。

荄也。十月微易起，接盛套。从二，二古文上字。一人男，一人女也。
从乚，象裹子咳咳之形。春秋傳曰：亥有二首六身。巿古文亥。亥爲豕，
與豕同。亥而生子，復從一起。

按：壬下云：「承亥壬以子，生之敘也。」點出壬（天干字）與亥、子（地
支字）產生關係，是基於懷妊生子此一核心意義。壬下的「龍戰於野」指的
是陰陽之氣的交接，化身爲亥下的「一人男，一人女也」，合夫婦之倫而妊，
子未成形爲妊，生而爲子，故亥象男女裹子咳咳之形，而子又象徵「易气動，
萬物滋」，故壬於二十四向圖承亥啓子。

（3）戊、戌

戊 中宮也。象六甲五龍相拘絞也。戊承丁，象人脅。

戌 威也。九月易气微，萬物畢成，易下入地也。五行土生於戊，盛於戌。
从戊一，一亦聲。

按：戌从戊一，戊爲土，一指陽也，戌中含一，陽在其中，是指「易下
入地也」。按五行生壯死之理，火死於戌，陽氣至戌而盡，故威從火。九月消
息卦爲剝卦（☶），五陰方盛，一陽將盡，陽下入地，指九月萬物的成長即將
滅絕，剩一陽碩果僅存。戌位處土盛，而義主乎滅

（4）屯、春

屯 難也。屯象艸木之初生，屯然而難，从屮貫一屈曲之也，一，地也。易
曰：屯剛柔始交而難生。

春 推也，从日艸屯，屯亦聲。

按：1. 春，从日艸屯，屯亦聲。聲符「屯」兼「屯然而難」之義。2. 屯象
艸木始生，受土層壓迫的艱難之狀，故「春」有推義，即是艸木推開土層障礙，
破土而出，東方春，萬物生機蠢動。「屯然而難」是春的第一層語源義，「推」

是春的第二層語源義，第二層根據第一層而來。或者也可說，「屯然而難」是春所從聲符「屯」的語源義，「推」是春的語源義，兩個語源義有直系關係。

（5）日、烏、焉

日 實也，大易之精不虧，从口一，象形。囗古文象形。

按：本文在第四章天文曆律探討《說文》的「日」字，曾論證並援引出土資料，證明古文囗中之「乙」爲太陽鳥。在古籍中，鳳、玄鳥、烏鴉都有可能是太陽鳥的化身，果然在《說文》焉字下找到「焉者，日中之禽」之說，不過在「烏」字本例釋之爲「孝鳥」。所以焉字下的「日中之禽」，可補充說明古文囗與烏字本例。

（6）晨、舛、丑

晨 早昧爽也。从臼辰，辰，時也。辰亦聲。舛夕爲舛，臼辰爲晨，皆同意。

按：許慎說：「舛夕爲舛，臼辰爲晨，皆同意。」舛下云：「持事雖夕不休，早敬者也。」未旦而執事，故早敬，夕指時間，舛爲執事。因此，「臼辰爲晨」是指昧爽執事，臼爲執事，晨指昧爽時辰。丑下云：「象手之形，時加丑，亦舉手時也。」正好可作爲晨、舛二字的補充。昧爽未旦爲丑時，農夫即舉手執事，丑既象手之形，又是舉手時也。

（7）餔、申

餔 日加申時食也。从食甫聲。籀文餔，从皿浦聲。

按：申下曰：「吏以餔時聽事，申旦政也。」此處的餔時，即餔下的「日加申時食也。」申時爲下午三至五時。故餔字之說可補申下之說。

（8）鋝、鍰

鋝 十一銖二十五分銖之十三也。从金寽聲。周禮曰重三鋝，北方以二十兩爲三鋝。

鍰 鋝也，從金爰聲。書曰罰百鍰。

按：《說文》鋝的別義「北方以二十兩爲三鋝」即是指《尚書·呂刑》之鍰（六兩大半兩）的三倍之數，乃因《尚書·呂刑》之鍰，《史記》作「率」，故百鍰或謂百率，因與鋝同音，遂以鋝當鍰之數，以爲鋝亦爲六兩大半兩。《說文》鋝所存二義，前一條爲鋝字正義，後一條爲鋝字別義，而實爲鍰字正義，故次於鋝文即繼之曰：『鍰，鋝也。』

（9）音、甘

音 聲也，生於心有節於外謂之音。宮商角徵羽，聲也，絲竹金石匏土革木，音也。从言含一。

按：許慎曰：「音，从言含一。」未知「含一」爲何，甘字下云：「从口含一，一，道也。」音、甘二字釋形體例皆爲「從某含一」，故可判斷音字所含之一爲「道」，意指音樂本身的完整性、合諧性與節度性，而甘之道則是味道本身的屬性，音爲聽覺，甘爲味覺，但二者皆須尙節，才能致和達道，《中庸》：「喜怒哀樂之未發謂之中。發而皆中節謂之和。中也者，天下之大本也；和也者，天下之達道也。」音與甘所含的一，就是這種致中和的道。

（10）東、杳、杲、榑、叒

東 動也。从木，官溥說，从日在木中。

按：《說文》杳下云：「冥也，从日在木下」，杲下云：「曉也，从日在木上」，其釋形體例與東字「从日在木中」相同，皆爲「从日在木某」，所以東、杳、杲所从之木當相同，唯日之位置上中下有別。查榑字下云：「榑桑，神木，日所出也。」叒下云：「日出東方湯谷，所登榑桑，桑木也。」可證東、杳、杲所从之木爲榑桑、若木，《淮南子・天文》：「日出于暘谷，浴于咸池，拂于扶桑，是謂晨明。登於扶桑，爰始將行，是謂朏明。」《淮南子・墜形》：「扶木在陽州，日之所曊。」注曰：「扶木，扶桑也，在湯谷之南。曊，猶照也。陽州，東方也。」《淮南子・墜形》：「若木在建木西，末有十日，其華照下地。」高誘注：「若木端有十日，狀如蓮華。華猶光也，光照其下也。」榑桑在古代神話裡作爲旭日東昇的座標地物，故東「从日在木中」；杳「冥也，从日在木下」，謂日未出於榑桑，天下尙暗，是以義爲冥；杲「曉也，从日在木上」，謂日已出於榑桑，天下皆白。榑、叒二字之說補東、杳、杲未詳之木。

（11）早、甲

早 晨也。从日在甲上。

按：「从日在甲上」，《說文》甲下云：「《大一經》曰：人頭空爲甲。」以許證許，早所从之甲，當爲人頭義，日在頭上爲早。

（12）六、七、九→八

六 易之數，陰變於六，正於八，从入从八。

亍陽之正也，从一，微會从中衷出也。

九易之變也，象其屈曲究盡之形。

八別也，象分別相背之形。

　　按：《説文》說六、七、九完全是以陰陽《易》數為釋，六為老陰，故陰
變；七為少陽，故陽正；九為老陽，故陽變。所以，八當為少陰、「陰之正也」
才是，由六下云：「陰變於六，正於八」之說，可確定許慎視「八」為《易》
數，然八本例卻釋為「別也，象分別相背之形。」其說可能源於《韓非子‧
五蠹》：「背私謂之公」，公从八厶，八有別義。許慎所認定的八的本義，採此
略彼詳之法兩存之。

　　（13）鳳、焉

鳳神鳥也。天老曰：鳳之像也，麐前鹿後，蛇頸魚尾，龍文龜背，燕頷雞
　喙，五色備舉。出於東方君子之國，翱翔四海之外，過崑崙，飲砥柱，
　濯羽弱水，莫宿風穴，見則天下大安寧。从鳥凡聲。鵬古文鳳，象形。
　鳳飛群鳥從以萬數，故以為朋黨字。鵬亦古文鳳。

　　按：鳳字本例引天老說此一神鳥的特性，並引兩個古文鳳，證明朋、鵬、
鳳同字。但在焉字下有云：「凡字，朋者，羽蟲之長。」可補充鳳字本例。

　　（14）物、坤、易

物萬物也，牛為大物，天地之數起於牽牛，故从牛勿聲。

坤地也，易之卦也。从土申，土位在申也。

易蜥易蝘蜓，守宮也，象形。祕書說曰：「日月為易，象會易也。」一曰从勿。

　　按：《易‧繫辭上》有云：「天數二十有五，地數三十，凡天地之數五十
有五。」易使人以為《説文》「物」的「天地之數」為五十五。但惠棟認為「天
地之數始於牽牛」，是因卦氣起中孚，如同「道唯窈冥無形，其中有精」，之
後為一陽始生的復卦，其辰為子，其星為牽牛，同傳統六十四卦序以乾坤為
首，一樣都有萬物化生本源之義。〔註11〕茲由 1.《説文》「物」字本身的「萬
物」釋義；2.「坤」下云：「地也，易之卦也。」3.「易」下引祕書說曰：「日
月為易，象會易也。」乾為天、為日；坤為地、為月等三條線索可知：「物」

〔註11〕詳細內容請參照本論文第三章〈《説文》《易》學思想〉第四節「筮數系統」
　　　　之二「天地之數之理詮」（二），頁 190-192。

的「天地之數」起於中孚卦，繼之以復卦，其化生本源之義與乾坤二卦相當，故可以乾坤天地二卦策數演算而得萬物之數，《易・繫辭上》：「乾之策，二百一十有六；坤之策，百四十有四。凡三百有六十，當期之日。二篇之策，萬有一千五百二十，當萬物之數也。」

本項詳略互見法，是最佳以許證許的例子，詳略之說分別被安排在不同的字例中，因互見達到補充之效，都是出於許慎自行佈線，不同於舉一反三法，許慎只舉一二，把反三的空間預留下來，讀者要循著《說文》明確的部分線索，去類推闕漏未明的部分。

（三）連類遞推，交相照應

本項互見法的特色：遞相類推，仿似訓詁學中的遞相為訓；連鎖相因，猶若骨牌效應，前後照應，互為關聯。茲舉實例說明如下：

（1）三、王

三數名，天地人之道也，於文一耦二為三，成數也。

王天下所歸往也。董仲舒曰：「古之造文者，三畫而連其中，謂之王。三者，天地人也，而參通之者王也。」孔子曰：「一貫三為王。」

按：「王」字依照許慎引述董仲舒與孔子之言，其字形應可分解作「從三｜」，「三」代表的天地人三才之道，「｜」表示「吾道一以貫之」的「德」，「王」是取義於「三」，並由之類推照應。饒炯《說文部首箋正》云：「三取義於天地人之道，又取形於積畫三數。許君重明制字之恉，故三下既舉天地人之道，又舉三數，兩恉並明，然後從之字，推義可知。……王取義於天地人之道。」
〔註12〕

（2）四、六、八

四陰數也，象四分之形。亖古文四如此。三籀文四。

六易之數，陰變於六，正於八，從入從八。

八別也，象分別相背之形。

按：四與六皆有仿似八的筆畫包含於內，但所起的作用有別。四的「象四分之形」由八的「象分別相背之形」遞推之。六的陰變數由陰正八遞推之，

〔註12〕楊家駱主編，《說文解字詁林正補合編》第二冊（臺北：鼎文書局，民國72.4（1983.4）），頁 2-215。

六从入从八即變八之六。八不但在字形上爲四、六所因襲，而兩存別義與陰正數義，也分別爲四、六所沿革。

（3）秭、秅

秭 五稯爲秭，从禾㮚聲。

秅 二秭爲秅，从禾乇聲。周禮曰：二百四十斤爲秉，四秉曰筥，十筥曰稯，十稯曰秅，四百秉爲一秅。

按：1. 王念孫根據《聘禮記》：「十斗曰斛，十六斗曰籔，十籔曰秉，二百四十斗，四秉曰筥，十筥曰稯，十稯曰秅，四百秉爲一秅。」考證《說文》秅下引《周禮》之文，是證《周禮》之「二百四十斤爲秉」，當作「二百四十斤爲秉」爲量名；「四秉曰筥」以下當爲禾數。

2. 《說文》五稯爲秭（5 稯＝1 秭），二秭爲秅（2 秭＝1 秅），所以，十稯爲秅（10 稯＝1 秅），正合《說文》引《周禮》之「十稯曰秅」，故秭、秅爲禾數。

（4）秙、粲、糲、毇（粺）、糳

秙 百二十斤也，稻一秙爲粟二十斗，禾黍一秙爲粟十六斗大半斗，从禾石聲。

粲 稻重一秙爲粟二十斗，舂爲米十斗曰毇，爲米六斗大半斗曰粲，从米奴聲。

糲 粟重一秙爲十六斗大半斗，舂爲米一斛曰糲。从米萬聲。

粺 毇也，从米卑聲。

毇 糲米一斛舂爲九斗也。从臼米，从殳。

糳 糲米一斛舂爲八斗曰糳，从毇㣪省聲。

按：由以上諸例，簡列數式如下：

1. 秙＝120 斤，稻 1 秙＝粟 20 斗，禾黍 1 秙≒粟 16.5 斗，∴稻重於禾黍。

2. 稻重一秙爲粟二十斗，舂爲米十斗曰毇（粺）。糲米一斛舂爲九斗也。

3. 稻重一秙爲粟二十斗，舂爲米六斗大半斗曰粲。

4. 粟重一秙爲十六斗大半斗，舂爲米一斛曰糲。

5. 糲米一斛舂爲八斗曰糳。

（1）2.3 式是由 1 式的「稻 1 秙＝粟 20 斗」遞推之。其中，2 式的「糲米一斛舂爲九斗」則又由 4 遞推之。

（2）4 式由 1 式的「禾黍 1 秙≒粟 16.5 斗」遞推之。4 式再遞推到 5 式。

如上遞推列式演算，即可得知穀米之精粗比例。演算過程請參見本文第二章第二節「容量」之部，茲不再贅述。

（5）升、斗、斛

㪒 十合也。从斗象形，合龠爲合，龠容千二百黍。

㪷 十升也，象形有柄。

㪉 十斗也。从斗角聲。

按：由上可遞推列出數式：1 合（龠）＝1200 黍，1 升＝10 合，1 斗＝10 升，1 斛＝10 斗。

（6）寸、咫、尺、丈、匹

㝚 十分也，人手卻一寸動㿓謂之寸口，从又一。

㣟 中婦人手長八寸謂之咫，周尺也，从尺只聲。

㡰 十寸也，人手卻十分動脈爲寸口，十寸爲尺，尺所目指尺規榘事也。从尸从乙，乙所識也，周制寸尺咫尋常仞諸度量，皆目人之體爲法。

㝷 十尺也，从又持十。

㤶 四丈也，从匸八，八揲一匹，八亦聲。

按：由上可遞推列出數式：1 寸＝10 分，1 咫＝8 寸，1 尺＝10 寸，1 丈＝10 尺，1 匹＝40 尺＝4 丈。

（7）尋、仞

㝷 繹理也。从工口，从又寸工口亂也，又寸分理之也。彡聲，此與彔同意，度人之兩臂爲尋八尺也。

㣔 伸臂一尋八尺，（七尺曰仞），从人刃聲。

按：鄭玄言度量，多本許說，其所見舊本，勝於今本。鄭注《儀禮·鄉射禮》：「七尺曰仞」之說，蓋亦本於《說文》，方鄭玄時，仞字之說尚完，在今本仞下云「伸臂一尋八尺」當是說尋，尚未說仞，茲於其下補「七尺曰仞」四字，明其奪文，非出臆說。如此一來，由 1 尋＝8 尺遞推 1 仞＝7 尺。

（8）廌、灋、疊

㲈 解廌獸也，佀牛一角，古者決訟者令觸不直者，象形，从豸省。

㶫 刑也，平之如水，从水，廌所以觸不直者去之，从廌去，㳠今文省。金

古文。

𥃲楊雄說：目為古理官決罪三日得其宜乃行之，从晶宜。亡新目从三日大
　　盛，改為三田。

按：獬廌能鑒別是非曲直，皋陶處理獄訟案件時，獬廌用牠的獨角去牴
觸誰，誰的官司就輸了，被判定為有罪。同樣地，「灋」从廌，取義於判斷善
惡好壞、是非曲直的標準；从水，指「法」應該像水一樣絕對公平，對所有
的人都是沒有任何偏袒和厚薄。古代法官決罪的時間，舉成數三為說。

本項連類遞推法，循著許慎所佈的線，可從 A 遞推到 B，再遞推到 C，
因而串聯起 A、B、C 的關係。而上一類詳略互見法，則是 A 在 B 中找 A 的
答案，或者 B 在 A 中找 B 的答案，類似於訓詁學上的互訓法。

（四）兩存並書，首尾完整

本項互見法的特色為：同一說法出現在不同的字例中，不同字例呈現同
一說法的完整紀實。

（1）餔、丑

𩜋日加申時食也。从食甫聲。𥂮籀文餔，从皿浦聲。

按：餔的「日加申」，丑下云：「象手之形，時加丑，亦舉手時也。」都
有「日加某」或「時加某」套語，是當時的時間常語。

（2）晨、辰、辱

𦱳房星，為民田時者，从晶辰聲。晨農或省。

𨑃震也。三月易气動，靁電振，民農時也，物皆生。从乙匕，象芒達。厂
　　聲也。辰，房星，天時也。从二。二，古文上字。𠨷古文辰。

𨑜恥也。从寸在辰下，失耕時，於封畺上戮之也。辰者，農時也，故房星
　　為辰，田候也。

按：晨、辰、辱三字都言及：房星為民農時也。

（3）乳、孔、焉

𠃉人及鳥生子曰乳，獸曰產，从孚乙。乙者，乞鳥。《明堂月令》乞鳥至之
　　日，祠於高禖目請子，故乳从乙。請子必以乙至之日者，乙春分來秋分
　　去，開生之候鳥，帝少昊司分之官也。

𢎛 通也，嘉美之也。从乞子，乞請子之俟鳥也，乞至而得子嘉美之也，故
　　古人名嘉字子孔。

𠩈 鳦鳥，黃色出於江淮，象形。凡字，朋者，羽蟲之長。烏者，日中之禽。
　　鳦者，知大歲之所在。燕者，請子之俟，作巢避戊己，所貴者故皆象形，
　　鳦亦是也。

　按：乞即是鳦，燕子也，乞下云：「燕燕乞鳥也。齊魯謂之乞，取其鳴自
諱，象形也。鳦，乞或从鳥。」《左傳・昭公十七年》：「玄鳥氏，司分者也。」
杜注云：「玄鳥，燕也，以春分來秋分去。」乳、孔、鳦三字皆說乞是請子之
候鳥，惟乳字又更清楚交代其出沒時節為春分、秋分。少皞帝在《呂氏春秋》
與《禮記，月令》中的五行配屬為西方金，主秋。〔註13〕

（4）丙、午、申、七

丙 位南方，萬物成炳然，奅气初起，昜气將虧。从一入冂，一者昜也。丙
　　承乙，象人肩。

午 牾也。五月奅气牾屰昜，冒地而出。象形，此與矢同意。

申 神也。七月奅气成，體自申束。从臼自持也。吏以餔時聽事，申旦政也。
　　𦥔古文申。昌籀文申。

七 陽之正也，从一，微奅从中衺出也。

　按：以上諸字都是許慎明示陽中生陰的字例。

（5）十、士、章、甲

十 數之具也。一為東西，丨為南北，則四方中央備矣。

士 事也，數始於一，終於十，从一十。孔子曰：推十合一為士。

章 樂竟為一章。从音十，十，數之終也。

甲 東方之孟，陽气萌動。从木戴孚甲之象。大一經曰：人頭空為甲。𤰃古
　　文甲。始於一，見於十，歲成於木之象。

　按：十為「數之具也」，士、章从十，故「終於十」、「數之終也」用詞接
近。士之「數始於一，終於十」與甲之「始於一，見於十」，用語相近，《太
平經・分解本末法》也有所謂的「天數起於一，終於十。」在陰陽五行盛行

〔註13〕可參見本論文第三章〈《說文》之《易》學思想〉第四節之三〈《說文》九宮
　　　　說闡微〉的明堂月令與五行系統配屬表，頁198。

的漢代，這樣的慣用套語，可以施用在不同事物，作符合該事物「始一終（見）十」的義理發揮。

（6）蜃、蛤

蜃 雉入海化爲蜃，从虫辰聲。

蛤 蜃屬有三皆生於海，千歲化爲蛤，秦謂之牡厲。海蛤者，百歲燕所匕也。魁蛤一名復絫，老服翼所匕也。

按：二字的釋義中皆是飛物化爲水物，雉→蜃，燕→海蛤，服翼（蝙蝠）→魁蛤（復絫），表示陽極變陰。

本項兩存並書互見法與詳略互見法的區別在於：本類的某說在 A、B、C 等字例中出現，遣詞用字大抵相同，形式首尾完整。詳略互見法則是完整的說法，以詳略之別被拆散在不同的字例中。

（五）曲筆傳真，揭隱彰顯

本項互見法的特色在於：它類似於舉一反三法，舉一二的部分由許慎明說，反三的部分許慎以間接線索提示，故曲筆以傳真，解讀間接線索隱藏的涵義，自可彰顯明白，與已見例互見聯集。

（1）日、月

《說文》篆文「日」从一，象太陽不虧之精，古文囻从乙爲太陽鳥（鳥）。許慎釋篆文日，是以陰陽數術角度闡釋，有其時代的合理性；而古文囻之形甚合太陽鳥神話傳說，由出土文物印證許說不誣。而篆文月爲「太陰之精」，中作二畫，除了表示月爲陰之外，其所象徵的意義，《春秋·元命包》：「月之爲言闕也，兩設以蟾蜍與兔者，陰陽雙居，名陽之制陰，陰之倚陽。」西漢馬王堆 T 形帛畫右上角有日中鳥，左上角有月牙，上畫有蟾蜍與兔；山東臨沂金雀山九號漢墓彩繪帛畫的頂端又方也有日中鳥，左方之月畫有蟾蜍與兔。因此，篆文月之二畫也象徵蟾蜍與月。

（2）艮、震、坎、兌

《說文》在坤下直接點明是「《易》之卦也。」其他八卦字則無說之，不過，艮、震、坎、兌諸字之釋義，經查證也都出自《易傳》，艮下曰：「很也。从匕目，匕目猶目相匕，不相下也。《易》曰艮其限。匕目爲艮匕，目爲眞。」艮所引《易》句，爲艮卦九三爻辭，以限與艮音義同，與《易·說卦傳》：「艮，止也。」止、限意義接近。震下曰：「劈歷振物者，从雨辰聲。春秋傳曰震夷

伯之廟。」《易・說卦》云:「萬物出乎震，震，東方也。」又云:「動萬物者，莫疾乎雷。」坎下曰:「陷也。从土欠聲。」《易・說卦傳》:「坎，陷也。」兌下曰:「說也。从儿㕣聲。」《易・說卦傳》:「兌，說也。」所以，許慎雖未明說這些字是卦名，但引用爻辭或取用〈說卦傳〉之義以爲釋義，等於也是在暗示卦名。

（3）中、東、西、北

許慎對中、東、西、北這四方位字的釋義非常特別，全未提及方位，而是以曲筆傳眞，表達取象的思想內涵，方位之義自然內含其中。

中和也，从〇丨下上通也。𠁧古文中，𠁩籀文中。

按:（一）「中和也」三字當連篆作一句讀，謂中爲中和之中，非訓中爲和。（二）「从〇丨下上通也」:〇得天〇地□之中，天地之位定矣，中亦隨之有定。丨即中極，可引而上下與天地相通。（三）𠁧古文中:中者必執兩端，乃能行權而得中，執一不執兩則無權，執兩端者，所用亦在此，惟屈乃能權能中，𠁧之屈處正謂其權在此，其中在此。（四）𠁩籀文中:象古㫃字有斿，从表旗幟的㫃或勿，建中與立表定時測影相關，因而定出中的方位。

東，从木，官溥說，从日在木中。

按:東从日在木中，其木爲榑桑，日出東方，所登榑桑。

北菲也。从二人相背。（八篇上　四十四）

按:許慎不直言方位，而以兩人相背之乖爲義，蓋北方，伏方也。陽气在下，萬物伏藏，北方爲冬，天气上騰，地气下降，天地不通，人，天地之性最貴，受陰陽之中，故二人相背以爲北宇。北於行爲水，於時爲冬，五行相生，至水而極，四時遞嬗，至冬而終，然水又生木，貞下起元，爲萬物之所成終成始也，字體一人向右以成終，一人向左以成始，必從人者。許慎釋「北」不言方位名，而言兩人相背，反倒是要突顯這取象的思想意義。

西鳥在巢上。象形。日在西方而鳥西，故以爲東西之西。棲或从木妻。卤古文西。卥籀文西。

按:日在西方而鳥棲，謂鳥棲時，日在西方，遂以鳥西之西，爲西方之西，古本無東西之西，寄託於鳥在巢上之西字爲之，與「中」、「東」「北」一樣，借具體取象來表達方位。

（4）乂、十

十數之具也。一爲東西，｜爲南北，則四方中央備矣。

乂五行也。从二，会易在天地閒交午也。乂古文五如此。

按：五居九數之中，爲天地陰陽之交數，同時也伏藏正變之機，同時也使上四下六的字形有對應性，十則是進一。在太乙行九宮圖中，四正方向猶十字形，四隅對角交叉方向猶乂字形，數字合各爲十五，《易緯‧乾鑿度》卷下：「故太一取其數以行九宮，四正四維皆合於十五。」乂爲陽數，天數也，惟天體圓邪，天以陽常動，故邪其形成乂，以象左旋；十爲陰數，地數也，地體方正，以陰常靜，故必正其形以成十，以象地之四平。乂十竝象交午者，十以四正兼四隅，乂藏於十，十包五在內。

不僅太乙九宮圖四正、四維似十、乂，在漢代出土的栻盤中，也多可找到十、乂形的文字排列或線條，是證五、十這兩個數字在漢代也象徵四維、四正交叉的線條，許慎以「一爲東西，｜爲南北，則四方中央備矣」、「会易在天地閒交午也」爲釋，可能就是要以曲筆傳達這樣的思想。

論《說文》互見，言必字組，字組是勾勒各類互見法特色的靈魂，所以，字組成員往往決定互見法類別的歸類，而某字也可因互見條件不同，成爲不同字組的成員，展現其不同的組合變化，故五類互見法的字例重複時有所見，茲將重複之例列表如下：

字例	舉一反三法	詳略補充法	連類遞推法	兩存並書法	曲筆傳真法
日		日、烏、焉			日、月
舖		舖、申		舖、丑	
東		東、杳、杲、槫、叒			中、東、西、北
子		1. 包、子、寅、巳、申 2. 壬（包）、子、亥			
丑		晨、䜌、丑		舖、丑	
申		包、子、寅、巳、申		丙、午、申、七	
六		六、七、九→八	四、六、八		
七		六、七、九→八		丙、午、申、七	
八		六、七、九→八	四、六、八		
十				十、士、章	乂、十
鳳	龍→鳳龜麟	鳳、焉			
焉		1. 日、烏、焉 2. 鳳、焉		乳、孔、焉	

同一字可作不同的組合，表示它的互見率高，不論是必須仰賴他說支援，或者提供資訊予他字皆有可能。藉由《說文》的互訓法探討，一者知許慎的行文特色，再者，有助於在《說文》的字裡行間裡，閱讀到更完善全面的訊息。

三、聲訓法

訓詁本是以已知釋未知，訓釋字和被訓字在語境中所起的意義關聯，並非百分之百的相等，兩者之間不能劃一等號，其中有以聲訓方法引起意義關聯，利用音同音近的字來解釋被訓的名物，以推尋名物命名之所以然，聲訓又可稱之爲「推因」或「求原」。黃侃〈訓詁構成之方式〉云：「凡字不但求其義訓，且推其字義得聲之由來，謂之推因。」換言之，也就是根據詞義的聲音線索，探求詞義的由來。在先秦的典籍當中多有聲訓法，如：《易・序卦傳》：「離者，麗也。」「晉者，進也。」《中庸》：「仁者，人也。」「義者，宜也。」是以同音之字爲訓。《論語・顏淵》：「政者，正也。」是以形聲字之聲母訓聲子。《易・咸卦・彖辭》：「咸，感也。」《易・序卦傳》：「夬者，決也。」又云：「兌者，說也。」是以形聲字之聲子訓聲母。《詩・桑柔》：「秉心無競。」傳：「競，彊也。」競彊同屬群紐。〔註14〕《詩・緇衣》：「敝予又改爲兮。」傳云：「改，更也。」改更同屬見紐；是以雙聲字爲訓。《易・說卦傳》：「乾，健也。坤，順也。」乾健同屬元部，坤順同屬文部。《詩・關雎》：「左右流之。」傳云：「流，求也。」流求侯幽旁轉。《孟子・滕文公》：「庠者，養也；校者，教也。」庠養同屬陽部，校教同屬宵部；是以疊韻字爲訓。

聲訓要推名物命名之所以然，誠如章太炎〈語言緣起說〉所云：「物名必有所緣起。」而「一『實』之名，必有其『德』若其『業』相麗。」意指以某詞指稱名物時，不是只表面給一個謂名（實），在命名的同時也賦予名物之德（本體之質）與業（業力作用），實、德、業爲物名內外合一的緣起要素，是命名之所以然的道理所在，因此，物名的緣起「不馮虛而起」、「非恣意妄稱」，物是實、德、業可見的有形之物，實、德、業是物名這個語言的根。所謂求語根，不僅是求最初表示概念的音，同時也是試著在推求最初表示概念的理，這個理就是實、德、業。聲訓法要以某音同（近）詞爲釋訓字，除了是音的關係之外，最關鍵的還在於這個釋訓字的實、德、業，聲訓

〔註14〕 本處依王力，《同源字典》古聲韻部爲說，（臺北：文史哲出版社，民國80.10（1991.10））。

推因所求的語根，其實應當包含語言的音、實、德、業，四者缺一不可，上列所舉先秦典籍之例，有此跡象者不乏。再者如：《說文》的馬者武也，牛者事也，羊者祥也，狗者叩也，人者仁也，鬼者歸也，神者引出萬物者也，祇者提出萬物者也，章太炎〈語言緣起說〉云：「此皆以德爲表者也。」其說涵蓋性還不夠全面，若改說之爲「此皆以語根之音、實、德、業爲表」，「乃至天之言顛，地之言底，山之言宣，水之言準，火之言毀，土之言吐，金之言禁，風之言氾，有形者大抵皆爾。」如此才能彰顯章太炎〈語言緣起說〉理論的一貫性。

　　段玉裁《廣雅疏證序》：「聖人制字，有義而後有音，有音而後有形。學者考字，因形以得其音，因音以得其義，治經莫重於得義，得義莫切於得音。」根據釋訓字要推求被訓字的語根（音、實、德、業），就是段氏所說的「學者考字」，其所說的「形」是物名（實）的字形，「義」當兼含物名的德與業。由於考字是出自後天的臆想，多主觀成分，因此，同一名物，各家聲訓解釋各有不同，例如：「未」各有不同的聲訓字，《淮南子‧天文》：「未者，昧也。」《史記‧律書》：「未者，言萬物皆成，有滋味也。」《說文》：「未者，六月滋味也。」《釋名‧釋天》：「未，昧也，日中則昃向幽昧也。」分別以味、昧聲訓「未」，即使用字同者，但釋義也略有不同。不管各家聲訓有何不同，其試圖推求語根（音、實、德、業）的努力與用心是可見的，如劉熙的《釋名》便以爲語音和語義有著必然的關係，從音可以追尋語義的來源，胡樸安《中國訓詁學史》云：「劉成國之著《釋名》，必本古時流傳之說，與當日通行之語，其孤說而無證者，必今日而已泯滅也。」〔註15〕意指《釋名》的聲訓解釋，是取之於當時通行或自古流傳的一些訓釋，其來有自，自有淵源。至少，是漢代通行的說法，而非劉熙個人之私見。然而，若非出自個人之私見，何以各家聲訓解釋會有不同？關於這點，可作如此理解：各家聲訓其實皆本古時流傳之說或當時通行之說，但是每個訓釋家因主觀意識判斷，所本各有側重，取用各有領悟，造成聲訓解釋用詞上的不同。如果聯集各家之說，或許才是流傳通行之說的全貌。換言之，各家的聲訓解釋都只掌握到流傳通行之說的局部。

　　聲音與意義在語言初起之時，本來沒有必然的關係，直到約定俗成之後，

〔註15〕胡樸安，《中國訓詁學史》（臺北：臺灣商務印書館，民國 77.11（1988.11）），頁 218-219。

可能才被定型與認同。聲訓要推求名物命名之所以然，其所牽涉到的「求語根」或「聲義同源」，對要求的根或推的源，頂多就是推到人爲約定俗成後的定型階段，不可能直達語言初起之時。而且這種推源都是一種紙上作業的假想狀態，與眞實語言狀態是否相符，當然就不得而知。一旦，這種假想狀態行之必然的操作，也就容易引起誤解，而被視爲穿鑿附會，《四庫提要》就批評《釋名》說道：「以同聲相諧，推論稱明辨物之意，中間頗傷於穿鑿。」既然聲訓自先秦以來即流傳，代表當時人就是習用此法作解釋，尤其，到了漢代更屢見不爽。若說此時的聲訓多有穿鑿附會色彩，乃因於陰陽五行數術思想爲之使然，漢代人就是用這樣的視角與思維在看世界，連她們的聲訓也不能免除這樣的感染。所以，漢代人的聲訓是在推求聲義必然關係下的音、實、德、業，陰陽五行數術思想就是德與業的基本裡子。

（一）被訓字與訓字音同（近），形體無關

聲訓法是以音決定被訓字與訓字的意義關聯，所以訓字的字形是否與被訓字有關，就顯得其次。換言之，訓字的功能猶如一個提供音讀與意義的音標符號，而他本身的字形對被訓字起不了作用，是有字形，形同隱形，他跟被訓字之間只有音義的默契，而無字形的干擾。本節採王力《同源字典》與劉鈞杰《同源字典補》的聲紐韻部說與擬音。〔註16〕

1. 單字爲訓

單字訓釋與被訓字在音義上相同（近）。

（1）聲韻畢同

・士，事也。數始於一，終於十，从一十。孔子曰：推十合一爲士。

按：士 dzhiə：事 dzhiə（牀母雙聲，之部疊韻），事爲任事。從「數始於一」起爲釋形，釋形而有義，因此，「數始於一，終於十」與「推十合一」也是士字的德與業。

・東，動也。从木，官溥說，从日在木中。

按：東 dong：動 dong（定母雙聲，東部疊韻）。《尚書大傳》：「東方者何也？動方也，物之動也。」《白虎通・五行》：「所以名之爲東方者，動方也，萬物始動生也。」《漢書・律曆志》：「少陽者東方，東，動也，陽氣動物，於

〔註16〕王力，《同源字典》（臺北：文史哲出版社，民國 80.10（1991.10））。劉鈞杰，《同源字典補》（北京：商務印書館，1999.8）。

時為春。春，蠢也，物蠢生乃動運。」東方萬物所，甲坼萌動，平秩東作，故為動也。《說文》：「甲，東方之孟，陽气萌動。从木戴孚甲之象。」東方木為春，萬物甲坼蠢生而陽氣動。「从日在木中」雖為釋形，也是東字的德與業，自古有日出扶桑若木的神話傳說。

（2）聲韻近似

・春，推也。从日艸屯，屯亦聲。

按：春 thjiuən：推 thuəi（穿透準雙聲，〔註17〕文微對轉）。春从屯，有屯然而難之義，但受土層壓制的初芽還是推開阻礙，破土而出。春是陰陽之氣推擠，陽長陰衰，春生萬物。

2. 被訓字與釋義句中之字音義相同（近）

《說文》釋義句中某字與被訓字音同（近）義同（近）。

（1）聲韻畢同

・子，十一月易气動，萬物滋。人以為偁。象形。学古文子，从巛，象髮也。𣎴籒文子，囟有髮臂脛在几上也。

按：子 tziə：滋 tziə（精母雙聲，之部疊韻）。十一月夜半陽气初起，故陽氣動，萬物滋，人承陽，其初為子，故以為偁。

・鬼，人所歸為鬼。从儿甶象鬼頭，从厶。鬼陰气賊害，故从厶。𥜚古文從示。

按：鬼 kiuəi：歸 kiuəi（見母雙聲，微韻疊韻）。《禮記・祭義》：「眾生必死，死必歸土，此之謂鬼，骨肉斃於下，陰為野土。」《韓詩外傳》：「死者為鬼，鬼者歸也，精氣歸於天，肉歸於土，血歸於水，脈歸於澤，聲歸於雷，動作歸於風，眼歸於日月，骨歸於木，筋歸於山，齒歸於石，膏歸於露，毛歸於草，呼吸之氣復歸於人。」

・雩，夏祭樂于赤帝，以祈甘雨也，从雨亏聲，𩂢或从羽。雩，舞羽也。

按：雩 hiua：雨 hiua（匣母雙聲，魚部疊韻）。《荀子・天論》：「雩而雨，何也？曰：無何也，猶不雩而雨也。」注：「雩，求雨之禱也。」《公羊傳・桓公五年》：「大雩者何？旱祭也。」注：「使童男女各八人，舞而呼雨，故謂

之雩。」

・五，五行也。从二，侌昜在天地閒交午也。乂古文五如此。

按：五 nga：午 nga（疑母雙聲，魚部疊韻）。五的兩交叉筆畫意謂陰陽之氣交午。

・黍，禾屬而黏者也，目大暑而穜故謂之黍。从禾雨省聲。孔子曰黍可爲酒，故从禾入水也。

按：黍 zjia：暑 zjia（禪母雙聲，魚部疊韻）。大暑爲二十四節氣之一，時值種黍之時。

（2）雙聲

・麥，芒穀，秋穜厚薶，故謂之麥。麥，金也，金王而生，火王而死。从來，有穗者也，从夊。

按：麥 muək（明母職部）：芒 miuang（明母陽部）。麥有芒束。

（3）疊韻

・霆，靁餘聲鈴鈴，所以挺出萬物，从雨廷聲。

按：霆 dyeng（定母耕部）：鈴 yeng（來母耕部）。以鈴形容雷之餘聲。

・南，艸木至南方有枝任也。从宋羊聲。峯古文。

按：南 nəm（泥母侵部）：任 njiəm（日母侵部）。夏主南方，夏時草木暢茂丁壯，有所枝拑任載。

3. 單字爲訓＋釋義句

單字訓釋被訓字，釋義句又訓解單字訓釋字。「單字爲訓」與本類的不同在於，單字訓釋之後接的是「釋形」，此釋形是該字例釋義的另一種方式。本類的「單字爲訓＋釋義句」釋義句用來解釋前面單字訓釋字的意義。

（1）雙聲

・儒，柔也，術士之偁，从人需聲。

按：儒 njia：柔 njiu（日母雙聲，魚幽旁轉）。儒爲能安人的教育者，且通天地人之道術。

・禮，履也，所目事神致福也，从示从豊，豊亦聲。𧗊古文禮。

按：禮 lyei（來母脂部）：履 lia（來母魚部）。履禮所目事神致福。

（2）疊韻

· 天，顛也，至高無上。

按：天 thyen：顛 tyen（透端旁紐，眞部疊韻）。以顛解天，至高無上又解顛義。

· 日，實也，大昜之精不虧。

按：日 njet：實 djiet（日禪旁紐，質部疊韻）。實指的即是大昜之精不虧。

· 月，闕也，太陰之精。

按：月 uat（零聲母，月部）：闕 khiuat（溪母月部）。月爲太陰，有盈虧之象。

· 山，宣也，謂能宣散气生萬物也，有石而高，象形。

按：山 shean：宣 siuan（山心準雙聲，元部疊韻）。山能宣散气生萬物。

· 霜，喪也，成物者，从雨相聲。

按：霜 shuang：喪 sang（山心準雙聲，陽部疊韻）。萬物終成，四時代謝，以霜收殺。

· 神，天神，引出萬物者也，从示申聲。

按：神 djien：引 jien（神喻準雙聲，眞部疊韻）。天主降气以感萬物，故言引出萬物。

· 火，燬也，南方之行，炎而上，象形。

按：火 xuəi：燬 xiuəi（微部疊韻）。《周禮·秋官·司烜氏》疏：「燬，火之別名也。」《爾雅·釋言》孫炎注：「方言有輕重，故謂火爲燬也。」《方言》十：「煤，火也，楚轉語也，猶齊言炜，火也。」注：「炜，音燬；煤，呼隗反。」許慎以方言字釋火，又釋其方位。

· 琴，禁也。神農所作，洞越，練朱五弦，周時加二弦，象形。𤫁古文珡从金。

按：琴 kiəm：禁 giəm（見群旁紐，侵部疊韻）。琴，禁也，所以禁止淫邪正人心。

（3）聲韻近似

· 祇，地祇提出萬物者也，从示氏聲。

按：祇 giə：提 dye（群定準雙聲，之支旁轉）。地載育之功，故提出萬物。

・水，準也，北方之行，象眾水並流，中有微陽之气也。

按：水 sjiuəi（審母微部）：準 tjuəm（照母侵部）。水靜則平，可以準萬物之平。

4. 被訓字與「單字為訓＋釋義句」中之字音同（近）

訓解單字不僅釋被訓字，且出現在釋義句中，此訓釋單字與被訓字音同（近），字形無關。

（1）雙聲疊韻

・卯，冒也。二月萬物冒地而出，象開門之形。故二月爲天門。夘古文卯。

按：卯 meu：冒 mu（明母雙聲，幽部疊韻）。許愼的天門即是春門，卯篆形似春門開，故萬勿冒地而生。

（2）雙聲

・鼓，郭也。春分之音，萬物郭皮甲而出，故曰鼓。从壴从屮，又屮象乖飾，又象其手擊之也。《周禮》六鼓靁鼓八面，靈鼓六面，路鼓四面，鼖鼓，皋鼓、晉鼓皆兩面。鼓籀文鼓从古。

按：鼓 ka：郭 kuak（見母雙聲，魚鐸對轉）。震主春分，樂用鼓，萬物郭皮甲而出。

（3）疊韻

・木，冒也，冒地而生，東方之行，从屮，下象其根。

按：木 bu：冒 mu（並明旁紐，幽部疊韻）。木从屮，下象其根，屮爲草木冒地而生。

・寅，髕也。正月陽气動，去黃泉，欲上出，陰尙彊。象宀不達，髕寅於下也。𡭔古文寅。

按：寅 jien（喻母眞部）：髕 pien（幫母眞部）。正月陽氣動，萬物始生螾然，陽氣上銳，擯斥陰氣。

（4）聲韻近似

・酉，就也。八月黍成，可爲酎酒。象古文酉之形。丣古文酉从丣。丣爲春門，萬物已出；丣爲秋門，萬物已入。一閏門象也。

按：酉 jiu（喻母幽部）：就 dziuk（從母覺部）、酒 tziu（精母幽部），酉、

就二字幽覺對轉。酉、酒二字幽部疊韻。

（二）被訓字與訓字是同源聲符關係

形聲字之所以為形聲字，乃因於其得聲偏旁的聲符對形聲字起了作用。聲訓推求聲義同源，除了無字形關聯的聲義同源，還有一部分是得聲偏旁形聲字的聲義同源，段玉裁《說文解字注》禛下曰：「聲與義同原，故諧聲之偏旁多與字義相近，此會意形聲兩兼之字致多也。《說文》或俪其會意，略其形聲，或俪其形聲，略其會意，雖則渻文，實欲互見，不知，則此聲與義隔。」因此，形聲字有聲符有純表標音的，不過，更有一部分是兼義，所以，段玉裁說亦聲字是「會意兼形聲」（如：一部吏字下注）、「會意包形聲」（如：目部睡字下注）、「形聲包會意」（如：骨部骿下注）、「形聲中會意」（如：女部娣字下注）。段氏認為許慎有互見之義，故以兼六書之二的方式，說得全是「凡字之義，必得諸字之聲」、「凡從某聲，皆有某意」、「凡同音多同義」聲義同源的問題。同從某聲符者即為「同源字」。又因形聲字聲符多在右旁，故有所謂的「右文說」。形聲字的得聲偏旁雖相同，然因各自的形符不同，義有區別，故謂之「分別文」。〔註18〕茲就《說文》同源聲符聲訓，分析如下。

1. 釋義句中之同源聲符字

（1）被訓字：訓字＝聲符：聲符形聲字

‧土，地之吐生萬物者也，二象地之下地之中，丨物出形也。

按：土：吐。吐，從口土聲。草木從土中冒生，其狀如吐物，土之丨即為物吐生出形。

‧九，易之變也，象其屈曲究盡之形。

按：九：究。究，從穴九聲。九為老陽，陽气之終，氣變之究，乃復變而為一。

‧禾，嘉穀也。二月始生，八月而孰，得之中和，故謂之禾。禾，木也；木王而生，金王而死。從木從𡳿省，𡳿象其穗。

按：禾：和。和從口禾聲。禾二月始生，八月而孰，得中和之氣。

（2）被訓字：訓字＝聲符形聲字：聲符

〔註18〕凡此等相關問題見拙著《《說文》分別文的孳乳觀研究》（臺北：輔仁大學中國文學研究所碩士論文，民國81.5（1992.5））。

．姓，人所生也。古之神聖人母，感天而生子，故偁天子，因生目爲姓，从女生，生亦聲。春秋傳曰：天子因生目賜姓。

按：姓：生。姓，从女生，生亦聲。段玉裁說亦聲字是「會意兼形聲」。《禮記・曲禮下》：「納女於天子曰備百姓。」注：「姓之言生也。」因生以賜姓。

．祏，宗廟主也，《周禮》有郊宗石室，一曰大夫以石爲主，从示石，石亦聲。

按：祏：石。宗廟主以爲木爲之，置於宗廟石室，以防火災。祭祀時將宗廟主於石室移出祭之，祭後又歸之石室。

．祫，大合祭先祖親疏遠近也，从示合，周禮曰三歲一祫。

按：祫：合。祫雖从示合，爲會意字，然有可能是所謂的「會意包形聲」，而《說文》沒有明說。親疏遠近先祖合而祭之，謂之祫。

．雊，雄雉鳴也，雷始動，至乃鳴而句其頸。从隹句，句亦聲。

按：雊：句。雄雉應雷而鳴，故雊之爲名，取其鳴而句其頸之狀。

．螟，蟲食穀心者，吏冥冥犯法即生螟。从虫冥，冥亦聲。

按：螟：冥。螟是食穀心的害蟲，漢代天人感應災異之說盛行，當時認爲發生螟害，乃是官吏冥冥犯法所引起。

（3）被訓字：訓字＝不同形符之同源聲符字

．霆，靁餘聲鈴鈴，所以挺出萬物，从雨廷聲。

按：霆：挺。霆从雨廷聲，挺从手廷聲。雷之餘氣，挺生萬物，如春雷一聲，驚蟄萬物。

．震，劈歷振物者，从雨辰聲。春秋傳曰震夷伯之廟。靈籀文震。

按：震：振。震从雨辰聲，振从手辰聲。雷劈歷震動破析萬物。

．鐘，樂鐘也，秋分之音萬物種成，故謂之鐘。从金童聲。古者垂作鐘。

按：鐘：種。鐘从金童聲，種，从禾童聲。鐘，秋分之音，萬物種至秋而成。

．禘，諦祭也，从示帝聲。周禮曰五歲一禘。

按：禘：諦。禘从示帝聲，諦从言帝聲。禘祭是郊天大祭，王者禘其祖之所自出，以其祖配之，要審定昭穆尊卑。

（4）被訓字：訓字＝聲符：省聲形聲字

．朢，月滿也，與日相望，臣朝君，从月从臣从壬，壬，朝廷也。𦟼古文朢省。

按：朢：望。《說文》望下云：「出亡在外，望其還也，从亡，朢省聲。」滿月與日相望，故望从朢省聲。

（5）被訓字：訓字＝省聲形聲字：聲符

．禜，設緜蕝爲營，目禳風雨雪霜水旱厲疫于日月星辰山川也，从示从營省聲。一曰禜衛使災不生。

按：禜：營。禜从示从營省聲。行禜祭時，引繩爲緜，立表爲蕝，仿似營衛，故禜从營省聲。

2. 單字為訓之同源形聲字＋釋義句

以單一個同源形聲符字作訓釋，後又接釋義句。

◎被訓字：訓字＝聲符：聲符形聲字

．帝，諦也。王天下之號，从二朿。帝古文帝，古文諸丄字皆从一，篆文皆从二，二古文上字。辛，示辰龍童音章皆从古文上。

按：帝：諦。諦从言帝聲。蔡邕《獨斷》：「帝者，諦也，能行天道，事天審諦。」

．丑，紐也。十二月萬物動用事。象手之形，時加丑，亦舉手時也。

按：丑：紐。紐从糸丑聲。丑爲十二月，《史記・律書》正義：「丑者，紐也。言陽氣在上未降，萬物厄紐未敢出也。」

．未，味也。六月滋味也。五行木老於未，象木重枝葉也。

按：未：味。味从口未聲。六月萬物果實成而有滋味。

．申，神也。七月会气成，體自申束。从臼自持也。吏以餔時聽事，申旦政也。𓎛古文申。㫐籀文申。

按：申：神。神从示申聲。以神釋申之義不明，「七月会气成，體自申束」才是申的釋義。陰氣至七月而成體，從此陰氣日盛一日，而物也成其身體，各申束之，使備成也。

．亥，荄也。十月微昜起，接盛会。从二，二古文上字。一人男，一人女也。从乚，象裹子咳咳之形。春秋傳曰：亥有二首六身。𣚊古文亥。亥

爲豕，與豕同。亥而生子，復從一起。

按：亥：荄。荄，艸根也，謂十月陽氣根於下也，指萬物的生機活力已復歸於地，期待十一月（☳）的展現。因此，《說文》在地支所值之月或已預言次月之氣。

3. 單字為訓之同源聲符字＋釋義句中之同源聲符字

不僅單字釋訓字與被訓字為同源聲符字，連後接的釋義句中之某字也與被訓字為同源聲符字。

◎被訓字：訓字＝聲符：不同形符之同源聲符字

‧辰，震也。三月易气動，靁電振，民農時也，物皆生。从乙，匕象芒達。厂聲也。辰，房星，天時也。从二。二，古文上字。……𠨷古文辰。

按：辰：震：振。三月陽氣震動，雷電振發，房星為農事所瞻仰。

（三）被訓字為訓字之形符

◎被訓字：訓字＝形符：形聲字

‧午，牾也。五月会气牾屰，易冒地而出。象形，此與矢同意。

按：午：牾。牾从午吾聲。牾既作單訓釋字，又再後接的釋義句中出現。五月陰氣從下，上與陽氣相忤逆也。

《說文》的聲訓反映了漢代人力圖詮釋名物之所以然的道理。換言之，他們認為聲義之間有著必然的關係，從聲音可推求到語義的根，名物有實象，由名物之音可推知實象之義的德與業，就是他們要求的根、要明白所以然的道理，而這個道理的根本所在，往往就是當代最盛行的陰陽數術思想，漢代各家聲訓普遍有此現象。因此，《說文》被視之為穿鑿附會的誤解從此得以澄清。聲訓不僅成為聲義同源推因的重要線索，而且還藉此認識到聲訓的數術思想，成為漢代解經訓詁不可避免的特質。

第二節 《說文解字》數術思想之省察

《說文》是中國古代第一本系統編纂的字書，以小篆為主體，附以古文奇字或籀文，為上溯殷周甲、金文、春秋戰國簡帛文字的重要津樑，一方面藉助《說文》提供的線索解讀出不少先秦的出土文字，另一方面也連結上先秦文字與《說文》的臍帶關係，使得漢字的演進變化源流有跡可循，互相發

明印證。不過，文字的發展流變，有許多分支細流，本來就會挾帶許多時空的積澱成分，進而促使文字形音義逐漸的轉變，津樑是方便溝通線索相同的部分，至於其他支流涯涘未達之處，對文字初始源頭而言，可能會有對應、銜接上的落差，但對於文字已轉變的當下來說，卻是最眞切的記錄與事實。所以，今天識別的古文字有現代學者考證認知的原初具象與意義，而《說文》的話語系統也有漢代人的看法與詮釋，兩者之間，也許可找到對應相通的線索，或者也有矛盾衝突的地方，解決矛盾衝突的方法，不是遷就一方，定論誰是誰非的問題，而是要了解彼此立足點的差異性何在，才能眞正把問題釐清，否則反而阻隔兩者的對話空間，侷限了彼此的詮釋視野。

　　《說文》的體例與說解雖非全然完善、毫無瑕疵，但是許愼也是在盡力呈現一種「秩序」，連接一個極爲龐大的思想背景，從先秦到兩漢所累積的文化歷史傳統的秩序。如果無法設身處地，回歸當代「秩序」去看《說文》，難免就會格格不入，對《說文》起了誤解和猜疑。因此，本文花了相當篇幅，試圖努力回歸漢代「秩序」，來重新整理認識《說文》數術這部分的難題，找出許愼立說的原理與根據。在尋繹求證的過程中，數術思想對《說文》研究所帶來的思考方法，有必要作一番省察，故立本節以爲論說。

一、收輯取材：《說文》詮釋文字之視角

　　在《說文》正文中，許愼收錄了小篆、古文、籀文、奇字、或體、俗字等各種重文，並對每字的形、音、義加以分析說明，等於也是在文字溯源考釋上下功夫，可視作漢代討論古篆籀形音義之學的一家之言。〔註19〕所以，《說文》的古文字有其自成的系統，許愼的說解有其時代的觀點。易言之，《說文》這部字書是許愼吸收歷史相承意見的總匯，透過編纂體例安插鋪排之，在有意無意中，無不顯露許愼與漢代思潮交融後的個人意志與綜合意義。有建樹不代表絕對權威，有奇功不意味分毫不爽，加上《說文》版本長期傳抄誤寫所致，若以現今出土更多的甲骨、金文、戰國古文加以比較，所檢驗出《說文》的缺漏，其實是充斥著異時比較研究許多的變數與不變數。因爲無論是

〔註19〕《說文》說解文字的方式，先列出其篆文，次解說字義，次說解字形，次說解字音，次補充說明。補充說明部分，或說明重文異體，或說明又說，或說名稱引經書古籍，或說明以爲，但非每一文字皆有此補充說明。可參考許錟輝，《文字學簡編・基礎篇》（臺北：萬卷樓圖書有限公司，民國88.3（1999.3）），頁110-132。

許慎或後代，乃至近今日的文字學者，在他們撰著學說，抒發意見之時，無不希望能將流變的研究素材或異說，作一個收攏的整理，化變數為不變數，但學者掌握資料的變數因人而異，身處時代與判讀智識也各有條件，由此撰集而成的說法，又有個別的差異變數。因此，晚近的文字學在「加法」的考釋素材彌補了《說文》的不足，是一種相對的補正，而非絕對的更正或取代，否則，以定見認知或時間定點，去框限《說文》實際的多元性與時空性，多會忽略了《說文》與學者說法中間許多個別的變數。同時存在於《說文》的「加法」與「減法」研究領域，不管是出於許慎或《說文》學者的解讀或傳抄錯誤，從這些經過蛻變後的體相，換個寬容的同理心作研究關懷，去了解他們何以立說的原因與想法，許慎或《說文》學者想要建立的「秩序」，或許可因此獲得諒解，找到更貼近《說文》因果變數的心聲。從「減法」的研究角度去加成、提高《說文》更多的「加法」價值。

（一）漢字意象之豐富與多元

　　《漢書・藝文志》「六藝略」的「小學類」的六書名目中，「象形」、「象事」、「象意」、「象聲」特別著重「象」的統攝作用。而許慎在《說文・敘》用「象」七次，有三種含義：（一）物象：「文者，物象之本」。（二）法象：「仰則觀象於天，俯則觀法於地」、「依類象形，故謂之文」、「二曰象形，象形者，畫成其物，隨體詰詘，日月是也」。（三）意象：「於是始作《易》八卦，以垂憲象」、「《書》曰：『予欲觀古人之象。』言必遵修舊文，而不穿鑿。」「象」在漢字學上的重要，被格外地突顯出來。漢字的創制代表一種意象思維的表達，它透過立象以盡意。客觀的事物或現象，同稱為物象，是漢字的創構泉源與依據。而漢字的創制是對物象特徵的仿擬，也就是法象的實踐。漢字就是透過書寫符號，傳達視覺意象，攜帶指涉的意義。所以，漢字基於客觀世界，由心靈智力創造出來，賦諸筆形，既能用以認識她所表示的意義與觀念，又能反映著其形象藝術的張力，因此，漢字是一種意象符號。

　　在作文字溯源考釋時，最易執於文字的個體具象，來找本義，以為漢字所象之本義，就等於所具之象，因而誤解為越具體越坐實，才越象本義。如「元」，徐中舒云：「甲骨文『元』字皆從二（上）從人，人之上會意為首。」〔註20〕並引了《左傳・僖公三十三年》：「狄人歸其元」，《孟子・滕文公下》：

〔註20〕徐中舒，《甲骨文字典》（成都：四川辭書出版社，1998.10），頁2。

「勇士不忘喪其元。」認爲「元」的本義爲「首」。但徐氏所引的卜辭皆不見作「首」義，反而另作「始也」、「大也」、「地名」、「方國名」、「上甲」等等諸義，《説文》亦作「始也」，而文獻作始義的例句者，如《易·乾》：「元亨利貞。」孔穎達疏：「子夏傳云：元，始也。」若以甲文「元」坐實的「首」具象，就定「首」爲「元」的本義，只能視作相對的推測。這種本義的認知，把文字的具象與所指的意義視爲必然關係，不知不覺地隔絶了文字的語境關係。換言之，將文字抽離出語境，專注於個體文字具象解説，易陷於坐實具象爲本義的迷思。

以「語義三角」（semantic triangle）關係來説：文字具象符號與所指事物意義之間，無必然的關係，AB 之間應作虛線，漢字具象符號（A）只通過意象（C）與所指事物（B）發生聯系，關係屬外加，具任意性。如果以坐實具象爲本義，AB 之間則爲實線的必然關係（如圖所示），那麼，「語義三角」圖就變成封閉、固定的鐵三角關係，而文字在語境中發生的引申義與假借義都被排除在外。文字考釋出現一字眾説紛紜的現象，就是基於這樣的因素所產生，如：甲骨文「己」有綸索説、紀識之形、𰀀射之繳説、人腹説、繰絲之工具説；〔註21〕「壬」有滕説、鑱説、兩刃斧説、人脛説、石針説。〔註22〕因此，文字考釋若誤以坐實具象爲本義，這樣所定出來的本義不但太過於直觀，而且忽略了文字的其他語境因素。

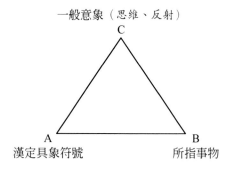

一般意象（思維、反射）
C

A　　　　　　　　　B
漢定具象符號　　　所指事物

漢字的坐實具象像某某事物，並不能代表字的本義，就如同甲物像乙物，但乙物不能表示甲物的意義，道理是一樣的。

漢字的具象，在古文字階段，取象多途，異體眾多，不同的取象，代表的不是象本身的意義，而是以象代表較寬廣的類概念，如：「牡」取象於「牛」，

〔註21〕于省吾主編《甲骨文字詁林》第四冊（北京：中華書局，1996.5），頁 3586-3587。
〔註22〕同註 21，頁 3588-3590。

象徵「動物類」的雄性，不過甲骨文也有作𢒉、𢒉、𢒉、𢒉，取象於鹿、豕、羊、馬，具象不同，反映的是動物「類」的特徵，取象可彼此置換，不會影響所指事物的意義。換句話說，漢字取象實際是取類，在「類」的統攝之下，類化意象所包含的種屬具象（A），皆可置換，但所指意義（B）與意象思維（C）不受影響。所以，以坐實具象表本義的考釋方法，是有待檢討的，否則，漢字所承載的詞義就無法發展。再援「彘」字以說之：甲骨文作𢒉、𢒉、𢒉，從豕身著矢，如果以此取象而云「彘為野豕，非射不可得」〔註 23〕云云，作為彘的本義，即是昧於「取象」的認知。《說文》彘下云：「豕也，後蹏發謂之彘。從彑，矢聲，從二匕。」「矢」在彘字中除了是聲符之外，並不作箭矢之義，而是取「矢」的豎直聳立的特徵，《廣雅疏證》：「端，直……貞、榦……矢也，正也。」《山海經‧西山經》有「豪彘」郭璞注：「夾髀有麤毫，長數尺，能以頸上毫射物也。」郭璞《山海經圖贊》：「剛鬣之族，號曰豪彘，毛如攢錐，中有激矢。」《桂海獸志》曰：「山豬即豪豬，身有棘刺，能振發以射人。三二百為群，以害禾稼，州洞中甚苦之。」由此可證，文字的坐實取象絕不等於文字的本義，彘之從「矢」，是取象於豬鬣之剛銳如射物，並非指被射中箭的野豬。按照語言符號學原理，文字符號只有從具象到抽象，即獲得概括概念時，才有可能成為語言交際信息的書面載體。在具體漢字取象上，就是盡最大可能概括特徵，如果認識不到漢字取象即為「取類」，反映概念之理，在釋義的過程中會產生方法論的盲點。

以文字符號表達某一事物意義，會因觀察或思考角度的不同，文字取象也因而隨異，例如《說文》中有「瑱」與「顛」，都是「以玉充耳」之義，前者從玉取象，為「玉石類」，示其體；後者從耳，示其所用，就是取象角度不同所致，而發生換象情形。從歷時角度看，因社會文化的發展，大致呈穩定狀態的漢字取象，也會有動態變化，在特定的文化背景下，有條件的置換其象的情形也是有的。漢字的取象在某一程度來說固然坐實，但也可以層層虛化，意義越作引申，甚至借作假借義，然無論如何，片刻須臾不離此象。漢字不離取象，但具實的取象並不全然代表本義，它多半傳達的是取類概念（如：牡可從牛、鹿、羊、豕、馬，表動物類）或意象思維（彘之從矢聲，是取「豎直聳立」之義），不過也不表示它們一定要藉此具象來表達。換句話

〔註23〕羅振玉，《增訂殷虛書契考釋》卷中（臺北：臺灣藝文印書館，民國 70.3（1981.3）），頁 29。

說，要以什麼具象表示類概念或意象思維，並非必然不變的關係。而取類概念或意象思維又不可能一陳不變地反映到字義上，所以，漢字的構形取象，雖有具象可言，但如何兼顧坐實與從坐實延伸而出的內涵意義，更是值得審慎探究的地方。

（二）《說文》之收字考釋

漢字形體的發展變化，是線條筆畫對文字之「象」的調整結構，弄清楚《說文》收錄字形的真實身分，才能在區別各類字形之「象」中，找到考釋《說文》的適合依據。《說文》集漢時所能見到的古文字之大成，對這部書所收輯字體作基本認識，等於也在作《說文》的考釋。

《說文》的古文來源於漢世所存的古文經傳，特別是孔壁古文和張蒼所獻《春秋左氏傳》，王國維在〈說文所謂古文說〉一文指出：「無論壁中所出與張蒼所獻，未必為孔子及邱明手書，即其文字亦當為戰國文字，而非孔子及邱明時之文字。」〔註24〕壁中書的經典是秦始皇三十四年（B.C 213 年）秦焚詩書時藏匿起來的，上距孔子和左丘明時代已有二百多年之久，出自戰國時六國人之手極有可能。王國維〈桐鄉徐氏印譜序〉又取六國兵器、陶器、璽印，貸幣上的字形，與《說文》古文對照，證明他們同出一系，為六國文字。〔註25〕孫海波《中國文字學》也說：「余嘗取《說文》古文，以與商周六國文字相比較，得字七十有九，其合於商周也四分之一，其合於六國也四分之三，則知漢代所謂古文，即六國文字。」〔註26〕但這不表示《說文》的古文完全與六國俗體相同，如《說文》古文「信」作「仜」、「訫」，「仜」與金文、齊系戰國文字可對應，〔註27〕但「訫」就沒有相對應的字形。〔註28〕又如《說文》古文「舞」作「翌」從羽、亡，在甲骨文、金文以至戰國文字均未發現。這是否是新莽時所改定的古文，體現漢代人說經的用意，對《說文》產生了影響也是有可能的。

〔註24〕王國維，〈說文所謂古文說〉，《觀堂集林》（二）（北京：中華書局，1994.12），頁 316。

〔註25〕王國維，〈桐鄉徐氏印譜序〉，《觀堂集林》（一），同註 24，頁 298-303。

〔註26〕孫海波，《中國文字學》中編〈文字之發生及其演變〉（臺北：學海出版社，民國 68（1979）.11），頁 67。

〔註27〕參考何琳儀，《戰國古文字典》（下冊）（北京：中華書局，1998.9），頁 1136。

〔註28〕據何琳儀，《戰國古文字典》，「信」的戰國文字異文有齊系的「伈」「仜」、燕系的「身」、「誟」，晉系的「恾」、「身」、「誟」，楚系的「身」、「㤗」。同註 27。

　　另外，長期輾轉抄寫，是《說文》古文形體結構發生譌變的重要原因。如《說文》古文「得」作「𦥑」从見从寸，考甲、金文均从貝从又，爲三體石經亦作如此，可知《說文》古文从「見」是「貝」的訛體。今本《說文》古文，是徐鉉校定時由句中正、王惟恭寫定，其筆勢爲豐中銳末，或豐上銳下，係據魏正始石經中古文的筆勢。〔註29〕所以，《說文》古文有一些是來源於壁中書與古抄本，其實就是一種簡帛文字，形體趨於草率簡略，是戰國時代六國通行的俗體字。一些則是經過傳抄臆造的譌變。

　　據《說文‧敘》知《說文》收輯的籀文來自《史籀篇》，作於周宣王時，爲西周晚期文字。王國維的〈史籀篇疏證序〉則認爲籀文當爲春秋戰國文字，「上承石鼓文、下啓秦刻石，與篆文極近。」〔註30〕甚至還提出「戰國時秦用籀文，六國用古文說」。〔註31〕實際上，六國東土西土文字之區分，並未如王國維所說得那麼絕對，郭沫若說：

> 據信陽墓中的文字有兩種字體看來，可以得出一種新的說法，便是自西周以來通行於各國統治者之間的文字有一種正規的體系，而通行於各國民間的文字又別有一種簡略急就的體系，可以稱爲「俗書」。壽縣楚器鑄款與刻款文字也是兩個體系，兵器銘文和印璽則多用俗書。秦始皇帝的「書同文字」便是把各國俗體字廢棄了，而用西周以來的正體字把文字統一了起來。這樣的解釋，我相信是可以成立的。因而鐘銘文字與竹簡文自不能認爲是兩個時代的東西，而是同一時代的異體。〔註32〕

以時代和空間因素對文字的通行作區分，可以方便表示各期、各區的文字特色。然而，實際發生的情形，並不如理論上這麼單純，不同時期、不同區域空間的文字有時會在同一時空中一起呈現出來，而其呈現的面貌也伴隨著機率的消長因素在其中。因此，籀文、古文在理論上的敘述可以作明顯的區隔，

〔註29〕據（晉）衛恒《四體書勢》知石經古文的筆勢爲「因科斗之名，遂效其形」，見馬國翰，《玉函山房輯佚書》「經編‧小學類」（京都：中文出版社，1979.9），頁2430。蝌蚪文爲六國古文的別稱，鄭玄〈尚書贊〉：「書初出屋壁，皆周時象形文字，今所謂科斗書。」《春秋正義》引王隱《晉書‧束哲傳》：「太康元年，汲郡民盜發魏安釐王冢，得竹書漆字蝌蚪之文。科斗文考，周時古文也，其頭粗尾細，似科斗之蟲，故俗名之焉。」

〔註30〕王國維，〈史籀篇疏證序〉，同註24，頁254。

〔註31〕王國維，〈戰國時秦用籀文六國用古文說〉，同註24，頁305-307。

〔註32〕郭沫若，〈信陽墓的年代與國別〉，《文物參考資料》1958：1，頁5。

正規字和俗體字可以有差別，但不意謂絕對的發生率，王國維的說法理論上可成立，但郭沫若的說法也有其實際的考量，兩相參酌，更助於當時文字承襲、運用的了解。

奇字，為新莽六書之一，《說文・敘》云：「二日奇字，即古文而異者也。」奇字的形體與籀文繁疊的風格迥異，而與古文簡率風格接近，如《說文》「倉」奇字作「仺」，與古錢七六四作「仝」形似。〔註33〕又「無」奇字作「无」，與睡虎八〇作「先」，〔註34〕僅差豎筆之凸齊，故《說文》奇字為古文的異體字。至於，《說文》俗體，許瀚說：「俗體亦猶之或體也，俗，世俗所行，猶《玉篇》言今作某耳，非對雅正言之而斥其陋也。凡言俗者皆漢篆也，躳俗作躬，時通行作躬也；先，俗作簪，時通行作簪也；印，俗作抑，時通行作抑也，推之它字皆然。」〔註35〕俗體並不一定比正篆簡省，應視為漢時通行的篆字。

《說文・敘》云：「郡國往往於山川得鼎彝，其銘即前代古文。」顯示許慎當代亦有出土文字。漢代屢有出土文獻的發掘，舉例來說，出於魯恭王、河間獻王的古文經，為來源可靠的先秦舊書，古文經就是出土文獻。實際上，兩漢經學家都生活在出土文獻屢見不鮮的時代，《呂氏春秋・孟冬紀・安死》云：

> 自古及今，未有不亡之國也。無不亡之國者，是無不扣之墓也。以耳
> 目所聞見，齊、荊、燕嘗亡矣，宋、中山已亡矣，趙、魏、韓皆亡矣，
> 其皆故國矣。自此以上者，亡國不可勝數，是故大墓無不扣也。

六國滅亡之後，六國的墳墓被隨便挖掘。西漢距戰國僅十餘年，當時發掘舊宅古墓，大量文獻出土，其規模是可想而知的。雖然，《說文》收輯的古文字受新莽改定古文與傳抄譌變的影響，不見得方便溯源，但考釋《說文》古文字最適合的出土材料，仍以戰國六國文字為最佳，其所得到的對應機率，會比甲、金文還高。

（三）漢字闡釋與文化傳統

以形表義為特色的漢字，要以有限的形象去傳達所指意義，甚至是意象思維，無論如何，都不可能巨細靡遺、完美無暇，充其量，也只能概括一些概念特徵。有趣的是，儘管漢字載義功能是概括性的，但是漢字的形象視覺

〔註33〕何琳儀，《戰國古文字典》（上冊），頁696。

〔註34〕同註33，頁614。

〔註35〕許瀚，〈與王君菉友論《說文》或體俗體〉，見《說文釋例》卷五，（臺北：世界書局，民國73（1984）.10），頁41。

又是如此吸引著人們的目光，那些考釋文字初形本義的說法，無一不是從漢字字形的視覺感知開始闡釋，許慎也不例外。一旦闡釋者對字形作出判斷，便會關注字形中能夠證成其說的特徵部分，而忽視了與此推斷相乖的其他部分。不同的闡釋者，有不同的關注焦點，文字的初形本義也就因人而異，如甲骨文「甲」有魚鱗說、神秘的信仰符號說、皮開裂說、鎧甲說。〔註 36〕或者對同一個字形的構形，作出不同的分析和界定，如《說文》甲有「戴孚甲之象」和「人頭甲爲空」之說；乙爲「草木冤曲而出」，又象「人頸」；「易」既爲守宮，也作祕書的「日月爲易，象會易也。」，從日月，一曰從勿。由漢字視覺圖像所引起的多義性，在闡釋過程中是無法避免的。既然如此，闡釋者在觀照漢字形體的同時，其實是無法真正完成字形到意義的正確轉譯。換句話說，經過考釋者闡釋之後的文字，其所呈現的意義應該是闡釋者意識主導所致，而非文字真正原有的意旨。因此，當我們在檢閱漢字的這些訓釋時，等於吸收了闡釋者的觀念。不過，也是因爲字形本身只能部分呈現其造意，相對地，闡釋者的詮釋也就有客觀上的重要性。

在感知漢字的構形之時，從字形感受到的信息，以及從經驗知識搜尋暗示，都有可能不完全、不確定、不具體，繼而作出的判斷未必是確證。漢字形體作爲視覺圖像的多義性，使同一字形有時可以分別與多種經驗背景建立聯係，如果字形接受的判斷是假判斷，誤認就會產生，闡釋者的主觀意識往往又根於闡釋者的知識經驗，如：甲骨文「丙」，郭沫若說象魚尾，是根據《爾雅·釋魚》：「魚尾謂之丙」而來；〔註 37〕于省吾則說是「底座」，上象平面可置物，下向左右足，是根據《淮南子·詮言》：「瓶甌有堤。」注：「堤，瓶甌下安也。」〔註 38〕不可否認，歷史文化思想對闡釋者的影響，也足以主導漢字的訓釋，深刻影響《說文》的背景，是漢代歷史文化現象有機聯係的總和，這強大力量會關係著漢字的發展、存在，主導漢字闡釋的過程與結果。不管闡釋者對歷史文化是出於領悟或選擇，然無形之中，慢慢消化爲闡釋者的預先知識，這些預先知識能夠支援闡釋者從漢字構形感知任何訊息，或不能與漢字發生原初意義契合，但在一定程度上已應和著社會思潮。就像陰陽五行

〔註 36〕于省吾主編，《甲骨文字詁林》第四冊（北京：中華書局，1996.5），頁 3582-3586、3579、3513。
〔註 37〕郭沫若，〈釋支干〉《甲骨文字研究》（《郭沫若全集》第一卷，北京：科學出版社，2002），頁 169。
〔註 38〕同註 36 第三冊，頁 2052。

思想的形成，是積澱著不同歷史層次、文化要素的動態發展流程，卻常常共時地左右闡釋者對漢字的體認。許慎的《說文》與漢代龐大的陰陽數術思想締結，其經驗、行爲、信仰、習慣，乃至思維方式都由這些傳統塑成。所以，他說部首「始一終亥」，有象數《易》理、三才之道涵攝其中；善用十二消息卦陰陽消長之理，與《大一經》人體比附說干支；說數字有道家思想，也有《周易》筮數之說；還有五行、五色、五臟之說，凡此種種，都是陰陽數術思想的體現。

　　說解文字未必總由審視字形開始，到領悟字形所指結束。對相當一部分的漢字來說，闡釋過程發軔於既定的字義，而歸結於明確字形的功能。但是即便在這種情況下，闡釋者仍要從自己累積的預先知識背景中，找尋漢字構形釋義的合理性。許慎說文解字表明了他從歷史文化背景中，探求漢字會被賦予某種構形、意義，乃至讀音的努力。《說文》的說解內容顯示，歷史文化觀念的發展，可以在漢字的生息過程中、在形體意義變異之中得到反映。在《說文》「減法」的研究領域中，所要喚醒的是漢代人認知的觀點——建立在陰陽數術思想的特殊背景，不管許慎這些闡釋是對是錯，此一重要訊息的傳達，已使《說文》一書的客觀價值超越了單純的語言文字意義，也超越了單純的經學動機。它締結漢字與傳統文化的獨特機緣，便因此可作爲文化上下追索、反思的始基。

二、定位問題：儒者許慎與字書《說文》

　　許慎的經學融合了今古文學說，在文字闡釋上又兼容陰陽數術思想，這是身爲一位漢代儒者許慎的多元學術思想表現。雖然他以古文學派爲宗，卻不爲古文學所限；以字書形式著《說文》，卻賦予字書天人之學的思想空間。兼通數家本是漢代儒者的共同特色，這項事實在許慎身上得到充分印證。在陰陽數術思想的影響下，《說文》的儒學思想有何蛻變與更新，茲分析如下。

（一）《說文》之儒

　　《說文》云：「儒，柔也，術士之偁，从人需聲。」從《說文》「儒」之釋義「柔」，很容易擷取「柔弱」是儒的本義。像胡適根據孔子對子夏說：「女爲君子儒，毋爲小人儒」，認爲「當孔子之時，已有很多的儒。」〔註39〕，又

〔註39〕胡適，〈說儒〉《胡適文存》第四集卷一（臺北：遠東圖書公司，民國 51（1962）），

說：「儒之名起於殷士，此種遺民的士，古服古言，自成一個特殊階段，他們那種長袍大帽的酸樣子，又都是彬彬知禮的亡國遺民，習慣了『犯而不校』的不抵抗主義，所以得著了『儒』的渾名。儒是柔弱之人，不但指那逢衣博帶的文儡儡的樣子，還指那亡國遺民忍辱負重的柔道人生觀。」〔註40〕許慎以「柔」為儒的聲訓字，柔、儒雙聲，儒所具有柔的特性，如果按照胡適的說法，就是章甫衣冠，文質彬彬，「亡國遺民忍辱負重的柔道人生觀」。胡適指出「最初的儒都是殷人，都是殷的遺民，他們穿戴殷的古衣冠，習行殷的古禮。」其實是出自傅斯年〈周東封與殷遺民〉一文的觀點，〔註41〕《論語・先進》云：「先進於禮樂，野人也；後進於禮樂，君子也。如用之，則吾從先進。」傅先生認為在鄒魯地區，「君子」指上層統治階級周人，他們在滅殷之後才進於禮樂，為周禮，屬於「後進」；「野人」指一般「國人」殷遺民，他們的祖先建國以後，因於夏禮而有所損益，行殷禮，比較周人而言，當然是「先進於禮樂」。孔子是殷遺民，故曰「吾從先進」。

　　傅斯年的觀點，為 70 年代曲阜魯國故城考古發現所證實，大體上合乎歷史實際。但是胡適從「柔弱」義所推想出來種種對儒的說法，錢穆有〈駁胡適說儒〉一文可參考。〔註42〕以「柔弱」之義用來說明《說文》「儒」的「柔」，並不能與「術士之稱」相提並論。饒宗頤從《詩經》傳箋找到「柔」有「安」義，在《禮記》鄭注、《左傳・昭公二十年》引仲尼說則有「和」義，儒者，柔也，為安和之義。〔註43〕本文在第三章〈《說文解字》之「易」學思想〉的「《說文》三才字例分析」已略為提到儒者所以能安和服人，是因為通天地人之道術。因此，釐清漢儒者所通之道術，才能迎解《說文》「儒」的真正內涵。

1. 經藝百家道術

　　由於漢儒多與方士同化，方士多以儒學文飾的緣故，《說文》「儒」的「術士之稱」就不能指狹義的「迂怪」方士專名，而是指廣義的通道藝之人。《史

　　　　頁 5。

〔註40〕同註 39，頁 17。

〔註41〕傅斯年，〈周東封與殷遺民〉《傅斯年全集》第三冊（臺北：聯經出版事業公司，民國 69.9（1980.9）），頁 894-903。

〔註42〕錢穆，〈駁胡適說儒〉《中國學術思想史論叢》（二）（臺北：東大圖書有限公司，民國 66.2（1977.2）），頁 373-382。

〔註43〕饒宗頤，〈釋儒——從文字訓詁學上論儒的意義〉《饒宗頤二十世紀學術文集》卷四「經術、禮樂」（台北：新文豐出版股份有限公司，民國 92.10（2003）），頁 310-311。

記‧儒林傳敘》：「及至秦之季世，焚《詩》《書》，阬術士，六藝從此缺焉。」
術士是通《詩》《書》六藝之士。《史記‧秦本紀》：「悉召文學方術士甚眾，
欲以興太平，方士欲練以求奇藥。」這裡所指的「文學」相當於前面的《詩》
《書》六藝，《史記‧儒林傳》也有提到「招方正賢良文學之士」、「延文學儒
者數百人」，「文學」涵蓋的範圍為《詩》、《書》、《禮》、《易》、《春秋》五經，
〔註44〕《漢書‧西域傳》：「乃者以縛馬書徧視丞相御史二千石諸大夫郎為文
學者。」顏師古注云：「為文學謂學經書之人。」漢代的「文學」指的是經藝。
《禮記‧鄉飲酒》：「古之學術道者」鄭玄注：「術猶藝也。」《禮記‧王制》：
「樂正崇四術，立四教，順先王詩書禮樂以造士。」鄭注：「順此四術而教以
成是士也。」章太炎《小斅答問》有云：

> 六藝者，六術也。……保氏以禮樂射御書數為六藝，漢世以六經為
> 六藝者。〈保傳篇〉云：「古者年八歲而出就外舍，斅藝小焉，履小
> 節焉；束髮而就大斅，斅大藝焉，履大節焉。」是禮樂射御書數為
> 小藝，六經為大藝；漢世六藝之偁，非苟為之也；特古經未必止六，
> 而以教者不過詩書禮樂，又不盈六爾。〔註45〕

詩書禮樂等六經固然是儒士所習之業，但漢儒與方士雜學百家，六經只能視
為其中一部分的內容。因此，《說文》術士之儒實指「通儒」、「通人」而言。

　　據《後漢書》記載，卓茂元帝時學於長安，習《詩》、《禮》及歷算，究
極師法，稱為通儒（〈卓茂傳〉）。東漢初名儒杜林好學深沉，博洽多聞，時稱
通儒（〈杜林傳〉）。諸儒論五經於白虎觀，李育以《公羊》義難賈逵，往返皆
有理證，最為通儒（〈儒林傳〉）。至於賈逵所著經傳義詁及論百餘萬言，雖為
古學，兼通五家《穀梁》之說，學者宗之，後世稱為通儒（〈賈逵傳〉）。劉寬
少學《歐陽尚書》、《京氏易》，尤明《韓詩外傳》，星官、風角、算歷，皆究
極師法，稱為通儒（〈劉寬傳〉注引《謝承書》）。有通儒之稱如班固、杜林、
賈逵、鄭興等皆長於古學，這些通古學者的為學態度，以不守章句、訓詁舉

〔註44〕　《史記‧儒林傳》：「及今上即位，趙綰、王臧之屬明儒學，而上亦鄉之，於
　　　　　是招方正賢良文學之士。自是之後，言《詩》於魯則申培公，於齊則轅固生，
　　　　　於燕則韓太傅。言《尚書》自濟南伏生。言《禮》，自魯高堂生。言《易》自
　　　　　菑川田生。言《春秋》於齊魯，自胡母生，於趙自董仲舒。及竇太后崩，武
　　　　　安侯田蚡為丞相，絀黃老刑名百家之言，延文學儒者數百人。」
〔註45〕　章太炎，《小斅答問》，見於《章氏叢書》上冊正編上（臺北：世界書局，民
　　　　　國47.7（1958.7）），頁275。

大義爲多。相對之下，那些「一句之解，動輒千言」，「講誦師言，至於百萬」的章句學者，率皆「俗儒」。所謂「通儒」往往博學經籍，不守一門，知師法之所以然，打通學說之間的限域，從而出入通脫，無所膠滯。

「通儒」擺脫僵化的章句學風，而「通人」則不爲經術所規範和拘束，「以博涉爲貴，不肯專儒」爲尚，王充《論衡・別通》有云：

> 夫富人可慕者，貨財多，則饒裕，故人慕之。夫富人不如儒生，儒生不如通人。通人積文，十篋以上，聖人之言，賢者之語，上自黃帝，下至秦漢，治國肥家之術，刺世譏俗之言，備矣。使人通明博見，其爲可榮，非徒縑布絲綿也。
>
> 富人之宅，以一丈之地爲内，内中所有，柙匱所贏，縑布絲綿也。
>
> 貧人之宅，亦以一丈爲内，内中空虛，徒四壁立，故名曰貧。夫通人猶富人，不通者由貧人也，俱以七尺爲形，通人胸中，懷百家之言，不通者空腹，無一牒之誦，徒四所壁立也。

「通人」爲博覽古今、道達廣博、懷百家之言者，不受限或專主於儒術一家之言，蓋「夫一經之說，猶日明也。助以傳書，猶窗牖也。百家之言，令人曉明，非徒窗牖之開日光之照也。是故日光照室内，道術明胸中。」（《論衡・別通》）王充認爲所知愈多，所識愈廣，人内心中愚暗的角落就愈少。從經術道藝、諸子百家、政事史冊，乃至天文地理、名物器械、文字訓詁等一切知識，就連荒誕不經如《山海經》，都不在「通人」拒斥之列。可見通儒或通人雖尊儒，但博通廣涉，不排斥儒家之外的學說道術。所以，《說文》儒的「術士之稱」當指這類士人，能通曉致用百家學的儒者，便可安民服人。《漢書・藝文志》對儒家的起源，即有這方面的涵義，「儒家者流，蓋出於司徒之官，助人君順陰陽，明教化者也。」「順陰陽」重在知天道，「明教化」重在知人事，「順陰陽，明教化」與《法言・君子篇》：「通天地人曰儒。」是相通的。至於儒者「順陰陽」、「通天地人」的道術，章太炎《國故論衡》下卷〈原儒〉說得更清楚：

> 儒有三科，關達、類、私之名。達名爲儒，儒者，術士也（《說文》）。太史公〈儒林列傳〉曰，秦之季世阬術士，而世謂之阬儒；司馬相如言，列僊之儒居山澤間，形容甚臞。（《漢書・司馬相如傳》語。《史記》儒作傳，誤）。趙大子悝亦語莊子曰，夫子必儒服而見王，事必大逆（《莊子・說劍篇》）。此雖道家方士言儒也。《鹽鐵論》曰，齊宣王褒儒尊學，孟軻淳于髡之徒受上大夫之祿，不任職而論國事。蓋齊稷下先生千

有餘人。湣王矜功不休，諸儒諫不從，各分散，慎到、捷子亡去，田駢如薛，而孫卿適楚（〈論儒〉）。王充〈儒增〉、〈道虛〉、〈談天〉、〈說日〉、〈是應〉舉儒書所稱者有魯般刻鳶，由基中楊；李廣射寢石，矢沒羽；荊軻以七首擿秦王中銅柱，入尺；女媧銷石，共工觸柱；……淮南王犬吠天上，雞鳴雲中，日中有三足烏，月中有蟾蜍。是諸名籍道、墨、刑、法、陰陽、神仙之倫，旁有襍家所記，列傳所錄，一謂之儒，明其皆公族。儒之名蓋出於需。需者，雲上于天，而儒亦知天文，識旱潦。何以明之？鳥知天將雨者曰鷸（《說文》）。舞旱暵者以爲衣冠（〈釋鳥〉：翠，鷸。是鷸即翠。〈地官〉：舞師敎皇舞，帥而舞旱暵之事。〈春官〉樂師有皇舞。故書皇作望。鄭司農云，舞者，以羽覆冒頭上，衣飾翡翠之羽。尋旱暵求雨而服翡翠者，以翠爲知雨之鳥故）。鷸冠者亦曰術氏冠（漢〈五行志〉注引《禮圖》）。又曰圜冠。莊周言，儒者冠圜冠者知天時，履句屨者知地形，緩佩玦者，事至而斷（〈田子方〉篇文。〈五行志〉注引《逸周書》文同《莊子》，圜作鷸。《續漢書·輿服志》云：鷸冠，前圜）。明靈星舞子吁嗟以求雨者謂之儒，故曾皙之狂而志舞雩，原憲之狷而服華冠（華冠，亦名建華冠。《晉書·輿服志》以爲即鷸冠。華，皇亦一聲之轉）。皆以忿世爲巫，辟易放志於鬼道（陽狂爲巫，古所恆有，曾、原二生之志，豈以靈保自命哉！董仲舒不喻斯旨，而崇飾土龍，气效蝦蟆，燔貍薦脯以事求雨，其愚亦甚）。古之儒知天文占候，謂其多技，故號徧施於九能，諸有術者悉晐之矣。〔註46〕

術士之儒於諸術是無所不晐，其「順陰陽」、「通天地人」的道術溯及既往可推到巫史傳統。「儒」最初是從巫、史、祝、卜等分化出來的一批知識份子。「原始儒者可能兼治『經』、『緯』。孔子以後，儒者分化，一部份專治『經』，一部份專治『緯』。至漢代，二者又匯合，出現兼治『經』、『緯』的儒者。」〔註47〕漢儒方士化、方士以儒學文飾，使得術士亦儒亦秘的角色幾乎融爲一體，而其博通的範疇也就百家道藝無所不包，許愼自己就是最佳的例子。

2. 五行儒術

古代史官掌學術的大部分，同時也掌天文曆法，而天文曆法多少都夾雜著機样。周室東遷之後，王室勢窮，諸侯各擁一方，爭亂屢見，學官失所，

〔註46〕章太炎，《國故論衡》下卷，同註45，頁 478-479。
〔註47〕李中華，《讖緯與神祕文化》（北京：中央編譯出版社，2008.3），頁 12。

流離分散到民間。這些人以其本有的學術專業，在民間從事教育工作以謀生，社會也稱之爲「儒」。《漢書・藝文志》認爲「儒家者流，蓋出於司徒之官」，出於周室學官的儒，是通經藝之人。經藝之中時有天文曆法機祥，隨著傳佈之廣，當時儒士言陰陽五行的情形很普遍，彼此接觸影響，李漢三《先秦兩漢之陰陽五行學說》論述詳盡，茲不贅述。〔註48〕漢儒承襲下來，陰陽五行日益發達，是很自然的趨勢。

　　戰國、秦漢之際的陰陽五行觀念，影響著人們用這樣的新觀念去重新看待舊的學說。即使儒家也不再維持舊觀念系統的價值意義，而有融合新觀念的趨勢，成爲新觀念的部分有機構成之後，取得新的價值意義。秦漢儒士用新規範看待儒家思想，說出自己的新體驗，尤其，漢儒其實是經過陰陽五行洗禮的儒，《漢書・五行志》說得很清楚：

> 昔殷道馳，文王演《周易》；周道敝，孔子述《春秋》；則乾坤之陰
> 陽，效〈洪範〉之咎徵，天人之道，粲然著矣。漢興，承秦滅學之
> 後，景武之世，董仲舒治《公羊春秋》，始推陰陽，爲儒者宗。

《漢書・藝文志》也說：「儒家者流」是「助人君順陰陽，明教化者也。」所以漢儒在看待過去的儒家代表人物或學說時，就有新的精神，如《公羊春秋》的孔子「受天命爲新王，爲漢制法」，孔子地位高於漢帝，《春秋》爲漢制的最高法典。又如董仲舒認爲「仁」爲天心，「察於天之意，無窮極之仁也。人之受命於天也，取仁於天而仁也。」（《春秋繁露・王道通三》）使「仁」成爲「順之者昌，逆之者不死則亡」的宇宙道德律令，致力於天下歸仁、國家平治。而董仲舒又是擅長說陰陽五行的漢儒典型代表，「天地之氣，合而爲一，分爲陰陽，判爲四時，列爲五行。」（《春秋繁露・五行相生》）「天有五行，一曰木，二曰火，三曰土，四曰金，五曰水。木，五行之始也；水，五行之終也；土，五行之中也。此其天次之序也。」（《春秋繁露・五行之義》）「天地陰陽木火土金水九，與人而十者，天之數畢也。」（《春秋繁露・天地陰陽》）董仲舒認爲「元」是天地未分之前的「一」，萬物之本，繼而分爲陰陽、四時、五行與人，萬物備齊，運數終極，就是董仲舒的宇宙論。後代的宇宙本體論，都是在此基礎下所發展形成的。

　　《史記・孟子荀卿列傳》云：「鄒衍睹有國者益淫侈，不能尙德。」「要其

〔註48〕李漢三，《先秦兩漢之陰陽五行學說》第二篇〈陰陽五行之合流及其再先秦十
　　　　之傳布情形〉（臺北：維新書局，民國57.1（1968.1））。

歸，必止乎仁義。」鄒衍尚德、止乎仁義，是以五德終始爲基礎理論，實質意義與儒家之德不同，所以《鹽鐵論‧論儒篇》說鄒衍爲：「以儒術干世主，不用，即以變化終始之論，卒以顯名。」鄒衍依附於儒術之名，而實際說的是他那套五德終始說，在當時大受各諸侯國尊禮歡迎，《史記‧孟子荀卿列傳》云：

> 是以鄒子重於齊。適梁，惠王郊迎，執賓主之禮。適趙，平原君側
> 行撇席。出燕，昭王擁彗先驅，請列弟子之座而受業，筑竭石宮，
> 深親往師之。作《主運》。其游諸侯見尊禮如此，豈與仲尼菜色陳蔡，
> 孟軻困於齊梁同乎哉！

《漢書‧郊祀志》引如淳曰：「今其書有《五德終始》，五德各以所勝爲行」，「今其書有《主運》，五行相次轉用事，隨方面爲服。」王夢鷗先生認爲：如淳只是根據《漢書‧藝文志》所列鄒子書名而妄爲之說，不能根據他的注語區別鄒衍學說的相勝、相生原理。鄒衍的《主運》與《五德終始》不同，《史記‧孟子荀卿列傳》中稱之曰「終始大聖之篇」、「主運」，是依五行相勝講四代更迭，而《五德終始》在《史記‧封禪書》稱之曰：「終始五德之運」，是依五行相生講四時改火。「終始大聖之篇」是鄒子之徒所崇奉的「經」，而「終始五德之運」則譬之鄒子之徒所各自論著的「傳」或「記」。〔註49〕

荀子在〈非十二子篇〉說：子思、孟子「案往舊造說」唱和五行說。《漢書‧藝文志》《子思》二十三篇雖佚，然郭沫若在〈儒家八派的批判〉斷定，《尚書》的〈洪範〉、〈堯典〉、〈皋陶謨〉、〈禹貢〉諸篇事思孟一派所依托，並謂之曰：

> 〈洪範〉說明著五味由五行演化的程序，所謂「水曰潤下，火曰炎上，
> 木曰曲直，今曰從革，土爰稼穡。潤下作鹹，炎上作苦，曲直作酸，
> 從革作辛，稼穡作甘。」這是只舉了一隅。此外如人身上的五事——
> 貌言視聽思，發揚而爲恭從明聰睿，肅乂哲謀聖；又應到天十上的五
> 徵——雨暘燠風寒，也都和水火木金土配合著的。「五」字本身也就
> 成爲了神祕的數字。就這樣一個公式發展下去，便產生出五辰、五岳、
> 五禮、五玉、五教、五典、五服、五刑（以上見〈堯典〉），五采、五
> 色、五聲、五言（以上見〈皋陶謨〉），「弼成五服，至於五千」，每服
> 五百里（以上見〈禹貢〉），眞是五之時義大矣哉了！〔註50〕

〔註49〕王夢鷗，《鄒衍遺說考》（臺北：臺灣商務印書館，民國 55.1（1966.1）），頁
52-55。

〔註50〕郭沫若，《十批判書》（臺北：古楓出版社，1986），頁 134。

五爲中數，又以「皇極」居中，〈洪範〉「皇極」王道正直，無偏無黨，和《中庸》「從容中道」，《禮記‧禮運》「王中心無爲也，以守至正」相合。《中庸》爲子思書，《史記‧孟子荀卿列傳》又謂孟子退而與弟子萬章之徒「序《詩》《書》，述仲尼之意」。《尚書》這樣有系統的五行說，就是出於思孟學派「案往舊造說」所唱和的五行說作品。

　　《論語‧堯曰》有「天之歷數在爾躬」，同時也見於僞《古文尚書》的〈大禹謨〉。這種歷運之數應該是以五爲紀的循環歷史定理，《孟子》多言五百，是以五爲紀的大循環，「五百年必有王者興。」（〈公孫丑〉）「由堯舜至湯，五百有餘歲。……由湯至於文王，五百有餘歲。……由文王至於孔子，五百年有餘歲。」（〈盡心〉）賈誼《新書‧數寧》就有「聖王之起，大以五百爲紀」的話。另外，《孟子‧公孫丑下》的「天時不如地利」之「天時」，趙岐注：「時日支干五行旺相孤虛之屬。」說的是用兵的天時。《荀子》、《韓非子》、《淮南子》皆有相似的說法：

　　　　武王之誅紂也，行之日以兵忌，東面而迎太歲。《荀子‧儒效》

　　　　魏數年東鄉攻盡陶衛，……此非豐隆五行太一王相攝提六神五括天時殷搶歲星，……又非天缺弧逆刑星熒惑奎占。《韓非子‧飭邪》

　　　　將者必有三隧四義五時十守。所謂三隧者，上知天道，下習地形，中察人情。《淮南子‧兵略》

《淮南子》的「天道」，在同書內有謂「明於奇正，賅陰陽、刑德、五行、望氣、候星、龜策、機祥，此善爲天道者也。」即爲《孟子》的「天時」，是證《孟子》中隱含五行思想，所以《荀子‧非十二子篇》才說「甚僻遠而無類，幽隱而無說，閉約而無解」。《中庸》引用孔子的話說：「素隱行怪，後世有述焉，吾弗爲之矣。」朱熹曰：「問：『索隱，集注云：『深求隱僻之理。』如漢儒災異之類，是否？』曰：『漢儒災異猶自有說得是處，如戰國鄒衍推五德之事，後漢講讖緯之書，便是隱僻。』」（《朱子語類》卷六十三〈中庸二〉第十一章）〔註51〕《中庸》又曰：「仲尼祖述堯舜，憲章文武，上律天時，下襲水土。」其實與《論語‧堯曰》的「天之歷數」、《孟子》的「天時」、「五百年」，都是同一種論調。可見思孟也有以五爲紀的五行說。

　　荀子〈非十二子篇〉譏子思、孟子的「五行」，楊倞注云：「五行即五常，

〔註51〕　（宋）黎靖德編，《朱子語類》第四冊（臺北：華世出版社，1987.3），頁1531。

仁義禮智信是也。」因是或以爲《郭店楚簡・五行》、《馬王堆》帛書《老子》甲本卷後的「五行」是指五常。如果思、孟的五行是仁、義、禮、智、聖（或信）五常，荀子不該如此非難。因此，《郭店楚簡》和馬王堆帛書《老子》的「五行」是否也作五常，其實是可作進一步印證。

今觀《馬王堆》帛書《周易》傳文有兩種五行說：一爲水、火、金、土、木，一爲天、地、民、神、時。那麼，在馬王堆帛書實際就有三種五行：仁、義、禮、智、聖；水、火、金、土、木；天、地、民、神、時。邢文根據《中庸》鄭注：「木神則仁，金神則義，火神則禮，水神則信，土神則知。」五常與五行相配，認爲帛書的仁、義、禮、智、聖與水、火、金、土、木也可相配成一系，天、地、民、神、時是獨立一系。〔註52〕思、孟五行說就是帛書這兩系，而荀子所非難的思、孟五行當屬天、地、民、神、時這一系。〔註53〕然筆者以爲：馬王堆帛書爲西漢文物，漢代的陰陽五行理論兼容諸子百家而來，帛書有三種五行，本是自然的融合趨勢。既然邢文考證帛書的水、火、金、土、木源於《尚書・洪範》，天、地、民、神、時源於《尚書・甘誓》與《國語・周語下》，即是荀子所謂的「案往舊造說」。荀子之時，思、孟的五常（不管是仁、義、禮、智、聖或仁、義、禮、智、信）可能已與「案往舊造說」的五行互滲，也就是與水、火、金、土、木和天、地、民、神、時的五行唱和，才會引起荀子的批評。所以，五常與五行相配的情形，在荀子當時就已存在。在「五行」觀念流行和「尚五」風氣普遍傳播的影響下，儒士喜用之來陳述己說，連思、孟的五常也不例外，所以荀子才非議株連之，儒士與陰陽五行思想的關係由此可見。通經藝並兼調和陰陽五行數術觀念，是秦漢儒士的寫照，秦漢儒生用這些新規範發揮儒家思想，也是《說文》「儒」的眞義。

（二）《說文》之儒學思想

儒與陰陽既然有其思想淵源關係，茲從本文數術字例抽繹、整合《說文》的儒學思想，才能更一步瞭解傳統儒學並未因漢代昌盛的陰陽數術而消失掩沒。儒學在漢代既可以與陰陽思想作有機融合，同時又可保有其原來的核心思想，尤其，經過這番融合洗禮的儒學，反而更有與時俱進的宏觀意義。這也就是許慎何以作爲漢代「通人」儒者的典型代表，《說文》何以不可只定位

〔註52〕馬王堆帛書《周易》傳文的天、地、民、神、時，《國語・周語下》詳作「象天」、「儀地」、「和民」、「共神」、「順時」。

〔註53〕邢文，《帛書《周易》研究》（北京：人民出版社，1998.12），頁219-221。

為解經釋詁的字書之原因了。

1. 仁與道

《説文》:「人,天地之性取貴者也。此籀文象臂脛之形。」《禮記・禮運》:「故人者,其天地之德,陰陽之交,鬼神之會,五行之秀氣也。」又云:「故人者,天地之心也,五行之端也,食味、別聲、被色而生者也。」禽獸艸木皆天地所生,而不得為天地之心,惟人為天地之心,猶果實之心亦謂之人,意指人為天地萬物之核心,故天地之生,人為極貴,謂之人能與天地合德。

天地以生物為心,此天地之仁,因而人心之有生意者亦謂之仁,《易・文言》云:「元者,善之長也。」人之元也,善之長,即仁義禮智之仁,仁從二從人,元亦從二從人,故仁為人之元。〔註54〕《易・文言》云:「乾元者,始而亨者也。」元是事物的開頭,始氣是純善,又云:「君子體仁,足以長人。」元又有善、益生於人（長人）的意思。因此元也等於仁。董仲舒認為仁是天心:「察于天之意,無窮極之仁也。人之受命于天也,取仁于天而仁也。」(《春秋繁露・王道通三》)漢儒同化內陸文化和早期儒家的一些基本觀念,變世俗的倫理學說為宇宙的道德律令,其核心就是「仁」,人置於包羅萬象的陰陽五行宇宙——人生圖式中,使「仁」成為「順之者昌,逆之者不死則亡」的宇宙道德律令,使人「居而多所畏」。《説文》:「仁,親也,從人二。ᡮ古文仁從千心作。尸古文仁或從尸。」中山王鼎、包山二號墓百八十號簡皆作尸,《老子》甲後下199作ᡮ,是證《説文》古文尸當從人,其形似尸,故許慎說「或從尸」。尸,《説文》云:「尸,陳也,象臥之形。」根據小篆字形多以為是橫陳的人形,但甲金文作 ᡩ 、 ᢧ 、 ᢐ 、 ᢒ 、 ᢒ,本是直立的人形,隸定為尸,讀如「夷」。甲金文中有所謂的「征尸方」,尸方亦稱夷方、人方,乃夏商周人對東方氏族的泛指。《説文》古文「尸」多「二」筆劃,當是後加的章太炎《膏蘭室札記》卷三,第449條〈儿夷同字說〉云:

> 《説文》古文仁作尸,而古夷字又作尸……竊疑仁、夷、人古祇一
> 字。〔註55〕

〔註54〕 《説文》:「元,始也,從一,兀聲。」「元」若拆解作「從重一,古文奇字儿」的釋形,上一象天,下一象地,儿為人,則是天地人「函三為一」。請參見本論文第三章〈《説文》《易》學思想〉第二節〈《説文》三才思想〉「三才字利分析」之「(一)天元之始」,頁124。

〔註55〕 章太炎,《膏蘭室札記》卷三(臺北:學海出版社,民國 72.9(1983.9))頁281-282。

王獻唐進一步從五行觀說明夷、仁二字形、音、義上的同源關係，其曰：

> 夷人一字，人仁通用。《孟子‧盡心下》：「仁者也，人也。」《春秋繁露‧仁
> 義法》：「仁之為言人也。」故夷仁得以雙聲或同聲為訓，夷居東方，仁
> 依五常位在東，與夷相同，《論衡‧驗符》及《公羊疏》引《五行傳》皆謂
> 東方曰仁，殆漢人天人合一之舊說也。以聲訓方位之故，夷仁意相表裏，
> 乃有許君「夷俗仁」之說，而不死之國，更以仁壽一義牽入矣。春
> 屬東，萬物發榮，夷方與之相同，乃有應氏「夷仁好生萬物」之說。
> 《後漢書‧東夷傳》注引《風俗通》，「夷者，柢也，言仁而好生，萬物柢地而出。」
> 此皆漢人臆說，以五行、五方、五常牽會為一，轉更幽渺，但可謂
> 為漢代釋文，絕非商、周本訓，不能執為準極也。尸人既為一字，
> 人正作𡗕。《說文》仁之古文遂為𡰥，𠂆即人，二橫下書正為仁字……
> 夷、人一字，人、仁一字，因又以仁為夷，仁之別體為𡰥，《漢書》
> 更以𡰥為夷……三字一體之誼，得此益明……〔註56〕

夷仁二字的形一致，音則「雙聲或同聲為訓」，義則「二字意相表裏」。夷的
仁德之風，《山海經》、《淮南子》都有講到東方有君子之國，其民敦厚和平，
好讓不爭，《後漢書‧東夷列傳》說東夷人「仁而好生」。《說文》仁之古文𡰥
從尸，實係從夷，而從夷之所以為仁，乃是夷風尚仁。藉由古文仁讓我們追
索到仁、夷這段同源意義。

　　《說文》古文仁𢝤，朱士端《說文校定本》云：「古文從𠁁心，𠁁從十從
人，數為十百，如三人為眾，伍人相參伍，九人為馗，馗，匹也，什人相什
保佰，人相什佰，皆由相偶而推。」並有如下分析：

> 若考其淵源，古文𢝤字乃由古文悳字以意相生也。阮氏謂夏商以
> 前無仁字，虞書德字惠字即包仁字在內。仁字不見於《尚書》虞
> 夏商書、《詩》雅頌、《易》卦爻辭之中，此字明是周人始因相人
> 偶之恆言而造為仁字。士瑞謂許君德訓升，心部悳字訓外得於人，
> 內得於己，合內外乃是悳字真詮。虞書德字為悳之假藉無疑。古
> 人未有仁字，已有悳字，是古文造𢝤字時，即從古文悳字亦以生
> 意也。從心者，許訓𠔼為「天地之性最貴者也」，性從心生聲，「人
> 之陽气性善者也。」孟子云：「仁，人心也。」按：人心土臧，在
> 身之中，故凡果核皆謂之仁。春種秋實，萬物生成皆歸於仁，聖

─────────────────────────────

〔註56〕 王獻唐，《炎黃氏族文化考》（濟南：齊魯書社，1985.7），頁39。

人所爲盡性，盡人性盡物性，性爲陽氣主生，與許君訓親，鄭注訓相偶俱合。〔註57〕

人心是仁最單純的內在初質，心在內而行之於外，由己身施之於他人，產生相偶互動，就是仁的外在體現，古文𢛳的千心之數是從人相偶之數而推衍出去，而其千心之義理是從古文悳而來，蓋古「德」之意也包含仁意，求美好心性內外合一，故古文悳字已包含仁意。《郭店楚簡·五行》：「不新（親）不悫（愛），不悫（愛）不㤅（仁）。」郭店楚簡「仁」字皆作「㤅」、𢛳或𢛪、𢛳，㤅從心，身聲，即是《說文》另一個古文「仁」──「𢛳」。郭店簡從身、心的㤅字，「身」的大肚子有時被簡化爲實心的黑點，變成似「千」字，於是從身心被誤會成從千心，《說文》所保留的古文「𢛳」，就是郭店楚簡「㤅」的簡化體。郭店楚簡除了這個從心的仁字外，還有大批從心的字，如義、勇、畏、孫、順、反、疑、難、易、欲、喜、哀、昏等字，再加上郭店楚簡的〈性自命出〉、〈成之聞之〉、〈忠信之道〉、〈六德〉、〈五行〉、〈語叢〉等篇幅對心性的研究，呈顯一定的規模與深度，都說明子思學派以性情心命談仁，向內追求，使儒家學說邁入新里程，而從心身的古文仁，即是一個最佳的例子。因此，同是古文仁的尼、㤅（𢛳）二字，比較其所從部件的不同，是可以認識到孔子仁學的淵源與轉變，龐樸說：

仁是孔子學說的中心思想。從孔子推崇「先進於禮樂，野人也」和「欲居九夷」的言論來看，他是把自己的仁學和尸（夷）風尸（夷）俗視同一體，並以之爲美的。而到了郭店楚簡成書、諸子百家競起，「天下多得一察焉以自好」的時代，情況便起了變化。同是孔子所提倡的那個仁，此時已不能再停留在單從九夷源頭來追溯的老調調上，而更需要著眼於挖掘它的形而上學身價，發現其人情人性的本質。所以，孔子盡可以沿用以尸作仁爲術語，因爲他的仁學是述而不作的；而子思們的形而上仁學，便不再安於歷史的繭殼，而不得不改弦更張了。於是他們甩掉了早先那個從尸的仁字，另外造出一個嶄新的反映時代要求的仁字來。〔註58〕

〔註57〕楊家駱主編，《說文解字詁林正補合編》第七冊（臺北：鼎文書局，民國72.4（1983.4）），頁7-21。

〔註58〕龐樸，《郭店楚簡與早期儒學》第十一章〈「仁」字臆斷──從出土文獻看仁字古文和仁愛思想〉（臺北：台灣古籍出版有限公司，2002.5），頁167。

　　至於，《說文》篆文仁从人二，人相偶也，講得就是人倫關係。〈曾子制言篇〉:「人之相與也，譬如舟車然相濟達也。人非人不濟，馬非馬不走，水非水不流。」鄭玄注經，每有人偶之語，蓋尊異親愛之意。例如《詩·國風·匪風》:「誰將西歸」箋云:「誰將者，言人偶能輔周道治民者。」疏云:「人偶者，謂以人意尊偶之也。」《中庸》:「仁者，人也。」鄭玄注:「人也，讀如相人爲偶之人，以人意相存問之言。」《儀禮·聘禮》:「公揖入每門每曲揖。」注云:「每門輒揖者，以相人偶爲敬也。」《禮記·中庸》:「仁者人也。」注云:「人也，讀如相人偶之人，以人意相存問之言。」疏云:「仁謂仁恩相親偶也。」人偶猶言爾我親密之辭，獨則無偶，偶則相親，故其字从人二，以此一人與彼一人相人偶，而盡其敬禮忠恕等事之謂也，凡仁必於身所行者驗之而始見，亦必人與人相偶而仁乃見，此正許君仁訓親，从人二之義。所謂「相人偶」即相互人偶之，互相親愛的行爲，阮元〈《論語》論仁論〉云:

> 春秋時孔門所謂仁也者，以此一人，與彼一人，相人偶而盡其敬禮忠恕等是之謂也。相人偶者，謂人之偶之也。凡仁必於身所行者驗之而始見，亦必有二人而仁乃見。若一人閉戶齊居，暝目靜坐，雖有德理在心，終不得指爲聖門所謂之仁矣。蓋士庶人之仁，見於宗族鄉黨，天子諸侯卿大夫之仁，見於國家臣民同一相人偶之道，是必人與人相偶而仁乃見也。〔註59〕

人與人相偶，猶言爾我相愛之辭，獨則無偶，偶則相親，故仁字从人二。《孟子·盡心下》:「君子之於物也，愛之而弗仁。於民也，仁之而弗親。親親而仁民，仁民而愛物。」對親屬要親愛，對人民要仁愛，對萬物要泛愛，都是相偶推己及人的仁愛關係，著重的是人際間的關懷行爲。而古文「𢖌」著重的是相人偶時的「心」，這樣相對待的心就是一種德，《說文》:「悳，外得於人，內得於己也。从直从心。悳古文」內得於己，外得於人，包含人相偶之仁意。因此，《說文》一個小篆仁、兩個古文𡰥、𢖌，不僅說明尚仁的淵源地，而且也點出人的互動行爲與心意，雙重保存了孔子與子思的仁學。

　　許慎在闡釋漢字時，將自然事物及其屬性賦予德行與道德象徵。如《說文》:「音，聲也，生於心有節於外謂之音。宮商角徵羽，聲也，絲竹金石匏土革木，音也。从言含一。」金石絲竹匏土革木八音克諧，無相奪倫，所謂

道也，合於律呂則成音。从言，言者心之聲也，生於心，達於口諧之言，生於心達於樂謂之音，樂亦達其心聲，故从言，音故从言含一，是謂有節。音之从言含一者，蓋謂之倫理有條不紊，能合於道也。《說文》：「甘，美也，从口含一，一，道也。」五味之和，得其道爲甘美。既肯定音樂與甘味所引起的感官愉快，同時又要求這種感官愉快符合符合倫理、節度與和諧，兼具感性與理性。

又如《說文》釋「玉」也有性德功能，「玉，石之美有五德者，潤澤目溫，仁之方也；䚡理自外可目知中，義之方也；其聲舒揚，專目聞遠，智之方也；不撓而折，勇之方也；銳廉而不忮，絜之方也。象三玉之連，｜其貫也。𤣥古文玉。」玉之五德爲仁、義、智、勇、絜。由於玉石有其人文德行的賦予，所以玉多有特殊的功能用途，如蒼璧禮天，黃琮禮地；珩是節行止的佩玉；琀爲往生者口中所含的玉，《儀禮・士喪禮》鄭玄注：「象生時齒堅。」含玉堅實，有補於屍體之保存長久，具防腐功能；瓏爲禱旱玉，琥爲發兵瑞玉。

而廌則是在決訟時，會以角抵觸違法的惡人，公正決斷、分辨善惡的獸，《說文》：「廌，解廌獸也，佀牛一角，古者決訟者令觸不直者，象形，从豸省。」故「灋」从「廌」象徵執法的公正不阿，《說文》：「𧇻，刑也，平之如水从水，廌所目觸不直者去之，从廌去。法今文省。佱古文。」水至平，治獄如水，而廌獸又能鑑別是非曲直，牴觸壞人，古文「法」字是「佱」，從「正」，法制公平正義。又如麒、虞均爲仁獸，賦予仁德。

人爲天地之性最貴者，蓋人爲天地萬物的核心，與天地合德，其德爲仁，內己外人，相偶爲親。性之以德，行之以道，放諸事物的感知經驗，也賦予道德人格的顯現和象徵，故聽覺、味覺感官訴諸於精神美感的提升，玉的五德象徵，灋的公正決斷，都是來自儒家思想。

2. 由博反約與一貫之道

《說文》云：「士，事也，數始於一，終於十，从一十。孔子曰：推十合一爲士。」數始於一終於十，似有一以貫之之義，推十合一乃因十居「士」字形之上，一居其字形之下，似有由博返約之義。「士」的「十爲數之具，一爲東西，｜爲南北，則四方中央備矣。」故有博學之義，「士」的一，猶一貫之返約。天地萬物又極乎四方中央之間矣，一者數之始事，十者數之終極，聞一知十，顏子之因端而竟委也，推十合一，學者之由博以反約也。夫子曰：「博學于文，約之以禮。」又問賜曰：「女以予爲多學而識之者與？」曰：「然，非與？」曰：「非

也，予一以貫之。」多學而識即博學于文，一以貫之即約之以禮。夫子非斥子貢多學而識之非，因子貢但知多識，不知多者可貫以一，故又告以一貫耳。多識即推十也，一貫者即合一也。曾子聞一貫之道，出告門人則云：「夫子忠恕而已。」忠恕爲行事之本，推十合一猶言士爲萬事，而道必歸于一理，士讀萬卷而學必守於一家，《中庸》云：「博學之，審問之，愼思之，明辨之，篤行之。」此皆士之事，然推而行之，方能求其至是至博，而約之至精，故必由博反約，始精粗兼備，本末兼全也。拆解過後的士字形雖如「數始於一，終於十」，由一推到十，但許愼又引孔子的「推十合一」，從十推到一，因此，一與十從哪方推皆通，無所謂終始問題，能博也能返約，本末兼全，圓道自生。

許愼引「孔子曰：推十合一爲士」與王字的「孔子曰：一貫三爲王」道理一樣，在釋形裡闡發「一貫之道」。王者則天之明，因地之義，通人之情，｜而貫之，｜，一也，一以貫之，故於文｜貫三爲王，｜者居中也，皇極之道也。三者，天地人也。

3. 中和與經權

《說文》云：「中，和也，〔註60〕从○｜下上通也。屮古文中，𣍊籀文中。〔註61〕」「中和也」三字當連篆作一句讀，謂此中字即中和之中，非訓中爲和。《禮記‧中庸》曰：「中也者，天下之大本也；和也者，天下之達道也。致中和，天地位焉，萬物育焉。」《論語‧堯曰》：「堯曰：『咨！爾舜，天之厤數在爾躬。允執厥中，四海困窮，天祿永終。』」《尚書‧堯典》：「在璿璣玉衡，以其七政。」璿璣是北辰，居天之中而不移，以正四時；玉衡是北斗，運於天而不息，四時成歲，月有中氣以著時，『允執厥中』執此斗柄，指中氣之中也。史从又持中者，中作爲簡冊，其內容必包含曆數星象，史官要允執厥中，必須懂得敬授民時。穀物生長，亦得中和之理，《說文》云：「禾，嘉穀也。二月始生，八月而孰，得之中和，故謂之禾。」二月陽气雖盛，尤有陰气存焉，微陰輔陽生長萬物，陰陽適和。八月陰气雖壯，猶有陽气存焉，微陽助陰以熟萬物，陰陽亦適和。陰不孤立，陽不獨存，故曰禾二月生，八月熟，得時之中和。

屮古文中，作屈畫，屮之屈處正謂其權在此，其中在此。蓋用中者，必執兩端，乃能行權而得中，執一不執兩則無權，執兩端者，所用亦在此，惟

〔註60〕小徐本作和也，大徐本作而也，宋麻沙本作肉也，段注本作內也。
〔註61〕段注本刪此籀文。

屈乃能權能中，《公羊傳・桓公十一年》：「權者，反於經者，然後有善者也。」《春秋繁露・玉英》：「明乎經變之事，然後知輕重之分，可與適權矣。」經權爲常變之法，行權有道，自貶損以行權宜之計，屈屮之義也。且行權無定處，如秤物之法，物重則權施於外而近秤尾，物輕則權施於內而近秤頭，秤適得平衡之處，即適得其中之處，《漢書・律曆志上》曰：「衡權者，衡，平也；權，重也。……權者，銖兩斤鈞石也，所以稱物平施知輕重也。」屈其屮以記行權用中之所在，而實無定在，若執一無權，即非古文制屮之怡。中無定處，行權乃得中，秤則自平矣，故中和之道，要懂得執中行權，隨時應變權宜，維持事態的平衡。

《韓詩外傳》云：「夫道二：常之謂經，變之謂權。」《春秋繁露・玉英》云：「夫權雖反經，亦必在可以然之域。」又云：「明乎經變之事，然後知輕重之分，可與適權矣。」明辨情況不尋常，得以行權，《中庸》第二章：「君子之中庸也，君子而時中；小人之反中庸也，小人而無忌憚也。」君子能因時、地、人、事之變化，而有合乎時宜的行爲表現；小人分不清楚時空已變化，仍固守原點，無法得其時宜，甚至肆無忌憚，因而「反中庸」。可見「中」絕非定點，而是能依時空流轉而變動不居，但並不意味沒有原則的隨波逐流，而是能在時間的轉變中，掌握最佳的那一點。所以，「權」可以時中，它根據秤物的輕重，在秤桿上靈活的移動，雖沒一定的定點，卻能維持秤桿的平衡，秤出實際的物重。能夠知權守中，「時止則止，時行則行，動靜不失其時，其道光明。」（《易・艮象傳》）《淮南子・氾論》云：「是故聖人者，能陰能陽，能弱能彊；隨時而動靜，因資而立功，物動而知其反，事萌而察其變；化則爲之象，運則爲之應。是以終身行而無所困。」聖人能察微知漸，掌握時機，予以應變，就是權變時中的眞諦。

（三）《說文》字書之新精神

有人認爲：「許愼便只把天文曆法、陰陽五行、時令氣候、農時等等一股腦列入，反而忽略其本義，令人無法認清字的原有面貌，對於一本字書而言，是不恰當的作法。」〔註62〕其實，「從深層看，他是在用一種哲學思辨的方法去分析漢字」，「我們會在陰陽五行的說解文字中，看到許愼正努力去發現漢字中的一種秩序、一種潛在的聯系，並以一種形而上的思辨去駕馭之。《說文》

〔註62〕陳明宏，《《說文》中巫術之研究》（嘉義：國立中正大學中國文學研究所碩士論文，民國 92.7（2003.7）），頁 74。

的解釋往往在遭到批判之後，合理的內核、深刻的思辨也被不知不覺地拋棄了。」〔註63〕以前我們忽略《說文》蘊含了當代特殊的思潮背景，經此愼思明辨，相對地擴大了《說文》字書的價值。正因許愼在《說文》鎔鑄許多這樣的理路，才有助於我們有更多元的思維空間，與傳統的哲學思想接軌。龔鵬程認爲許愼在《說文·敘》就可見其作書的企圖心，所謂「其建首也，立一爲端。方以類聚，物以群分，同條牽屬，共理相貫，雜而不越，據形系聯，引而申之，以究萬原，畢終於亥，知化窮冥……」，因此他說：

> 這本書不僅「天地、鬼神、山川、草木、鳥獸、蟲魚、王制禮樂、世間人事莫不畢載」，而且顯示了一套世界觀。欲通過文字，來知化窮冥，以究萬原。他那始「一」終「亥」的結構，與其說是什麼六書或本義的探究，不如說它是用文字在說明萬化始於子終於亥。子唯一，屬復卦，名天一生水，一陽生，萬物孳長，歲在十一月；亥爲坤卦，歲在十月。由子至亥，剛好一歲周轉，同時也是萬化成毀始終的周期。這是漢人所發展出來的宇宙觀，後來邵雍《皇極經世》仍然採用了這個架構在講天開闢地以迄世界壞滅。許愼即是用這套宇宙觀在釋名，安排每個字進入它的世界體系中，各居其所位；同時也用這九三五三個字來說明這個世界。〔註64〕

換一種說法，許愼編撰《說文》是有其數術的手段，從部首排列、部首屬字、每個字的釋形、釋義、讀音，以《易》學象數觀點挹注其中，這就符合數術精神。許愼看似失準於「因形以考義」的例子，很多時候是我們以常理推之的結果，但是，站在漢代數術思想的「秩序」來看，則言之成理，如：木在甲骨文作全體象形，但《說文》云：「東方之行，从屮，下象其根」木配東方，並將之拆成上下二體，是爲強調木冒地而生之義，从屮，象甲坼冒地而生，木枝條引上而生，根亦隨之引下而長。如此拆形釋義，更具生長的動態描述。「水，北方之行，象眾水並流，中有微陽之气也。」漢代人認爲八卦即文字的前身，坎卦（☵）爲水，許愼說的「中有微陽之气」即爲坎卦中間的陽爻。

許愼對於干支字的釋形釋義有時有兩種不同界定，正說明：文字的字形無法百分之百的與字義作深刻的聯繫，而明確、具體地呈現於闡釋者面前。然而，

〔註63〕姚淦銘，〈漢字的哲學視界〉《蘇州鐵道師範學院學報》（社會科學版），第17卷第1期（2000.3），頁43。
〔註64〕龔鵬程，《文化符號學》（臺北：臺灣學生書局，民國81.8（1992.8）），頁139。

許慎有其豐厚的學術淵源，就可羅列並存異說，使「因形以考義」的片面功能，發揮更多元的義涵。陰陽五行數術思想與干支字並非產生於同一歷史層面。但皇皇一代思潮，向許慎反覆強化著與干支字的系聯。干支字最原本的形音義關係，對許慎說文解字沒有發揮規範作用。相反，陰陽五行觀念與干支字的系聯，卻獲得了許慎的肯定和認同，對許慎闡釋這些漢字發揮了明顯的導向作用。因此，「許慎在說文解字時所立足的文化傳統，與其說屬於漢字，不如說屬於他自己，因爲這些傳統首先必須左右漢字的闡釋者，然後才能左右闡釋者對漢字的闡釋。雖然許慎的具體解說抑或並不可靠，但傳統卻可以爲這些解說的合理性提供種種超出文字學範圍的證明。」〔註65〕那麼，把許慎視爲一個漢字文化學的先知者，《說文》爲一本博物字書，也未嘗不可。

三、學術研究態度：時代思潮與穿鑿附會

漢字闡釋無法脫離介入者的主觀判斷，這種判斷作爲主體發展的結果，又與文化傳統對闡釋主體的特有影響不無關係。這使得漢字闡釋變得十分複雜而興味無窮，一方面漢字形義之間的疏離可藉著闡釋者來彌合；一方面闡釋者作爲漢字與文化傳統的中介，又必會將種種豐富的文化內涵投注於對漢字形義的闡釋之中。舉「一」字來說，古文字學者認爲是紀數的一，〔註66〕《說文》的古文弌，就是紀數說法的遺跡。〔註67〕至於其「惟初太極，道立

〔註65〕黃德寬、常森，《漢字闡釋與文化傳統》（合肥：中國科學技術大學出版社，1995.10），頁109-110。

〔註66〕于省吾〈釋一至十之紀數字〉：「以一爲首之一二三三積畫紀數字。……由於語言與知識之日漸開展，因而才創造出一與二三三之積畫字，以代結繩而備記憶。」（《甲骨文字釋林》頁96-97）；李孝定：「紀數名之自一二三三爲指事，皆以積畫爲數目。」（《甲骨文字集釋》，頁3965），于、李二氏之說皆轉引自《甲骨文字詁林》第四冊（于省吾主編，北京：中華書局，1996.5），頁3570、3571。魯實先〈珍本《文字析義》真蹟〉：「數名之一二三四，於卜辭彝銘并積畫作一二三三，乃象籌筭紀數之式而爲文。」（臺北：魯實先全集編輯委員會印行，1993.6），頁831；徐中舒《甲骨文字典》卷一：「卜辭由一至四，字形作一、二、三、三，以積畫爲數，當出於古之算籌。」（成都：四川辭書出版社，1998.10），頁1。

〔註67〕徐鍇《說文解字繫傳‧通釋》卷一：「弋者，物之株橛義，主於數，非專一之一。若言一弋、二弋、三弋，如今人言一箇、二箇、一枚、二枚，故曰：枚卜也。箇從竹，枚從木；弋，杙也，杙亦木也。」（北京：中華書局，1998.12），頁1。丁山〈數名古誼〉：「弌、弍、弎疑即一個、二個、三個合文。」其說本徐鍇《說文繫傳》，轉引自《甲骨文字詁林》第四冊，同註54，頁3570。何

於一，造分天地，化成萬物」的釋義，文字學者認為已超出文字學的領域，較少深究其理，或者視為許慎個人的穿鑿附會，不合紀數之本義。〔註68〕又如「鳳」下的「天老」，馬宗霍認為是出於五行家之陰陽書，〔註69〕鳳與風穴的關聯、「鳳飛群鳥從以萬數」，光從《説文》表面的文字訓詁，無法知其底蘊，必須深入鳳鳥的傳說與神話，才能知道許慎所言為何。又如文字學者認為八卦不是文字，然而許慎還是在《説文·敘》以伏羲觀象畫卦開頭來敘說主題，有其《易》學的運用。《説文》類似這樣的例子為數不少，是研究《説文》不可避免會碰觸到的問題。因此，與其規避這些問題，不如正面迎解，《説文》穿鑿附會的誤解才得以冰釋；以適當的考釋材料來檢驗《説文》，才能在尊重《説文》的時空背景之下，有助於學理深究，發掘《説文》的思想底蘊。

如果將許慎視為漢字闡釋者，漢字闡釋是闡釋者對文字構形的主觀體悟。在闡釋的過程中，時代思潮無形中左右了闡釋者對漢字的認知，使他自覺或不自覺地援引為漢字的內容意義，闡釋者在此時也無法避免時代思潮對漢字闡釋的影響與導向作用。正是這種影響或導向，使得不同時代或同時代的闡釋者對於同一文字，獲得不同的理解。正是這種影響或導向，成為漢字闡釋的思想內核。回歸到闡釋者的時代，並站在他們的立場，便可理解他們所以為說的道理。假如剝離闡釋者的思想內核，而以後代的眼光或本位立場否定之，闡釋者的說法不免即遭來穿鑿附會的批判。

現今文字學研究僅指明《説文》的正確和謬誤還不夠。更重要的是，透過《説文》來探索漢字闡釋這複雜過程所內含的種種規律，假如不能深思把握其中的規律，便難以將漢字闡釋昇華為理論自覺。

（一）研究者之時空觀

作文字的考釋或闡釋，大多會先從字形的形象來剖析字義開始，這個初

　　琳儀《戰國古文字典》（下冊）據西周金文𠦝（召伯簋）、春秋金文𢦏（國差
　　罐），以為式式式本當从戍，戰國文字戍或省為戈形，《説文》又省作弋形。（北
　　京：中華書局，1998.9），頁1080。

〔註68〕魯實先《文字析義》：「自一至四，雖皆取形籌算，然於六書則一為指事，二三
　　三胥為會意，固無道體與陰陽之義。猶之籌算之式，而無道體與陰陽之義。《説
　　文》云：『惟初太極，道立於一』，是援後世之說，以釋紀數之名。《説文》以
　　地數釋二，以天地人之道釋三，以会數四，是皆未得字義。」同註54，頁831。

〔註69〕馬宗霍，《説文引群書考》卷一，（臺北：臺灣學生書局，民國62.2（1973.2）），
　　頁9。

步的考釋動作，是闡釋文字的基礎功，不過卻多被誤用爲是文字的原始發生意義。段玉裁《廣雅疏證序》云：「聖人制字，有義而後有音，有音而後有形。學者考字，因形以得其音，因音以得其義，治經莫重於得義，得義莫切於得音。」漢字雖以形象取勝，但它所要表達的義涵，卻無法藉由有限的形象完全呈現。換句話說，漢字有限的形象深層，蘊藏著豐富的義涵，包括意象思維、語音記錄，和所指意義等等，這些豐富的義涵要濃縮在漢字這個有限的載體上時，其實會因這個限制條件，而使得義涵打了折扣，文字形體能呈顯的頂多是表象訊息而已。所以，段玉裁所說的聖人制字過程，和學者考字過程，其實並非質量不滅定律，這麼一來一往，質量不且磨損，學者考字也不竟然皆得聖人之恉。所以，考釋文字不能排除文字所置身的文化語境，文化語境提供文字活動的時空，其豐富的義涵才能解壓縮，釋放出來。而忽略文化語境的考釋，只是把文字停留在平面的認知，無法提供一個文化思維空間，讓文字釋放其內在具足的能量，則有望形生義之弊。所以，甲骨文、金文、戰國簡帛文字、《說文》皆有各自的文化語境，塑造文字不同的文化意義。這些文化語境若有承襲關係，文字之義也自然有跡可循，如《說文》鳳與風的關係，要上溯自卜辭四方風，風在卜辭即有作鳳，古人想像能鼓動氣息成風的神鳥就叫鳳；鳳作風，從鳥轉虫，在簡帛文字則可找到線索。風向又與節氣關係密切，所以八風爲八節氣，節氣以定律，猶鳳鳴以制律。鳳與風因此文化網絡的繫連而呈顯豐富的義涵。

有文化語境的文字，才能呈顯文字意義的時空環境，文字研究者要研究任何文字，都必須要回到符合它們時空的文化語境。以《說文》而言，陰陽數術思想對許慎闡釋漢字起了相當大的作用，如《說文》釋一爲「惟初太極，道立於一，造分天地，化成萬物。」「道」實指融合未分的陰陽之氣，《易·繫辭下》所謂「一陰一陽之謂道。」道分陰陽，「輕清陽爲天，重濁陰爲地」，造分天地。「一」是天地開闢以前，渾然一體的道，天地萬物的母體。又如《說文》說解數字亦不脫陰陽之說，「四，陰數也，象四分之形。」五象陰陽二氣在天地間交午；七乃「陽之正」，從一，象微陰從中衺出；九爲陽之變，象陽氣屈曲究盡之形。陰陽數術思想爲《說文》的文化語境，許慎釋字自然會反映這些文化鏡象。作爲《說文》研究者，如果不與《說文》同在一個時空語境，則無法認識其義，追索其理。

舉例來說，甲骨文有這樣的字形：　、　、　、　、　，古文字學者認爲

是「東」字，並認為「象橐中實物以繩約括兩端之形，為橐之初文」，〔註70〕「橐中無物，束其兩端，故亦謂之束」，〔註71〕「束與東為一字者，束字古當讀為透母字，聲轉而為東也。」〔註72〕「橐與東為雙聲，故古文借為東方。」〔註73〕《說文》：「東，動也。从木，官溥說，从日在木中。」「乃據後起之字形為說，不確。」〔註74〕若以這些說法，作為評斷《說文》是非的必然證據，表面上雖言之成理，實質上既陷甲骨文於不是，也對《說文》的理解起不了作用。換句話說，甲骨文考釋和許慎的《說文》，皆出於主觀的漢字闡釋所根植不同的學處認知，他們各有所屬的學處層次，不適合作如此的糾正或取代，否則，反而是在《說文》的身上再加上一道主觀，《說文》本身的謎底還沒解開，便又要接受不同層次學處的說法，這對解開《說文》的謎底無疑是雪上加霜，且對古文字考釋也起不了加分的作用。

　　象橐之形當作是甲文 東 的具象本義，只能視為一種推測，「東」在卜辭多作方位名詞、東母（神祇名）、宮室名、地名、祭名，〔註75〕並無橐囊之義。因此，甲文 東 的本義是否應該就作橐囊，其實是值得商榷的。文字放在語境的意義，固然不一定皆本義，不過也不會全無本義的運用。「東」的本義推擬為橐囊，都是因為太過信任坐實具象一定是原始本義的緣故。況且由漢字視覺圖像所引起的多義性，在闡釋過程中是無法避免的。

　　本論文在第四章、第七章皆討論過《說文》訓解「東」，既有陰陽五行觀作用的春天東方木，萬物生機蠢動的涵義，同時也有神話作用的日登榑桑若木，以表東方的義蘊。陳夢家、饒宗頤都認為：卜辭中的東母應指日神。〔註76〕這個考釋說法，和《說文》「東」的神話義蘊符合。吾人以為：「東」在卜辭早已與日神、東方之義關係密切，《說文》訓解的「東」就是本義，有文化淵源可尋，絕不像徐中舒所說的「乃據後起之字形為說，不確。」《說文》以後起之字形為說，其實是要藉著拆解小篆字形的方式，記錄「東」的日升榑桑神話義蘊，日

〔註70〕 徐中舒，《甲骨文字典》（成都：四川辭書出版社，1998.10），頁662。

〔註71〕 丁山，《說文闕義箋》，頁28。轉錄自于省吾主編《甲骨文字詁林》（北京：中華書局，1996.5），頁3010。

〔註72〕 唐蘭，《考古學社刊》四期，頁1。轉錄自同註3。

〔註73〕 同註71。

〔註74〕 同註70。

〔註75〕 同註70，頁662-663。

〔註76〕 陳夢家，《殷虛卜辭綜述》，頁574；饒宗頤，《殷代貞卜人物通考》頁150。轉錄自同註3，頁3011。

升榑桑是「从日在木中」暗藏的玄機，這是《說文》拆解字形法的獨到本領。艾蘭分析了甲骨文「東」字的寫法，發現它是「木」和「日」字的組合，[註77]是證「東」作「橐囊」之說，並非定論。樹木與東方、太陽相關的思想由來已久，漢代有意無意地繼承這種傳統，《說文》「東」字是一個明顯的例子。

過去，我們對《說文》的形義考釋，達到完美和圓熟，並充當為主流意識形態之時，知識帶來的成就滿足，漸瀰漫成牢固的「常識」。然而，這些常識仍無法徹底解釋《說文》反常的情形之時，在主流意識的邊緣處，找到了可以對應反常的「非常識」。於是，過去覺得最不可能的邊緣意識，充當了接引和詮釋《說文》反常的資源。其實，這些邊緣意識，相對於研究者的常識時空而言可能是陌生、疏忽、難解的，但對《說文》本身或漢代而言，卻是整體意識中的重要環節，只是研究者以自我的常識角度，將這意識有意或無意地減去，也就變成邊緣意識而受到冷漠、遺忘。所以，如何回歸到《說文》的時空情境，才不至於因遺漏而限定了《說文》的知識思想，產生對它的誤判，是值得深思的問題。

（二）研究者之同理心

《說文》的字書定位主導了《說文》的研究方向大多偏向形義之學，許多懸而未決的問題仍未得到充分解答。可見《說文》顯然不應只停留在說文解字，它仍有許多研究領域尚待開發，許多觀念尚待澄清。那些向來被視為穿鑿附會的部分，往往是誤解或不得其解所導致的後遺症，認識的誤區帶來研究的缺乏與薄弱，就不利於《說文》的研究發展。現在我們知道《說文》陰陽數術的文化語境，是釐清誤解《說文》的重要線索。所以，作為《說文》研究者必須承認這樣的語境，才能接受許慎的闡釋，揭開未解的謎題。例如戊字的「六甲五龍相拘繳」，在《說文解字詁林》收錄許多清代《說文》學者的說法，他們也儘量貼近漢代的思想，試圖解開這晦澀難解之謎，尤其，李錦的戊篆五畫圖，非常接近十干化運的《五天五運圖》，這無疑是解開「六甲五龍相拘繳」之謎的一道曙光。十干化運的知識基礎，使我們理解到李錦所言的內容，而李錦的看法，又引導我們對「六甲五龍相拘繳」作更深刻的認識。又如《說文》所說的戊己「中宮」，就是《管子》的〈玄宮圖〉、〈玄宮〉，明堂九室圖、九宮的中宮，古

〔註77〕艾蘭（Sarah Allan）著，汪濤譯《龜之謎：商代神話、祭祀、藝術和宇宙觀研究》The Shape of the Turtle: Myth, Art, and Cosmos in Early China，（成都：四川人民出版，1992.8）頁 42-46。

文乂和篆文十，是這些宮位圖與漢代栻盤四正、四隅交錯的象徵符號。這些訊息光從《說文》表面的說解是不能充分體現，一旦還原或提供相當的文化語境，這些豐富的陰陽數術訊息就得以釋放，若合符節。因此，《說文》經藏，智慧如海，研究者擴大自己知識領域的同理心，勢必責無旁貸。

錢鍾書《談藝錄》的序言說過：「東學西學，道術未裂；南海北海，心理攸同。」中西見解可以不受時空隔閡而融通，時間和空間雖有差異，但真理卻沒有時空的限制，它可超越歷史時間和空間地域。所以，即使是現代的研究者也可以進入《說文》的心境，而《說文》的心境也有召喚後人的寄語，同理心打開千古隔閡，開始對話，《說文》的誤區就不再是穿鑿附會，它有屬於許慎的主張與理念。透過對照與許慎相關的說法，不論是出於漢代和後代的見解，其實都是提供我們好好瞭解《說文》的最佳參考。雖然，有時難免人云亦云，選擇最大公約數的觀點，就是在考驗著研究者的心智。《說文》內在理路所形成的一套問題，需要不斷地解決。這些問題，有的暫時解決了，有的沒有解決，有的當時重要，後來不重要，而且舊問題又衍生新問題，如此流轉不已。要把這種思想的連續性，清晰而又合理地表現在《說文》中，其實並不容易。因此，在《說文》學領域中建立數術思想的連續性，須從「接受」著眼——後人的選擇與詮釋的力量。當數術思想被當作歷史記憶而發掘出來，在《說文》的語境中作為思想資源，進行重新詮釋，以及在重新詮釋時的再度被重構，就是這麼一種以歷史記憶、思想思源和重新詮釋的過程來建立連續性，使《說文》傳統不斷延續。那些被突顯的「記憶」正使原本《說文》的信仰世界在這樣的思想資源參與中，開始生動而強烈地表現著一種新取向和新姿態。

從歷史中尋找什麼樣的回憶，就會使《說文》傳統在什麼樣的資源和基礎上重建和生長；壓抑什麼樣的記憶，就會切斷一些歷史的根，改變某種傳統的取向。因而，當數術思想被當作歷史記憶喚起，從不同的位置、立場和時段出發的回憶，往往就有不同的敘述；從不同的心情、現實和處境對這樣的思想資源重新詮釋，往往就有不同的理解。每個研究者的同理心不盡相同，自然造就《說文》傳統更新的取向與延續。

四、本立而道生：《說文》數術思想之意義

自春秋戰國以降，各種文化傳統日益互相吸收、融合構成的龐大系統，如秦相呂不韋編纂《呂氏春秋》，以儒家為核心，綜合道、法、兵、農、墨諸

家，揚長棄短，建立一個包羅萬象的理論體系，這個理論架構就是陰陽五行。西漢淮南王劉安編撰《淮南子》，也是試圖建立宏偉的宇宙論體系，陰陽五行理論同樣是這體系的主要骨幹。後來，董仲舒發展孔孟以來的儒家思想，並吸收其他諸家精華，陰陽五行理論不僅是他描摹宇宙圖式的根基，也是他的學說理論的紐帶。陰陽五行綜合諸子百家所形成的文化意識體系，成為兩漢最盛行的宇宙論和方法論。人們無論談論哪一個領域的問題，似乎都離不開陰陽五行，陰陽五行變成是漢代人對「道」的體認，換句話說，漢代人心目中的「道」，是經過雜糅諸子百家學說，以陰陽五行為架構的宇宙秩序。

（一）盤桓往復之圓道秩序

依照陰陽五行的宇宙圖式，時間不是一去不復返的流逝，而是春生、夏長、秋收、多藏的輪迴變化；空間不是單獨存在的封閉隔間，而是自然物類相應的東南西北中五方，人居時空的中心，成為時空的主體。四時年月的循環和方位的對應，都與人的身心靈休戚與共，五音（宮商角徵羽）、五志（喜、怒、憂、悲、恐）、五性（仁義禮智信）、五事（貌視思言聽）按五行法則與四時五方相配，意謂客觀的時空融合著人的藝術情感、道德理性。宇宙萬物具有陰陽轉化、五行回環，終而復始的循環圓道，一切自然現象和社會人事的發展、消亡，莫不在環周運動中進行，《鶡冠子・環流》：「物極則反，命曰環流。」《呂氏春秋・大樂》：「天地車輪，終則復始，極則復反。」體現動中致靜，以不變應萬變的恆常永久的意識。在《說文》編撰的具體實踐中，深受圓道觀的影響。

1. 六書之圓道觀

許慎六書前四書的次第「指事、象形、形聲、會意」，指事、象形為文，獨體；形聲、會意為字，合體。「文」「字」在《說文》中擔綱組成的分子，也體現生成的總體。「指事」置於六書之首，不單指制字先於一畫，更具「惟初太極，道立於一，造分天地，化成萬物」的哲理，「一」是天地萬物的源頭，是這部文字總體生命的開端，也是化育無窮的總體象徵。「會意」後於「形聲」，蓋會意有三合為字之哲學道理在其中，《老子》第四十二章曰：「道生一，一生二，三生萬物。」三合之後衍生更多的文字數量，故前四書之法已不能濟其窮，改由「轉注」「假借」來繼承這樣的任務和功能。轉注與假借都在溝通二字以上的形音義關係，是文字多途轉用或滋生的門徑，故其性質與前四書有所區隔。最後，《說文》要呈現的還是一個文字總體生命，復歸於一。所以，

許慎的六書次第正好畫了一個圓，反映了一種循環意識。

2. 部首排列之圓道觀

《說文》共五百四十部首，「立一為耑」，「畢終於亥」，以「一」為耑，固然是文字筆形最簡易的因素。同時，「一」是「道」、「太極」，乃天地萬物之始，也是漢字成形的根本基礎，「立一為耑」在於追本溯源。「亥」象一男一女懷子之形，為孕育新生命的開始。周正歲終為亥十月，十一月子為歲首，十月陽氣微起，上交盛陰，雖然，根植於地，閉塞終結，但實為新生之所本。因此，亥寓寄著終而歸本、返本復初的意義，而且也蘊藏新的生命元氣，故《說文》云：「亥而生子，復從一起」，是文字生成的暫時終點，又是新生起點、孕育、誕生的象徵。「始一終亥」的圓道運動，使漢字依著「道」生生不息，保持活力，不僅與人合一，而且天地合一，天人合一。茲援引姚淦銘的圖示如下：〔註78〕

漢字生命的圓圈運動

最特別的是《說文》最後的二十二個部首是以干支字作結，它們都以物象的生長與陰陽之氣的消長來釋義，在五百四十部首的大圓道中自成兩個小圓道。〔註79〕

3. 屬字排列之圓道觀

《說文》部內的屬字聚合是「以類相從」，或以時間先後，或以事理而前後相承，或美列惡前，或體居用先等等，其中也不乏以圓道觀作為屬字聚合的指導原則。例如：日月的升落盈虛、植物的秀實枯榮生長、陰陽之氣的消長都是周期的圓道思想。

以「日部」的屬字為例，先列整體性的「時」，其云：

> 時，四時也。从日寺聲。

〔註78〕姚淦銘，《漢字心理學》第三章〈漢字邏輯‧哲學‧心理〉（南寧：廣西教育出版社，2001.1），頁116。

〔註79〕詳見本文第三章《說文》《易》學思想〉，頁149-156、第四章《《說文》陰陽五行思想〉，頁293-317。

次列「早」：

> 早，晨也。从日在甲上。

再列「昒」「昧」：

> 昒，尚冥也。从日勿聲。
>
> 昧爽日明也。从日未聲。〔註80〕

「尚冥」是將明未明之時，爲晝夜的臨界點。「昧」亦是明暗相交時節，介於日出與雞鳴之間。因此，「昒」「昧」的時間比「早」還早，「早」出於「昒」「昧」，故二字列於「早」之後。再列「晢」「昭」「旭」「晉」：

> 晢，昭晰，明也。从日折聲。
>
> 昭，日明也。从日召聲。
>
> 旭，日旦出貌。从日九聲。
>
> 晉，進也，日出萬物進。从日从臸。

早晨日出，天明萬物甦醒，這幾個字是承接「早」的字義而來。繼而日昃而昏，無光不明：

> 昃，日在西方時，側也。从日仄聲。
>
> 昏，日冥也。从日氐省。氐者，下也。一曰民聲。
>
> 晻，不明也，从日奄聲。
>
> 暗，日無光也。从日音聲。

最後列了「曉」「昕」：

> 曉，明也。从日堯聲。
>
> 昕，旦明，日將出也。

所以，「日部」屬字排列爲早→晚→早、明→暗→明，終而復始的時間圜道模式。

　　再以「月部」爲例，始於初一的「朔」，次而初二、三的「朏」「霸」，接著爲滿月的「朢」，再來是月始虧的「冥」，終於月盡的「晦」，〔註81〕體現了朔——月牙（朏、霸）——朢（滿月）——冥（月始虧）——晦（月盡）的盈虛圜道循環。

〔註80〕 大徐本「且」作「旦」，今依《說文》段注本。「昧爽且明也」五字當連篆作一句讀，故不作斷句。

〔註81〕 詳見本文第五章《說文》天文律曆思想〉第一節「天文說」之二「月相與月行」，頁 369-377。

又如「禾部」最後以「稘」作結，〔註82〕「禾部」之屬字先種植，再有收穫，「稘，復其時也」殿後，也是象徵周匝回復之義，並知「稘」相當一年。

（二）經藝明，王道生

許慎恐巧說衺辭使學者疑，「博問通人，考之於逵，作《說文解字》。」「六藝群書之詁皆訓其意，而天地、鬼神、山川、艸木、鳥獸、蚰蟲、雜物、奇怪、王制、禮儀、世間人事，莫不畢載。」（〈上《說文》表〉）這種博通精神的展現，出自於文化傳統的綜合。因此，他解釋漢字也是融合儒學、道家、陰陽五行、神話等觀念，不管其闡釋正確與否，都體現了許慎的綜合功夫。《說文》反映了漢代人經驗知識、意識形態等方面建構體系的時代趨勢，但又因於這一趨勢使許慎從自身的傳統中脫穎而出。許慎《說文·敘》云：「俗儒啚夫，翫其所習，蔽所希聞，不見通學，未嘗覩字例之條。」揭示《說文》與眾不同之處在於「字例之條」的設計，而此設計正是其通學的深厚功夫的展現。所以，《說文》的產生非僅止於單純的文字動機，它不是許慎的終極意義。其實，許慎更顯然有意地將漢字同社會的價值系聯在一起，「蓋文字者，經藝之本，王政之始，前人所以垂後，後人所以識古。」（《說文·敘》）正如許冲〈上《說文》表〉所述：「蓋聖人不妄作，皆有依據。今五經之道，昭炳光明，而文字者其本所由生。自周禮、漢律皆當學六書，貫通其意。」對許慎來說，漢字明則經藝明，經藝明則王道生，許慎撰作這部巨著，有其為經學正本清源的抱負與願景，欲效仿「聖人不妄作」之精神。雖然許慎謙稱「既竭愚才」、「聞疑載疑」、「次列微辭」，其實他是展現「惜道之味」的篤實，「演贊其志」的雄心，如文王演《易》，孔子贊《易》及修《春秋》，游、夏不能贊一辭，這也就是許慎所珍惜仿效的聖人之道。因此，當我們把這部用心經營的巨著當作字書在檢索、探討時，留神許慎「知此者稀，儻昭所尤」的抱憾，了解其著書博通明道的依據，正是完成他「庶有達者，理而董之」的心願。

《說文》云：「王，天下所歸往也。董仲舒曰：古之造文者，三畫而連其中謂之王。三者，天地人也，而參通之者王也。孔子曰：一貫三為王。」許慎以「天下所歸往」的「往」作為聲訓；以「三者，天地人也，而參通之者

〔註82〕《說文》云：「復其時也。从禾其聲。唐書曰：稘三百有六旬。」（七篇上五十四）《說文》「唐書曰」是指《尚書·堯典》文，今〈堯典〉作期，壁中古文作「稘」，从禾，蓋禾歲一熟。段玉裁注：「言帀也。十二月帀為期年，《中庸》一月帀為期月，《左傳》旦至旦亦為期。」

王也。孔子曰：一貫三爲王。」爲形訓，後者是條件，前者是結果。唯有參通天地人之道者，致天下歸往者，才有資格稱王。「王」的豎畫表示貫通之義，王者所要貫通的天地人三才之道，就是一種王道。同樣地，漢字雖非最高價值，但許慎卻藉著《說文》闡述天地人三才王道，指向漢字的最高價值。因此，由漢字而通經學，再從經學揭櫫王道，其實還是必須落實於經世濟民，張之洞《書目問答·姓名略》前言云：「由小學入經學者，其經學可信；由經學入史學者，其史學可信；由經學、史學入理學者，其理學可信。以經學、史學兼詞章者，其詞章有用，以經學、史學兼經濟者，其經濟成就遠大。」小學是經學、史學、文學的基礎，《說文》之於許慎的作用，是他必須反思漢字對經藝、王道、前人、後人的意義，從漢字的義涵知道如何把握《五經》之道與聖人之旨。由此，許慎創立文字學的目的必然從經學趨向思想的目的，一個籠罩在龐大天人思想起作用的經學環境，是許慎立足於儒學並兼容百家的學術磁場。

第八章 結 論

一、《說文》數術系統之現象

　　以數術作爲研究主題，當然是希望《說文》的每類數術字例能圓滿無缺，以增益研究價值所在。然而，偏偏《說文》涉及數術的字例系統，時有不能全部到位的情形產生，造成系統殘缺，僅由一部分字例代表，這類情形，見之於八卦、五音、五位、四季等字例系統。像八卦系統，乾、離二字說之以本義，坤、震、巽、艮、兌、坎皆以卦義解之。五音系統只有一個「霸」字（即羽音之專字）出現，其他宮、商、角、徵、羽仍爲本義，無關五音。五味系統只有甘、鹹、辛三字，苦、酸仍是本義。四季字的「夏」不作季節，而作「中國之人」。其次，由數術系統不能成組的問題，可發現《說文》釋義的操作基準是有本義與假借義的兩套方式，因而數術與《說文》之間的主客關係，誰主誰客，是可以《說文》的訓詁學，來補充說明文字的形義學，加大說解的彈性度。另外，《說文》聚攏的數術思想，是否眞的能定其斷代範圍，或者如何作包容與薈萃，才能突顯主題的時代性。經過前文章次的專題論述之後的體會，茲就以上三個問題來說明《說文》的數術系統現象，而後再分點總述《說文》數術思想的全部要義。

（一）數術系統字例殘缺之理解

　　《說文》是本字書，當以本義爲第一義，但是對那些數術分類字例而言，則是以假借義爲第一義。易言之，本來不該成爲第一順位的數術義，對說本義的《說文》而言是爲假借義，在數術條件主導下，有時也會變成第一順位的釋義，本義闕如。這是《說文》體例不一，自亂陣腳，抑或許愼爲所當爲，

就該謹慎思考，不能輕下斷語。其實只要放下對《說文》本義和盡求系統完整的執著，轉個角度，是可以理解許慎如是的安排，是要保留本義和假借義的相互對照空間。

◎《說文》本義與假借義之辯證

（1）站在文字的本義立場，直接釋以八卦、五音、五味之義者，皆是假借義，而那些未能在數術系統到位的字例，還維持本義。

（2）以漢代數術角度而言，那些直接以八卦、五音、五味釋之的字例，馬上能夠和數術對應，又彷彿可視作另一種本義。易言之，這裡的本義是因數術登場所致，而文字原味的本義就暫時退位。

（3）《說文》數術系統字例不完整的現象，反而闡述了本義和假借義相對中的辯證，意義是運動、變化、發展的；世界上沒有絕對和一成不變的意義，不變的只是變化本身。《說文》如此的意義系統缺口，是保留本義與假借義之間的轉易流通，反而更了解到體例不能看成是死的，而是充滿機趣的辯證，在有限的行文中，去容納更多的訊息在其中，才能發揮簡易體例中的最大價值。

（4）《說文》建立互見遞移系聯方式，去補充系統字例的完整性，讀者按照提示去推理連結，自可突破《說文》本義的限制，消解《說文》系統殘缺的錯覺。易言之，在形式上，《說文》的數術系統字例是殘缺的，但在象徵的表現上，試圖用類推法，闡明隱藏於《說文》某個行文角落，人所容易忽略的領域，以及正在形成的領域之中的那些現象。如「音」的釋義中就藏有五音宮、商、角、徵、羽的提示，可與單獨的霢字系聯，闡明五音之義，在「音」的角落，幽幽綻放一朵五音之花，與霢相輝映。

（5）《說文》的本義是其第一人格，外在的意識人格，而內在、神秘的數術意義是第二人格。第一人格使《說文》傾向於形義學，取得文字學上的成就；第二人格使《說文》不斷地返回許慎的內心，返回漢代的數術歷史及其奧秘。

（二）《說文》與數術之主客關係

《說文》是字書的典範，亦是訓詁的寶藏庫，許沖〈上《說文解字》表〉：「慎博問通人，考之於逵，作《說文解字》，六藝群書之詁，而天地、鬼神、山川、艸木、鳥獸、蚰蟲、雜物、奇怪、王制、禮儀，世間人事，莫不畢載。」《說文·敘》：「今敘篆文，合以古籀；博采通人，至於小大；信而有證，稽譔其說。將以理群類，解謬誤，曉學者，達神恉。」《說文》「世間人事，莫

不畢載」的內容就有諸多可「曉學者，達神恉」的提領，許多原本隱伏的數術狀態就被激發出來，原本看不見的就被看見。所以，《說文·敘》一開始就以伏羲畫卦揭開序幕，顯然是和《易》接線的誓言，當我們以《易》學眼光看待《說文》是可以被允許通關的。《易》學又是數術內容的主體。所以，以數術主題研究《說文》並非標新立異，《漢書·藝文志》「數術略」、「方技略」不就是最好的學術證據指標說明。

既然研究《說文》的數術思想，會牽涉到本義、假借義（或引伸義）兩個變動基礎面，這變動的機制到底是數術帶動《說文》，抑或《說文》配合數術，擺在天平的兩端，孰輕孰重。以《說文》數術字例的量來看，尚稱不多，應當是《說文》配合數術非常態的特殊現象。但只要再仔細端詳《說文》在體例經營上的完密，又彷彿是數術帶著《說文》在跑，試看許慎用「一」與「亥」包頭包尾，以「一」初啼「惟初太極，道立於一，造分天地，化成萬物」之意，以二十二干支字卦氣說作結，《說文》的骨架是用數術撐起的，要說數術對《說文》影響不大，於理又說不通。因此，《說文》與數術的關係是存在的，若要用出現機率，硬要分辨彼此間的主客關係，是看不到必然性、主觀性，它超越了機率可駕馭的模式。

按本論文附錄整理的《說文》數術字例總表共計 347 字，僅佔《說文》總字數 9353 約 0.37%，連 0.5% 都不到。以此微小數據要撐起數術這麼大的研究課題，比例上的懸殊落差，猶如蚍蜉撼樹，然諸多隱微機妙處往往就在此間以小見大。所以，不能小看這微小數據的無限可能。況且，許慎的數術思想貫穿在《說文》的編纂體例，是不爭的事實。整本書的基本架構尚且蘊含最高思想指導原則，更可證明《說文》字書的價值，處處皆有精心安排的思想理路，展現該書形下與形上的完美融合。思想透過語言文字行文是可求精簡，然而一旦要明白陳述，則是龐大知識網絡的絲絲相連，環環相扣。這就是《說文》少為人發現的思想之謎，本論文以之為研究論題的原因了。

（三）共時性詮釋法

數術有其歷時的縱深，和寬廣的疆域，在面對這麼龐大複雜的訊息，如何作為《說文》數術的有利證據，說起時代的特色，一般我們都會設限在《說文》當代，可上溯於先秦，然不宜超出漢代，每個證據按照先後時間，先有甲，之後才有乙，於是有了丙，最後形成丁，這就是因果律的看待方式。但是，超出漢代以後，《說文》的數術課題還是可以被繼續研究開發的，這些後

起說法仍有採信的必要。因此，哪裡該引古文字說明，哪裡該以小篆字形分析，哪裡可溯源於先秦，哪裡又可引述漢代以後，或近代、現代說法，才能完足道盡《說文》的數術意義，則要採一種「共時」的認同，才能製造《說文》數術氛圍的豐富，在共時的效應中，異時的引證並非各自分離，而是互動的。在《說文》互動的境中，兩者的疆界一同瓦解。

1930 年榮格首先使用「共時性」（Synchronicity）一詞，來對這些超自然的現象進行描述。在「共時性」原理的描述中，我們不難發現所謂的「巧合」或「正巧」的事件，並非只是一種所謂的「偶然事件」。榮格進一步的認為，「共時性」的事件，旨在啓示我們：宇宙間的一切存在形式之間，有一股奧秘的和諧動力網，將我們與萬事萬物聯繫在一起。一旦我們體驗到這種「和諧」時，它將變成一種巨大的能量，能給予我們一種「超越時空的意識」。

因果性和共時性適用於不同的研究主體。更確切地說，兩者與研究主體本身的特性有關，即針對觀察情境的特色作判斷。當數術證據之間的聯系不是因果律的結果，而是另一種非因果性聯系的原則（acausal connecting principle），其決定性因素是意義，是來自個人的主觀經驗，各種證據以意味深長的方式聯系起來，就非只是單純的巧合可說的。

甲乙丙丁異時的證據說法，在共時性的作用下，其實是在《說文》的同一個情境、同一個時空中，一起呈現出來的。只要是有助於《說文》數術的秘密解開，每一個時態的證據都存在一個「同」（《說文》）的情境，而在這個「同」的情境下，卻又有無數個樣貌不同的證據現象在表現，但它們其實都朝向這個「同」的情境在運動。在這個時態中，只要加以不斷鼓動、鼓舞，就可以不斷看見那個同時性活動。

（四）《說文》數術要義總述

1. 《說文》《易》學思想

（1）文字創造之原理源於《易》學的啓示，而《易》「象」與漢字的形構有著共同的意象思維底蘊。漢代人認爲八卦卦像是文字的前身。

（2）從「文」的錯畫到「字」的孳乳，《說文》文字的衍生不單是字體或數量的增益，而且是總攬天地萬物的生命有機體，肇端於奇偶相生，成之於化育無窮。

（3）《說文》以三才思想解釋天、地、人之義，也以之安排部首分布，

天置於第一篇上，人置於第八篇上，地置於第十三篇下，如《易》卦六爻三才之理，人居天地之間。許慎言六書定義，各舉兩個字例，也仿似天地人，人居天地之中的道理，上下；象形者，日月；形聲者，江河；會意者，武信；假借者，令長；轉注者，考老。日月屬天，江河屬地，武信、令長、考老屬人事，上下方位指出，而中亦隨之定矣。

（4）「一」、「元」、「天」的相次順序，當是受了董仲舒學說的啓迪。「无」與「元」皆可指稱道體「一」，兼採道家與《周易》系統。

（5）「王」引董仲舒與孔子之語，能參天地人之道，通一貫三。天地之生，人爲極貴，謂之人能與天地合德。人之元也，善之長，即仁義禮智之仁，元也等於仁。

（6）漢「儒」是經藝百家之五行儒術，是由博反約的博采與化約，一以貫之，不相違背，應經權，得中和。

（7）《說文》象數思想中的「始一終亥」，是許慎《說文》部首的哲學內核，「立一爲耑」爲道體根源性之總體；「畢終於亥」，以陰陽消長的「十二月消息卦」，終而復始——「亥而生子，復從一起」，強調「一元復始，萬象更新」的生生氣象而說。《說文》以陰陽之氣消長釋訓干支字，其理蓋源於卦氣說的十二消息卦，得諸孟喜《易》學之意。

（8）《說文》引祕書「日月爲易，象会易也」之語，將「易」作日月拆字，蘊含月體納甲說；「易」作日勿拆字，立表定時，測量日影。

（9）《說文》編纂體例之數理，《說文》十四篇加〈敘〉一篇，其數十五，是太極、兩儀、四象、八卦數之加總。十五篇分上下，共三十篇，是老陽（9）、老陰（6）、少陽（7）、少陰（8）之總和，也是地數 2、4、6、8、10 之總和。540 部首是太極、老陰、老陽、亥數之相乘。《說文》10516 字數接近《易·繫辭下》萬物之數 11520。

（10）《說文》以《易》學的陰陽筮數思想解釋數字「一」至「十」。而古文五「乂」和「十」的形制又是九宮數的符號密碼。

（11）《說文》「物」由《易》乾坤天地二卦之策，推算出的萬物之數。並採太初曆十一月朔且冬至，卦氣起中孚。中孚者，復之始也，在辰爲子，在星爲牽牛，在卦爲復，復之初九乾元也，乾元萬物資始也，天地之數始於牽牛。

（12）《說文》的六書、部首、屬字排列，按著盤桓往復之圓道秩序。

2. 《說文》陰陽五行思想

（1）《說文》陰陽說由「精」、「氣」變化而生，施之於天地、性命、生物、器物。

（2）天有霓、虹之應現，雷、電、霆、震之激薄。陰陽之氣降升相迫，則雪霰冰雹；若二氣不應，則霜降起霧晦霾。

（3）「性」是天之陽的一面體現，謂之「仁」，可以產生善質；「情」是天之陰的一面體現，慾之生。齔則是生理陰陽之道成熟的過程，男（陽）因八（陰）而生毀齒，女（陰）因七（陽）而生毀齒，故「陰以陽化，陽以陰變」，男女到了毀齒的雙倍年齡——十六與十四歲，就各具有生殖能力。魄，人陰神；魂，人陽氣；晝陽夜陰，癙是情及魄陰侵於性及魂精所致。

（4）《說文》以陰陽之氣說生物者，如珠、蜃、蛤、蚨為水物，屬陰，珠可以剋火，蜃、蛤由飛物（陽）變化而來，蚨血可使錢自還；如麥、黍為植物，其生長與五行之氣、節氣關係密切。

（5）《說文》的「鑑」與「鐩」是光學的陰陽氣論，鑑諸，可目取朙水於月；鐩取明火於日。

（6）《說文》有五行、五方、五音、五色、五味之配置，並明其五行休王和相生相剋之理。

（7）《說文》災祥說是天人休咎感應，以瑞玉、神鳥瑞獸、瑞草嘉穀應祥瑞；災異則以示是天垂吉凶象，祑是大地群物失性後所反映出來的災異現象，氛是吉凶之氣，雈是鳥鳴災異，螟、蟘、蠱是蟲害災異。還有厭劾妖祥之祈禳。

（8）《說文》干支說，天干字釋義，部分取象於植物，描述萬物生、長、盛、衰的活動週期，就是以陰陽之氣消長與五行配以方位、季節來一起呈現。另一個是《大一經》比附人體，可能與針灸治療有關。地支亦描述生物一年中的週期變化，與天干一樣，都是以十二消息卦原理釋陰陽消長。「壬」與子、亥干支合德，具二十四向原理。「戊」的「六甲五龍相拘繳」寓寄了《五天五運圖》和十干化運。

（9）《說文》讖緯神學以神話連線，分為感生、創制、太陽、四靈神話。

（10）創制神話的主角有庖羲、神農、女媧、倉頡、西王母，是瑟、琴、簧、文字、管的創制者。

（11）《說文》系聯日、杳、杲、榑、叒諸字，得太陽神話的面貌有日中之烏、日出扶桑。

（12）《說文》以鳳、麒、龍、龜說四靈神話。鳳鳥是御風的神聖象徵，暮宿風穴，是風的發源口，風應節氣變化，律呂的形成，得自於風（鳳鳴），樂器的形制亦不脫仿效鳳鳥。麒是仁獸。龍是「春分而登天，秋分而潛淵」，春分，雷聲始發，萬物驚蟄，故「春分而登天」；到了秋分，雷收聲，萬物準備過冬，故「秋分而潛淵」。龜的天地之性，是因耆老長壽，聚天地之靈氣，是其作為占卜吉凶的理由。

3.《說文》天文律曆思想

（1）《說文》天文說有日月星辰天體、十二次、月相月行和圜道觀。

（2）日月是陰陽精氣，有日中烏、蟾兔傳說，星昴曑也是天上的精光。

（3）歲星一日行十二分度之一，十二歲而周天，每年行「一次」，故曰「十二月一次」。歲星右行從亥至午為陰，從巳至子為陽，環繞一周，歷徧陰陽，十二次凡360度。

（4）月相變化的順序排列為朔（初一）→哉生霸、朏（初二、三）→望→冥（十六日月始虧之後）→晦，月相晦明與方位，與月行速度朓朒疾遲有關。

（5）《說文》曆法說，在《說文・敍》作「困頓」、「孟陬之月」即是太歲紀年的歲陰「困敦」，歲陽正月「陬」。

（6）《說文》釋「物」曰：「天地之數起於牽牛」，攸關太初曆。

（7）《說文・敍》「朔日甲申」猶由三統曆人統始於甲申。

（8）《說文》置閏從三年一閏，五年再閏。19年235月，十九年七閏。

（9）《說文》四季，春則推生草出，秋則禾穀熟，冬則四時盡。八風配八方，蟲感風氣而生，故八日而化生。

（10）歲時祭祀，禘祭為郊天之禮，「五年一禘」是因五年再閏，天氣大備。祫是天子合祭遠親先祖之禮，「三歲一祫」是因三年一閏，天氣小備。臘祭是歲終祭百神之禮，在冬至後第三個戌日行臘祭，是因漢德五行為火，火盛於午，終於戌，故在冬至後第三個戌日歲末為之。腰祭在楚地為二月，為進尊長、賀君師的飲食之禮。

（11）植物生長說物候，麥是秋種穀物，屬金。禾二月始生，八月而孰，故知禾春生秋熟。二月春分，八月秋分，陰陽氣平，得之中和。黍因大暑熱而種。

（12）禽鳥感應知物候，立春，雷發於地中，應陽氣之生，雄雛通其氣而鳴。春二月離黃鳴，為蠶生之時。雇是農忙植桑養蠶時的有益候鳥。鷽可

以鳴叫預知未來吉凶之事。鷸知天雨。「鳥者，知大歲之所在。」鵲巢口的方向背太歲，因此與鵲巢口相反的方向，爲太歲所在。

（13）《說文》採十二時辰，晨謂農時三月，昧爽之時（丑時）起而作，餔日申時食。

（14）《說文》審度，以人體爲法度：1 寸＝10 分，取度於寸口；1 尋＝8 尺，取度於兩臂測廣度（舒肘知尋）；1 仞＝7 尺，曲度於身高，用於測高度、深度；1 尺＝10 寸，取度於寸口到尺澤的距離；1 咫＝8 寸，取度於中等身材婦人之手長；1 丈＝10 尺，丈多以男子身高作象徵。1 匹＝4 丈，因八揲一匹，八尺尋一揲，連續五揲，方爲四十尺，等於四丈，等於一匹。

（15）《說文》容量，1 䄷＝1 程，作容量；10 髮＝1 程，1 程＝1 分，10 分＝1 寸，程又兼作長度。1 秅＝120 斤，1 升＝10 合，1 斗＝10 升，1 斛＝10 斗。

（16）1 秅＝2 秭，1 秅＝10 稯，1 秭＝5 稯，1 秉＝240 斗，1 筥＝4 秉，1 稯＝10 筥，1 秅＝10 稯＝400 秉，其中稯、秅兼作絲縷數、禾束，秭兼作絲縷和中數「數意至萬曰秭」。又「秅」下引《周禮》1 秉＝240 斗，1 筥＝4 秉，1 稯＝10 筥，1 秅＝10 稯＝400 秉，王念孫認爲秉可兼作量名與禾束，1 秉＝240 斗是量名，容量；1 筥＝4 秉，1 稯＝10 筥，1 秅＝10 稯＝400 秉是禾束。又從《說文》的 1 秅＝2 秭與《周禮》的 1 秅＝10 稯，可知 1 秭＝5 稯，故知《說文》「秭，五稯」是據《周禮》而來。

（17）禾穀的精粗：粟二十斗，舂爲米十斗曰糳；粟二十斗，（舂）爲米六斗大半斗曰粲；粟重一䄷爲十六斗大半斗，舂爲米一斛曰糲；糲米一斛舂爲九斗曰糳；糳米一斛舂爲八斗曰繫，粟：糲：粺（糳）：繫：侍御：粲＝50：30：27：24：21：16 $\frac{1}{4}$，粟＞糲＞粺（糳）＞繫＞侍御＞粲。

（18）《說文》考度丈量計數工具，有璧玉有尺度可考，如璧好三寸、肉六寸相加起來，是爲璧的直徑九寸；環，肉好若一：琮「大八寸」。算籌有《漢書·律曆志》所說的「六觚」，是用算籌成一握實心六角形，六邊每邊長的枚數各爲十，算籌總枚數是 271。環矩以爲圓，合矩以爲方。

（19）音、韶、樂皆指音樂的通名，有有五音八音、虞韶樂記載。章、竟爲音樂章節曲盡，龠、竽、笙（簧）、簫、管屬於管樂器，鼓、鐘屬於打擊樂器，琴、瑟屬於弦樂器，殷指樂盛。其中比較特殊的是韶樂是虞舜之樂，舜紹堯道，鳳凰來儀；竽、笙、簫皆取象於鳳，竽、笙象鳳鳥斂翼之形，簫

象鳳展翅之形，如排簫；簧爲女媧所作，管爲西王母獻於舜，瑟爲庖羲作，琴爲神農作，頗富神話色彩。鼓、鐘爲春分、秋分之樂，與節氣說結合。

　　4.《說文》方技思想

　　（1）《說文》五臟字，腎，今古文學派一致無二意，同屬水；心主採古文學派之說（土），並列今文學派之說（火）；肺、肝、脾採今文學說（金、木、土）。

　　（2）六腑是大腸、小腸、膽、胃、膀胱、三焦。《說文》僅見膽、胃、脬（膀胱）、腸諸字。膽是連肝之府，肝功能主疏泄、主藏血，而膽的功能則是助疏泄、助消化、助藏血。胃是穀府，胃是五臟精氣的本源。脬（膀胱）爲小便水液歸聚之處，藏津液。腸謂大小腸，小腸上承於胃，下接於大腸。

　　（3）《說文》疾病分科，從血部、疒部、虫部、骨部、肉部、鼻部、目部、齒部、牙部字例，分爲內科、外科、婦科、小兒科、耳鼻喉科、眼科、皮膚科、牙科。

　　（4）《說文》醫療方法，禬是帶有巫術性質的醫療行爲，其他爲治療方法：劀、剽、砭爲砭石療法，痎是針療，灸是火灸法，醫是酒劑療法。

　　（5）《說文》經方說藥石的藥效，有艸部、木部、石部字例。以艸部居多。

　　（6）《說文》房中字例是就「情性之極」的懷妊而言，計有包、妊、娠、嫋、孕諸字。

　　（7）《說文》神仙字例，神祇乃天地之神。僊、仚、眞則是仙人，煉精化氣，仙風道骨。靈、巫、覡是巫術神職人員。嫦則是星辰神化人物。

　　（8）《說文》服餌字例有玉、芝。

二、《說文》研究之體認

　　向來的《說文》研究較專注於漢字構形釋義規律的探討，而忽略、遮蔽、埋沒了《說文》的撰著道統理路，無形中徒增《說文》落人口實的缺失，於是諸如「闕失舛謬」、「繁複玄遠」、「與商周時之古文字形構不符」〔註1〕的學術評斷，主導了對《說文》的認知與研究方法，爲人多所深信與運用。研究固然可以批判研究材料的錯誤，不過，如果沒有考慮證據與研究材料的合身度，就來驗證研究材料的是非，這樣的證據只是研究者自說自話的證據，不

〔註 1〕陳美華，《《說文》干支字研究》（臺北：文化大學中國文學研究所碩士論文，民國 73（1984）），頁 37、39。

是為研究材料發聲的證據。平心而論，證據本無對錯可言，錯在研究者的認知與援引套用，既削弱了證據原本的特質，同時也給證據強加上研究者的成見，越益加深證據對研究材料的誤判，落得證據與研究材料兩敗俱傷，證據既無真正發揮證誤的功能，研究材料的「誤區」依舊是誤區。

運用出土文字檢證《說文》，若兩者條件相符，既可更加確定《說文》的說法，也更證實出土的可靠性，以及兩者之間的流變關係。但若有不符情形產生，則應各自檢討原因何在，而非以占時間優勢的出土文字之標準來否定、改易《說文》。因此，以出土文字驗證《說文》所得的利弊得失，其實對雙方而言都是一項好事，尤其，當兩方說法牴觸不符之時，才能開發新的研究方向，再創研究佳機。丁邦新曾經說過：《說文》的詞彙系統是漢代當時的語言特色，不適合援引甲金文作輔證。〔註 2〕本論文所探討的《說文》數術思想，多來自許慎的特殊詞彙用語，這正是漢代的用語特色，如「易」下引「祕書說曰：『日月為易，象会易也。』」惠棟《惠氏讀說文記》認為祕書是《周易參同契》，劉師培說：「推日合月為易《易經緯》」；〔註3〕「仁」下云：「从二人」，《春秋元命包》：「仁者，情志好生愛人，故其為人以仁，其立字二人為仁」；「風」下云：「風動蟲生」，《春秋考異郵》：「蟲動於几中者為風」；「黍」下云：「从禾入水也」，《春秋說題辭》：「禾入水為黍」。以上《說文》這些釋形之語幾乎和緯書所言如出一轍，緯書向來長於作字形拆解，《說文》採錄沿用此法，絕非故弄玄虛弔詭，它代表的是漢人的構形觀，而此構形觀往往有陰陽數術思想貫穿其中，屬於漢代特有的漢字闡釋觀，和甲金文考釋不可同日而語。

因此，援用出土文物應證《說文》，還是要考慮時空條件的適合度，才不致於出現太大的落差。上溯於甲金文字形只能當作是《說文》的遠因參考值之一，春秋戰國到漢的出土文物，在時間上比甲骨卜辭、鐘鼎金文更接近《說文》，則是檢視《說文》不可忽略的近因參考值。例如《說文》古文與戰國文字字形相近，茲舉數例如下：

〔註 2〕 丁邦新教授於成功大學中文系開設特別講座：「語言與文學」課程（民國95.6.1-6.30），在「語言與考證：詞彙與文學作品」單元授課堂上所提到的觀點（民國 95.6.22）。

〔註 3〕 劉師培，〈讖緯論〉《左盦外集》卷三（《劉申叔先生遺書》（三），臺北：大新書局，民國 54.8（1965.8）），頁 1611。

	說文小篆	說文古文	戰國文字
社	社	社	社《中山王鼎》
王	王	王	王《王子午鼎》
玉	王	帀	王《江陵楚簡》 王《詛楚文》 王《仰天湖楚簡》
百	百	百	百《中山王鼎》
巨	巨	巨	巨《鄴王喜戟》
時	時	旹	旹《中山王𧈪方壺》 旹《包2.137》反
丘	丠	坖	丘《鄂君啓節》
冬	冬	冬	冬《陳騂壺》

　　以上各例，戰國文字與《說文》古文的字形，筆劃雖有點線連貫、左右上下位置的小異，然大抵接近。又如《說文》云：「糲，粟重一柘爲十六斗大半斗，舂爲米一斛曰糲。从米萬聲。」《九章算術・粟米篇》云：「粟率五十，糲三十」，粟是未舂的原糧，舂成米則其重量與容量皆有耗折，故有一定的比值，其比值約莫5：3，破城子漢簡110.14云：「粟一斗得米六升」，則知一斗粟折爲六斗米，就是《說文》與《九章算術》的「糲」，其比率爲10：6或5：3。又瓦因托尼漢簡148.15（甲858）云：「凡出谷小石十五石爲大石九石」，則大石與小石的比率和粟米的比率一樣，也是10：6或5：3。一石重的粟，去了皮以後所得的米實，稍輕於百廿斤粟（一柘（石）＝120斤），仍由一人擔起，所以有小石之名。大小石不代表重量，只代表容量，小石之米實，不是大石粟的重量的十分之六，而是大石粟的容量的十分之六。〔註4〕《說文》的說法與漢簡符合。又如西漢武帝末至東漢和帝永元以前的漢簡所記時辰爲十八時，爲官制，但是，在王莽、東漢初的民間已簡化爲十二時辰，王充《論衡・譋時篇》：「一日之中，分爲十二時，平旦寅，日出卯也。」與杜預注《左傳・昭公五年》所述十二時相應。〔註5〕《說文》云：「晨，早昧爽也。从臼辰，辰，時也。辰亦聲。丮夕爲夘，臼辰爲晨，皆同意。」丑下云：「象手之形，日加丑亦舉手時也。」臼亦手也，早昧爽即丑時（凌晨1～3時），夜將

〔註4〕陳夢家，《漢簡綴述》（北京：中華書局，2004.4），頁149。
〔註5〕同註4，頁245-254。

且雞鳴時也。辰爲三月，時爲農時。餔下云：「日加申時食也」申下云：「吏以餔時聽事，申，旦政也。」《三蒼》：「餔，夕食也。謂申時食也。」申時猶今之午後三至五時。《說文》比較符合十二時辰的說法，與漢簡十八時不同。以上例證，皆是說明戰國與漢代出土文物，可作爲佐證《說文》的近因材料。

《漢書·藝文志》將漢代當時的知識、思想和信仰世界的實況，分爲「六藝略」、「諸子略」、「詩賦略」、「兵書略」、「數術略」、「方技略」六類。簡帛文獻有相當大的部分，恰恰是屬於「兵書」、「數術」與「方技」三類。天象星占、擇日龜卜、醫方養生、兵家陰陽的知識數量屢見於簡帛隨葬文獻中，表明它們與古人實際生活有相當密切的關係，可作爲古代思想的知識背景。採擷和解釋這些看似「形而下」的知識，有助於理解經典文本那些「形而上」的思想。因爲，這些考古發現的資料可以解釋相當豐富的陰陽數術內容，從純粹的考古意義，採擷成爲思想史敘述的新資源；從考釋、隸定和敘述字面意義，闡釋這些被當作思想背景語境的歷史意味。《說文》按照這般新的認知和觀察角度，才有可能把那些過去不曾注意到的思想現象，作重新的組織敘述，改變《說文》的研究視野。因此，以《漢書·藝文志》分類座標，配合簡帛文物的印證，開發《說文》的形上思維，就是透過重組歷史來界定傳統，確立《說文》與周邊的新認同關係。從不同的位置、立場和時段，對《說文》有不同的敘述；從不同的現實處境，對傳統資源作不同的理解，可在《說文》本體描述漢字的規律特徵中，得到新的詮釋基礎，找到力量來源，解開其中的思想底蘊。

《說文》是在許慎從賈逵受古學之後才撰著的，根據張震澤的說法，許慎約在東漢和帝永元二年（公元 90 年）開始起草《說文》，〔註6〕永元十二年（公元 100 年）初步成書，到安帝建光元年（公元 121），使其子上奏，算是完全定稿，前後歷經約莫一世之年。作者著書固然不可能百分之百精確無誤，不過，《說文》歷經作者這麼漫長時間的琢磨，才公諸於世，必有作者相當的心力付諸其中。《說文》看似超出文字學範疇的部分，其實是出於許慎刻意的安排，以藉此寓寄思想。舉例來說，《說文·敘》一開篇，從「古者庖羲氏之王天下」至「始作《易》八卦」運用《易·繫辭傳》的文字，又釋夬卦象辭，很顯然地，許慎認爲文字之道實與《易》相通。所以，「獨體」的「文」，和「合體」的「字」，是從「依類象形」到「形聲相益」的孳乳浸多的漢字生命

〔註6〕張震澤編著，《許慎年譜》（瀋陽：遼寧大學出版社，1986.6），頁 53-54。

的生成過程。《易》「象」的哲思滲於「六書」中，不僅作爲「六書」取名，而且以「象」來標示漢字的性質，文字所指向的形、事、意、聲，都不離於「象」，又以班固的六書最爲明顯。漢字由「象」之介質作爲符號，通過「象」來思維。今人看來，這些觀念彷彿臆測，但當時卻是從時代哲學的高度去作透視。現在鮮少注意許愼的漢字思想，在《說文》流傳的時日中，徐鍇猶能識許君之旨，故其書名《說文繫傳》，是規模《易傳》，意在闡明許愼作《說文》仿乎《易》，理群類，達神旨，演贊其志，知化窮冥。按照「據形系聯」（《說文・敍》十五卷下）原則來看，《說文》「五百四十部次第，大略以形相連次。」（段玉裁注）然二十二個干支部首並無密切的形近關係，不甚符合原則，而且其中甲、丙、丁、庚、壬、癸、寅、卯、未、戌、亥等十一部，又無從屬之字。因此，或以爲《說文》「建首相屬似未妥當」，〔註7〕然而事實證明，許愼這部分的安排，是基於干支意義「類聚」、「群分」的群組關係，並深含陰陽五行、卦氣思想，超越文字學的藩籬。姚淦銘說：

> 許愼對漢字系統的分析，「類聚」、「群分」、「條屬」、「相貫」、「不越」、「系聯」、「引申」、「究原」、「知化」、「窮冥」等等的思維方式，不僅表現出嚴密的邏輯性，還表現出卓越的思辨性，不僅對漢字的形、音、義作出具體的解說，還進行了形而上的哲學思考。〔註8〕

許愼分類的思辨，使漢字呈現有序的分布。《說文》在整體或局部的運作，並無完全爲其字書的體例所限，這不是許愼自亂陣腳，而是必須有所當爲。我們不應該因爲《說文》是本字書的緣故，就把它只限定於文字學的專門領域，而不發掘、思考其他路徑、觀點的可能。以許愼之博學，與著作《說文》所付出的時間心力，他對《說文》的期許絕不僅止於字書的價值，像徐鍇視《說文》如《易經》，錢曾《讀書敏求記》云《說文》如《春秋》。擴大對《說文》這部字書的認知，也就能瞭解許多狀況外的現象，都是許愼以非文字學的方式處理。換句話說，許愼一開始就沒有將《說文》只設定爲字書的功能，它的體例有一部分是符合字書編排的規律，有一部分則是思想呈顯的方式，不一定按照編纂體例一陳不變。能夠認清這一事實，《說文》體例的安排也就沒有什麼好苛責的，這是今後該重建的體認，也是研究《說文》今後可加強注

〔註 7〕同註 1，頁 38。
〔註 8〕姚淦銘，《漢字心理學》第三章〈漢字邏輯・哲學・心理〉（南寧：廣西教育出版社，2001.1），頁 111-112。

意的區塊，在具體的形、音、義考釋下，兼顧其哲理的內涵，對漢字作出哲學思辨，是漢字文化心理結構的重要部分。

以陰陽數術思想主題探討《說文》，是在發掘許慎的漢字闡釋觀，同時也在認識漢字的產生背景環境，及其所凝結的文化思想內涵。《說文》面對的是一個複雜、綜合、大規模的漢字研究課題，漢字與文化傳統的關係，便處於層累過程中，有時是出於詞義的自然引伸，有時是歷史文化後天所賦予的。這種現象不是由知識的多少所致，而是由不同文化層面的異質內容造成。進一步說，《說文》積澱、保留著漢代人觀察客觀世界的思維運作和心智軌跡。戰國以來的陰陽五行學說、讖緯思想流傳在社會上，滲透到學術界，給文字學蒙上許多神秘色彩，許慎釋讀每一個漢字時，必然會受到這文化傳統的誘導與指令所影響。這麼一來，《說文》的真正內涵遠比傳統文字學認知來得深邃，同時也使得漢字闡釋過程變得十分複雜。文化傳統是一個變量的動態系統，不同時代的闡釋者或同一時代的不同闡釋者對它的理解和接受各有差異，例如《說文》訓解「己」為「象萬物辟藏詘形」，高誘注《淮南子·天文》「未在己曰屠維。」云：「在己，言萬物各成其性，故曰屠維，屠，別；維，離也。」鄭玄注《禮記·月令》「其日戊己。」曰：「戊之言茂也，己之言起也。日之行，從黃道。月為之佐，至此萬物皆枝葉茂盛，其含秀者抑屈而起也。」《春秋元命包》：「己者，抑詘而起。」同為漢代的各家之說，闡釋略有不同。又如《說文》七下云：「陽之正也，從一，微会從中衺出也。」桂馥《說文義證》云：「陽立於七，故七為陽正，陰生於陽，故陰從陽出。」王筠《說文句讀》：「一者，陽也，陽中有陰，故為少陽。」與許慎不同時代的桂馥、王筠均能理解其說，而我們也借助於這些《說文》大家的剖析，更掌握《說文》重要的思想意旨。所以，研究《說文》除了採證先秦兩漢的文獻資料，晚於《說文》時代的相關論述，也是不可偏廢的參考資訊。

依據《說文》的字書形式所建立的文字學法則與價值，是普遍、顯而易見的課題，至於潛在的內核思辨，是以往忽視、隱而未覺的論域。本研究即是嘗試在《說文》幽微的圖景中去捕捉它有什麼樣的理路，從《說文》零星的檔案、片段的記載、無言的出土遺物，和各種有意無意羼入主觀的學者說法中，在歷史的斷裂處修復思想的連續性，在歷史的空白處補寫思想的存在。從歷史學追求《說文》的思想意義來看，就是盡可能地從文獻、遺物、圖像、著述中去理解，在最貼近古人處推測，重建一個符合《說文》情理連續性的

思路。這樣的研究觀照，並非要作爲學術定論或標新立異。它只是想告訴人們，通過另類資源的引入，《說文》的理路背景可能是這樣的，在另類思想資源由邊緣進入核心時，提供一個研究《說文》的思維方法，從中詮釋出新的思想觀點。因此，《說文》的數術研究，就是試著將過去《說文》早已熟悉的「加法」脈絡，適當地轉移到被有意無意淡忘、邊緣化，打入記憶冷宮，驅逐至社會秘密角落的「減法」智能，在「加法」的脈絡中扶正「減法」的智能，打撈被減去的片段，重新安置其容身之處，熟悉這些被遺棄的邊角資料，其實是《說文》內核思辨不可移除的身世。當平衡「加法」與「減法」其「中心」、「邊緣」的研究角度時，才見《說文》窗內窗外一體成形的風光景緻。

作爲《說文》研究者應該體認到，研究本身也是一種詮釋辯證，研究者能夠探掘《說文》到何等程度，開發出什麼樣的議題，是有層次上的差異。按照創造性詮釋學的五個層次是：(1)「實謂」層次——「原思想家（或原典）實際上說了什麼？」(2)「意謂」層次——「原思想家想要表達什麼？」或「他所說的意思到底是什麼？」(3)「蘊謂」層次——「原思想家可能要說什麼？」「原思想家所說的可能蘊涵是什麼？」(4)「當謂」層次——「原思想家（本來）應當說出什麼？」或「創造的詮釋學者應當爲原思想家說出什麼？」(5)「必謂」層次——「原思想家現在必須說出什麼？」或「爲了解決原思想家未能完成的思想課題，創造的詮釋學者現在必須踐行什麼？」〔註9〕以傳統文字學方式研究《說文》，著重的是文字的形器意義，屬於「意謂」表層分析。所以凡遇到《說文》超出這層意義的說法，就認爲是許愼的錯誤、附會。然而，事實也已證明，《說文》有許多地方是傳統文字學所不能解決的問題，它必須進入「蘊謂」、「當謂」層次，才能把《說文》「意謂」不能疏通的部分予以解碼，從中發現詮釋的理據或深層的義蘊。舉個簡單例子來說，許愼在《說文》文本中從未明言「互見」法，但本論文於考釋《說文》數術字例的過程卻察覺到此一跡象，後來檢索歷來研究《說文》的學者，惟獨錢大昕〈《說文》舉一反三之例〉、徐永慶《說文解字注匡謬》兩人注意到這現象，經過本文進一步探究發現：互見法是《說文》的隱身條例，它是爲了補救字書行文的侷限，以系聯相關訊息、擴充其容納面向所作的靈活措施。本論文探討《說文》的太陽神話，就是憑藉互見法串聯外加出土文物的證明所得的結果，它應屬

〔註9〕傅偉勳，《從創造的詮釋學到大乘佛學》（臺北東大圖書公司，民國88.5（1999.5）），頁10。

《説文》「意謂」與「蘊謂」層次的結合。

　　另外，像「六書三耦」、「四體二用」之説，是受了《説文》定義「文」、「字」的啓發，對「六書」再作進一步意義的發揮，應屬「六書」的「蘊謂」層次。再者，諸如戴侗《六書故》以八卦重卦之理，王安石《字説・序》以奇偶剛柔、一生無窮、母之孳子的《易》理詮釋「文」、「字」，也是屬於「蘊謂」。又如許愼以「一」作爲《説文》的總源頭，開啓後面的屬字或部首，故可「以究萬原」，同時也是這些屬字或部首最根本的道體。鄭樵《六書略》的「起一成文説」認爲所有的漢字都是由「一」開始作變化，〔註 10〕就是受了《説文》的影響，而作「蘊謂」上的詮釋。至於，以《易》道作爲《説文》的根本義理，一者是在追溯許愼的思想淵源，二者也在探掘《説文》深層的理據或義蘊，屬於「當謂」層次。「始一終亥」從部首「意謂」排序到哲學義涵的「蘊謂」闡發；篇數、卷數、字數可作《易》數的加乘，其實是有象數《易》理深遠的理據淵源（「當謂」層次）。所以，《説文》的詮釋辯證層次越高，越能解析出「實謂」、「意謂」所忽略或意想不到的面向，而且也越能迎解《説文》隱澀的「禁區」，如「戊」字的「六甲五龍相拘繳」作爲漢代常語，要是沒有李錦的戊篆五畫圖的「蘊謂」闡釋，也無法得知《五天五運圖》和十干化運的「當謂」理據。不同的思想資源，創造不同的詮釋層次，《説文》的思想世界在重新發掘中傳續和變化。研究《説文》光靠文字學的知識是無法「以究萬原」，欲闚聖賢之牆，唯有提高詮釋層次，加強數術領域的專業知識，許愼通學門祚可躋，《説文》古義隱翳可解。

〔註 10〕鄭樵，《通志》卷三十五〈六書略〉第五〈起一成文説〉：「衡爲一，從爲丨，邪一爲丿，反丿爲乀，至乀而窮。折一爲┐，反┐爲┌，轉┌爲┕，反┕爲┙，至┙而窮。折一爲┐者側也，有側有正，正折爲⌒，轉⌒爲⌄，側⌒爲＞，反＞爲＜，至＜而窮。一再折爲冂，轉冂爲凵，側凵爲匚，反匚爲コ，至コ而窮。引一而繞合之，方則爲口，圓則爲○，至○則環轉無異勢，一之道盡矣。」（臺北：新興書局，民國 48.7（1959.7）），頁 507。

【參考書目】舉要

一、傳統文獻與工具書

（一）經學類

1. 東漢・班固《白虎通》（叢書集成初編）北京：中華書局，1985。
2. 清・馬國翰，《玉函山房輯佚書》京都：中文出版社，1979.9。
3. 清・秦蕙田《五禮通考》臺北：聖環圖書公司，民國 83.5。
4. 清・閻若璩《古文尚書疏證》（《文淵閣四庫全書》，任繼愈、傅璿琮總主編）北京：商務印書館，2005。
5. 清・惠棟《惠氏易學》（上下）》臺北：廣文書局，民國 60.1。
6. 清・康有爲《新學僞經考》（錢鍾書主編《中國近代學術名著叢書》）香港：三聯書店有限公司，1998.7。
7. 清・姜忠奎《緯史論叢》黃曙輝、印曉峯點校，上海：上海書店出版社，2005.6。
8. 清・蔣清翊編《緯學源流興廢考》東京：研文出版（山本書店出版部），昭和 53 年 9 月。
9. 《緯書集成》，上海：上海古籍出版社，1994.6。
10. 《十三經注疏》（《十三經注疏》整理委員會整理，李學勤主編）北京：北京大學出版社，1999.12。

（二）史學類

1. 左丘明撰・韋昭注《國語》臺北：漢京文化事業有限公司，民國 72.12。
2. 漢・司馬遷撰、宋・裴駰集解、唐・司馬貞索隱、唐・張守節正義《《史記》三家注》，臺北：七略出版社，民國 74.9。

3. 宋・鄭樵,《通志》臺北：新興書局，民國 48 年。

4. 清・王先謙《漢書補注》北京：中華書局，1993.11。

5. 清・王先謙《後漢書集解》北京：中華書局，1991.9。

6. 《古史辨》第五冊，顧頡剛編著，上海書店據樸社 1935 年版影印，1992。

7. 劉汝霖《漢晉學術編年》臺北：長安出版社，民國 68.10。

8. 正中書局編審委員會編著《漢書藝文志問答》臺北：正中書局，民國 77.4。

9. 陳國慶編《漢書藝文志注釋彙編》臺北：木鐸出版社，民國 72.9。

（三）子學類

1. 漢・許慎《淮南子注》《叢書集成三編》第十八之三（線裝書）嚴一萍輯，臺北：藝文印書館，民國 61 年。

2. 漢・于吉《太平經合校》臺北：鼎文書局，民國 68.7。

3. 漢・崔寔《四民月令》（《漢魏遺書鈔》第三函，《原刻景印叢書集成續編》，嚴一萍選輯），臺北：藝文印書館，民國 59 年。

4. 唐・楊上善撰注、蕭延平北承甫校正、王洪圖、李雲增補點校《黃帝內經太素》北京：科學技術文獻出版社，2000.8。

5. 唐・皇甫謐《帝王世紀》（叢書集成初編）北京：中華書局，1985。

6. 宋・朱熹《朱子語類》（朱傑人、嚴佐之、劉永翔主編，《朱子全書》），上海：上海古籍出版社，2002.12。

7. 明・朱載堉《律學新説》北京：人民音樂出版社，1997.11。

8. 清・王先謙《莊子集解》臺北：臺灣商務印書館，民國 73.2。

9. 清・王先謙《荀子集解》，濟南：山東友誼出版社，1994.6。

10. 清・孫詒讓《墨子閒詁》臺北：華正書局，民國 84.9。

11. 清・來知德《易經來注圖解・來瞿唐先生易注自序》（鄭燦訂正本）巴蜀書社，1988。

12. 《黃帝內經素問》、《靈樞經》、《難經本義》、《鍼灸甲乙經》（《文淵閣四庫全書》第 733 冊，子部 39・醫家類）臺北：臺灣商務印書館，民國 72。

13. 于首奎、周桂鈿、鍾肇鵬《春秋繁露校釋》，濟南：山東友誼出版社，1994.12。

14. 朱謙之《老子校釋》，臺北：華正書局，民國 75.1。

15. 安井衡《管子纂詁》，臺北：河洛圖書出版社，民國 65.3。

16. 杜臺卿《玉燭寶典》北京：中華書局，1985。

17. 林道堅注《文子纘義》（子書二十八種）》臺北：廣文書局有限公司，民國 80.2。

18. 袁珂校注《山海經校注》臺北：里仁書局，民國 84.4。

19. 郭慶藩《莊子集解》，臺北：河洛圖書出版社，民國 63.3。

20. 黃暉《論衡校釋》，臺北：臺灣商務印書館，民國 72.12。

21. 陳奇猷《呂氏春秋校釋》，臺北：華正書局，民國 74.8。

22. 劉文典《淮南鴻烈集解》，臺北：文史哲出版社，民國 74.9。

23. 繆啓愉《齊民要術校釋》臺北：明文書局，民國 75.1。

24. （日）中村彰八《五行大義校註》臺北：武陵出版社，民國 75.6。

（四）文集類

1. 王國維《觀堂集林》臺北：文華出版公司，民國 57.3。

2. 洪興祖《楚辭補注》、蔣驥，《山帶閣注楚辭》，臺北：長安出版社，民國 73.9。

3. 俞正燮《癸巳類稿》，臺北：世界書局，民國 49.11。

4. 張彥遠《歷代名畫記》（王雲五主編《叢書集成簡編》）臺北：臺灣商務印書館，民國 55 年。

5. 劉師培《劉申叔先生遺書》（三）《左盦外集》臺北：臺灣大新書局，民國 54.8。

6. 戴震《戴震全集》臺北：里仁書局，民國 71.10。

（五）小學類

甲、古文字類

1. 于省吾主編《甲骨文字詁林》北京：中華書局 1996 年 5 月。

2. 古文字詁林編纂委員會《古文字詁林》上海：上海教育出版社 1999~2001 年 12 月第 1 版。

3. 何琳儀《戰國古文字典》北京：中華書局 1998 年 9 月。

4. 李孝定《甲骨文字集釋》臺北：中央研究院歷史語言研究所，民國 59.10。

5. 徐中舒《甲骨文字典》成都：四川辭書出版社，1995.5。

6. 羅振玉《增訂殷虛書契考釋》臺北：藝文印書館，民國 70.3。

乙、說文類

1. 漢·許慎著，清·段玉裁《說文解字注》（經韻樓藏版）臺北：黎明文化事業股份有限公司，民國 74.9。

2. 南唐·徐鍇《說文解字繫傳》（道光十九年依景宋鈔本重彫）北京：中華書局，1998.12。

3. 元·戴侗《六書故》（四庫全書珍本，王雲五主編）臺北：臺灣商務印書館，民國 65 年。

4. 清‧王筠《說文解字句讀》臺北：廣文書局有限公司，民國 61.11。

5. 清‧王筠《說文蒙求》臺北：藝文印書館，民國 70.3。

6. 清‧王筠《說文釋例》臺北：世界書局，民國 73.10。

7. 楊家駱主編《說文解字詁林正補合編》臺北：鼎文書局，民國 72.4。

8. 董蓮池主編《說文解字研究文獻集成‧現當代卷》（12 冊）北京：作家出版社，2006.7。

丙、其他

1. 清‧王念孫《廣雅疏証》臺北：廣文書局，民國 80.1。

2. 清‧王引之《經義述聞》卷二十二（楊家駱主編，讀書箚記叢刊第二集，第二十四冊，臺北：世界書局，民國 52.4）。

3. 清‧畢沅《釋名疏證》附《續釋名》《釋名補遺》（叢書集成初編），北京：中華書局，1985。

4. 章太炎《文始》臺北：廣文書局有限公司，民國 59.10。

5. 嚴一萍選輯《許學叢書》第一函《原刻景印百部叢書集成》臺北：藝文印書館，民國 54 年。

二、研究專著

（一）四劃

王夢鷗

    1966《鄒衍遺說考》臺北：臺灣商務印書館，民國 55.1。

    1976《禮記校證》臺北：藝文印書館，民國 65.12。

王令樾

    1984《緯學探原》臺北：幼獅文化事業公司，民國 73.4。

王錦光、洪震寰

    1984《中國物理史話》臺北：明文書局，民國 73.4。

王步貴

    1993《神秘文化》北京：中國社會科學出版社，1993.1。

王葆玹

    1994《西漢經學源流》臺北：東大圖書公司，民國 83.6。

    1997《今古文經學新論》北京：中國社會科學出版社，1997.11。

王蘊智

    1994《中國的字聖——許慎》鄭州：河南人民出版社，1994.8。

王鈞林

1998《中國儒學史》（先秦卷）廣州：廣東教育出版社，1998.6。

王愼行

1998《古文字與殷周文明》西安：陝西人民教育出版社，1998.8。

王明輝

1999《中醫性醫學》臺北：旺文社股份有限公司，1999.5。

王寧・謝棟元・劉方

2000《《說文解字》與中國古代文化》沈陽：遼寧人民出版社，2000.1。

王作新

2000《漢字結構系統與傳統思維方式》武漢：武漢出版社，2000.10。

王平

2001《《說文》與中國古代科技》南寧：廣西教育出版社，2001.1。

王貴元

2002《說文解字校箋》上海：學林出版社 2002.12。

王子今

2003《睡虎地秦簡《日書》甲種疏證》武漢：湖北教育出版社，2003.2。

王子初

2003《中國音樂考古學》福州：福建教育出版社，2003.8。

王永寬

2006《河圖洛書探秘》鄭州：河南人民出版社，2006.4。

（日）井上聰

1997《先秦陰陽五行》武漢：湖北教育出版社 1997.7。

（二）五劃

皮錫瑞

1983《經學歷史》（周予同注）臺北：漢京事業文化有限公司，民國72.9。

丘光明

1994《中國古代度量衡》臺北：臺灣商務印書館，1994.7。

2002《中國物理學史大系・計量史》長沙：湖南教育出版社，2002.12。

印順

2000《中國古代民族神話與文化之研究》臺北：正聞出版社，民國89.9。

（三）六劃

朱伯崑

1991《易學哲學史》臺北：藍燈文化事業公司，民國80.9。

刑文

　　1998《帛書周易研究》北京：人民出版社，1998.12。

江林昌

　　2002《楚辭與上古歷史文化研究——中國古代太陽循環文化揭秘》濟南：
　　齊魯書社，2002.9。

江弘遠

　　2006《京房易學流變考》臺北：瑞成書局，民國 95.8。

（英）艾蘭著、汪濤譯

　　1992《龜之謎——商代神話、祭祀、藝術和宇宙觀研究》成都：四川人民
　　出版社，1992.8。

（英）艾蘭、汪濤、范毓周主編

　　1998《中國古代思維模式與陰陽五行說探源》南京：江蘇古籍出版社，
　　1998.6。

（日）西江清高主編

　　2002《扶桑與若木》成都：巴蜀書社，2002.4。

（四）七劃

何新

　　2002《大易新解》北京：時事出版社 2002.1。

冷熙德

　　1996《超越神話——緯書政治神話研究》北京：東方出版社，1996.5。

吳承洛

　　1984《中國度量衡史》上海：上海書店，1984.5。

吳承學

　　2000《中國古代文體形態研究》廣州：中山大學出版社，2000.。

宋永培

　　1996《〈說文〉漢字體系與中國上古史》南寧：廣西教育出版社，1996.10。

　　2001《〈說文〉與上古漢語詞義研究》成都：巴蜀書社，2001.6。

李漢三

　　1968《先秦兩漢之陰陽五行學說》臺北：維新書局，民國 57.1。

李威熊

　　1978《董仲舒與西漢學術》臺北：文史哲出版社，民國 67.6。

　　1988《中國經學發展史論》（上冊）臺北：文史哲出版社，民國 77.12。

李儼

1984《中國算學史》上海：上海書店，1984.8。

李耀仙主編

1989《廖平學術論著選集》（一）成都：巴蜀書社，1989.5。

李志林

1990《氣論與傳統思維方式》上海：學林出版社，1990.9。

李存山

1990《中國氣論探源與發微》北京：中國社會科學出版社，1990.12。

李冬生

1994《中國古代神秘文化》合肥：安徽人民出版社 1994.3。

李學勤

1997《走出疑古時代》（修訂本）瀋陽：遼寧大學出版社，1997.12。

1999《當代學者自選文庫：李學勤卷》合肥：安徽教育出版社，1999.5。

2001《簡帛佚籍與學術史》南昌：江西教育出版社，2001.9。

2006《周易溯源》成都：巴蜀書社，2006.1。

李建民

2000《方術醫學歷史》臺北：南天書局有限公司，2000.6。

2001《死生之域・周秦漢脈學之源流》（臺北：國立中央研究院歷史語言研究所專刊之一○一），民國90.12。

李零

2001《中國方術考》（修訂本）北京：東方出版社，2001.8。

2001《中國方術續考》北京：東方出版社，2001.8。

2004《簡帛古書與學術源流》北京：三聯書店，2004.4。

李立

2004《漢墓神畫研究：神話與神話藝術精神的考察與分析》上海：上海古籍出版社，2004.12。

（英）李約瑟

1993《中國古代科學思想史》南昌：江西人民出版社，1993.9。

（五）八劃

宋會群

1999《中國術數文化史》開封：河南大學出版社 1999.8。

李紹良、余明哲、陳國樹、李家屏編著

2002《中醫基礎論學》臺北：東大圖書公司，2002.11。

季旭昇

  2002《說文新證》（上冊）臺北：藝文印書館，民國 91.10。

  2004《說文新證》（下冊）臺北：藝文印書館，民國 93.11。

易玄

  1999《讖緯神學與古代社會預言》成都：巴蜀書社，1999.9。

林麗娥

  1992《先秦齊學考》臺北：臺灣商務印書館，民國 81.2。

林慶彰

  1992《中國經學史論文選集》臺北：文史哲出版社，民國 81.10。

林忠軍

  1994《象數易學發展史》（第一卷）濟南：齊魯書社，1994.7。

周桂鈿

  1989《董學探微》北京：北京師範大學出版社，1989.1。

周一平

  1989《司馬遷史學批評及其理論》上海：華東師範大學出版社，1989.12。

周予同

  1996《周予同經學史論著選集》（增訂本）朱維錚編，上海人民出版社，
  1996.7。

胡企平

  2003《中國傳統管律文化通論》上海：上海音樂出版社，2003.12。

邱隆、丘光明、顧懋森、劉東瑞、巫鴻編

  1981《中國古代度量衡圖集》北京：文物出版社，1981.10。

金春峰

  1993《周官之成書及其反映的文化與時代新考》》臺北：東大圖書股份有限
  公司，民國 82.11。

  1997《漢代思想史》北京：中國社會科學出版社，1997.12。

金岷、常克敏、張景瑞、朱啓新

  2000《文物與數學》北京：東方出版社，2000.10。

（六）九劃

信立祥

  2000《漢代畫像石綜合研究》北京：文物出版社，2000.8。

俞曉群

1995《數術探秘——數在中國古代的神秘意義》北京：三聯書店，1995.8。

姚孝遂

1983《許慎與說文解字》北京：中華書局，1983.7。

姚淦銘

2001《漢字心理學》南寧：廣西教育出版社，2001.1。

姜生、湯偉俠主編

2002《中國道教科學技術史・漢魏兩晉卷》北京：科學出版社，2002.4。

姜廣輝

2003《中國經學思想史》北京：中國社會科學出版社，2003.9。

胡文輝

2000《中國早期方術與文獻叢考》廣州：中山大學出版社，2000.11。

祝敏申

1999《《說文解字》與中國古文字學》上海：復旦大學出版社，1999.3。

韋政通

1992《中國思想史》臺北：水牛圖書出版事業有限公司，民國 81.9。

（七）十劃

唐蘭

1991《中國文字學》上海：上海書店，1991.12。

徐復觀

1961《陰陽五行觀念之演變及若干有關文獻的成立時代與解釋的問題》臺北：民主評論社，民國 50.11。

1980《周官成立之時代及其思想性格》臺北：臺灣學生書局，民國 69.5。

1982《中國經學史的基礎》臺北：臺灣學生書局，民國 71.5。

2004《兩漢思想史》（第一卷～第三卷）上海：華東師範大學出版社，2004.2。

2004《中國思想史論集續篇》上海：上海書店出版社，2004.6。

徐復、宋文民

2003《說文五百四十部首正解》南京：江蘇古籍出版社，2003.1。

徐興無

2003《讖緯文獻與漢代文化構建》北京：中華書局，2003.3。

馬宗霍

1959《說文解字引方言攷》北京：科學出版社，1959。

1971《說文解字引經攷》臺北：臺灣學生書局，民國 60.4。

1973《説文解字引通人説攷》臺北：臺灣學生書局，民國 62.2。

1973《説文解字引群書攷》臺北：臺灣學生書局，民國 62.2。

1986《中國經學史》臺北：臺灣商務印書館，民國 75.2。

馬英伯

1997《中國醫學文化史》上海：上海人民出版社，1997.5。

高懷民

1975《先秦易學史》臺北：東吳大學出版，民國 64.6。

高明

1978《高明傳記文輯》臺北：黎明文化事業股份有限公司，民國 67.7。

1988《高明小學論叢》臺北：黎明文化事業股份有限公司，民國 77.10。

（八）十一劃

常秉義

1999《周易與曆法——週期循環的奧秘》北京：中國華僑出版社，1999.1。

張震澤

1986《許慎年譜》瀋陽：遼寧大學出版社，1986.8。

張榮明主編

1994《道佛儒思想與中國傳統文化》上海：上海人民出版社，1994.3。

張善文

1997《象數與義理》臺北：洪葉文化事業有限公司，1997.1。

張其昀

1998《「説文學」源流考略》貴陽：貴州人民出版社，1998.1。

張高評

2002《春秋書法與史傳學史》臺北：五南圖書出版股份有限公司，2002.1。

張顯成

2000《先秦兩漢醫學用語研究》成都：巴蜀書社，2000.4。

2002《簡帛語言文字研究》（第一輯）成都：巴蜀書社，2002.11。

張其成

2003《象數易學》北京：中國書店，2003.6。

張漢

2004《周易會意》成都：巴蜀書社，2004.4。

許錟輝

1973《説文重文形體考》臺北：文津出版社，民國 62.3。

郭沫若

2002《甲骨文字研究》(《郭沫若全集》第一卷) 北京：科學出版社，2002。

陳遵嬀

1984《中國天文學史》(第一冊)《緒論編・古代天文學史編》臺北：明文書局，民國 73.2。

1985《中國天文學史》(第二冊)《星象編》臺北：明文書局，民國 74..5。

1988《中國天文學史》(第五冊)《曆法・曆書》臺北：明文書局，民國 77.11。

陳久金、楊怡

1993《中國古代的天文與曆法》臺北：臺灣商務印書館，1999.3。

陳久金

2001《帛書及古典天文史料注析與研究》臺北：萬卷樓圖書有限公司，2001.5。

陳鼓應

1994《易傳與道家思想》臺北：臺灣商務印書館，1994.9。

陳壽祺

1995《五經異義疏證》上海：上海古籍出版社，1995。

陳立中

1996《陰陽五行與漢語辭彙學》北京：岳麓書社，1996.1。

陳東平

1997《出入「命門」──中國醫學文化學導論》上海：上海三聯書店，1997.4。

陳夢家

2004《漢簡綴述》北京：中華書局，2004.4。

陳伯适

2006《漢易之風華再現──惠棟易學研究》(上下) 臺北：文史哲出版社，民國 95.2。

(九) 十二劃

傅偉勳

1999《從創造的詮釋學到大乘佛學》臺北：東大圖書公司，民國 88.5。

童忠良、谷杰、周耘、孫曉輝

2004《中國傳統樂學》福州：福建教育出版社，2004.10。

馮作民、宋秀玲譯註

1996《中國古代科學》(上下冊) 臺北：星光出版社，1996.4。

馮時

1996《中國天文考古錄》成都：四川教育出版社，1996.9。

2001《出土古代天文學文獻研究》臺北：台灣古籍出版有限公司，2001.5。

2001《中國天文考古學》北京：社會科學文獻出版社，2001.11。

2005《天文學史話》臺北：國家出版社，2005.1。

2006《中國古代的天文與人文》北京：中國社會科學出版社，2006.1。

黃永武

1972《許慎之經學》（上下）臺北：中華書局，民國 61.9。

黃德寬、常森

1995《漢字闡釋與文化傳統》合肥：中國科學技術大學出版社，1995.10。

黃龍祥

2002《中國針灸學術史大綱》（增修版）臺北：知音出版社，民國 91.2。

（十）十三劃

楊蔭瀏

1986《中國古代音樂史稿》（第一冊）臺北：丹青圖書有限公司，1986.3。

楊力

1991《周易與中醫學》（第二版）北京：北京科學技術出版社，1991.4。

楊琳

1996《漢語詞彙與華夏文化》北京：語文出版社，1996.7。

楊學鵬

1998《陰陽五行——破譯・詮釋・啓動》北京：科學出版社，1998.9。

楊寬

2001《戰國史》（1997 增訂版）臺北：臺灣商務印書館股份有限公司，2001.11。

廖育群

1994《岐黃醫道》臺北：洪葉文化事業有限公司，1994.4。

廖名春

2004《《周易》經傳與易學史新論》濟南：齊魯書社，2004.2。

董希謙、張啓煥主編

1988《許慎與《說文解字》研究》開封：河南大學出版社，1988.6。

董光壁

1993《易學科學史綱》武漢：武漢出版社 1993.12。

葛兆光

1994《清華漢學研究》第一輯（葛兆光主編）北京：清華大學出版社，1994.11。

1998《七世紀前中國的知識、思想與信仰世界——中國思想史》第一卷，上海：復旦大學出版社，1998.4。

2004《思想史的寫法——中國思想史導論》上海：復旦大學出版社，2004.7。

葉舒憲

1997《中國神話哲學》北京：中國社會科學出版社，1997.4。

葉舒憲、田大憲

1998《中國古代神秘數字》北京：社會科學文獻出版社，1998.3。

詹鄞鑫

1991《八卦與占筮破解——探索一種數術文化》鄭州：中州古籍出版社1991.5。

2001《心智的誤區——巫術與中國巫術文化》上海：上海教育出版社，2001.5。

雷漢卿

2000《《說文》「示」部字與神靈祭祀考》成都：巴蜀書社，2000.3。

（十一）十四劃

熊十力

1987《讀經示要》臺北：明文書局，民國76.9。

甄志亞主編

2000《中國醫學史》臺北：知音出版社，民國89.10。

蒙文通

2006《經學抉原》上海：上海人民出版社，2006.8。

趙明、楊樹增、曲德來主編

1998《兩漢大文學史》長春：吉林大學出版社，1998.7。

趙平安

1999《說文小篆研究》南寧：廣西教育出版社，1999.8。

鄢良

1994《三才大觀——中國象數學源流》臺北：明文書局，民國83年6。

（十二）十五劃

劉九生

1989《循環不息的夢魘——陰陽五行觀念及其歷史文化效應》北京：國際文化出版公司，1989.12。

劉長林

　　1991《中國系統思維》北京：中國社會科學出版社，1991.4。

劉筱紅

　　1994《神秘的五行》南寧：廣西人民出版社，1994.8。

劉耀中

　　1995《榮格》臺北：東大圖書股份有限公司，民國 84.9。

劉志基

　　1996《漢字文化綜論》南寧：廣西教育出版社，1996.9。

劉玉建

　　1996《兩漢象數易學研究》（上、下）南寧：廣西教育出版社，1996.9。

劉敬魯

　　2001《中國古代的醫學》臺北：文津出版社，2001.4。

蔡仲德

　　1993《中國音樂美學史》臺北：藍燈文化事業股份有限公司，1993.2。

蔣善國

　　1988《尚書綜述》上海：上海古籍出版社，1988.3。

蔣英炬主編

　　2000《中國畫像石全集 1・山東漢畫像石》（中國畫像石全集編輯委員會），
　　濟南：山東美術出版社，2000.6。

鄧立光

　　1993《象數易鏡原》成都：巴蜀書社，1993.11。

鄧啓耀

　　1996《中國神話的思維結構》重慶：重慶出版社，1996.4。

鄭均

　　2000《讖緯考述》臺北：文史哲出版社，民國 89.3。

鄭文光

　　2002《中國天文學源流》臺北：萬卷樓圖書有限公司，民國 91.3。

臧克和

　　1995《漢字取象論》臺北：聖環圖書有限公司，民國 84.10。

　　1996《中國文字與儒學思想》南寧：廣西教育出版社，1996.9。

　　1997《說文解字的文化說解》武漢：湖北人民出版社，1997.8。

臧克和、王平

　　2002《說文解字新訂》北京：中華書局，2002.9。

（十三）十六劃

戴君仁

1980《梅園論學集》《戴靜山先生全集》（二）戴顧志鵷印行，民國 69 年。

鍾肇鵬

《讖緯論略》臺北：洪葉文化事業公司，1994.9。

錢穆

2003《兩漢經學今古文平議》北京：商務印書館，2003.8。

（十四）十七劃

戴念祖

1999《文物與物理》北京：東方出版社，1999.12。

蕭兵

1990《黑馬：中國民俗神話學文集》臺北：時報出版公司，1990。

1992《太陽英雄的神話奇蹟》臺北：桂冠圖書股份有限公司 1992.1。

謝松齡

1991《天人象——陰陽五行學說史導論》濟南：山東文藝出版社，1991.6。

鄺芷人

1998《陰陽五行及其體系》臺北：文津出版社，1998.2。

（十五）十八劃

薛公忱主編

1993《中醫文化研究・中醫文化溯源》南京：南京出版社，1993.10。

魏子孝、聶莉芳、張燕著

2001《中醫藥學概論》臺北：文津出版社有限公司，2001.10。

魏慈德

2002《中國古代風神崇拜》臺北：台灣古籍出版有限公司，2002.4。

駢宇騫、段書安編著

2003《本世紀以來出土簡帛概述》臺北：萬卷樓圖書股份有限公司，民國
92.3。

駢宇騫

2005《簡帛文獻概述》臺北：萬卷樓圖書股份有限公司，2005.4。

（十六）十九劃

龐樸

2002《郭店楚簡與早期儒學》臺北：台灣古籍出版有限公司，2002.5。

（十七）二十劃
蘇寶榮

2000《《說文解字》今注》西安：陝西人民出版社，2000.3。

饒宗頤

2000《符號・初文與字母──漢字樹》上海：上海書店出版社，2000.3。

2003《饒宗頤二十世紀學術文集》臺北：新文豐出版股份有限公司，民國92.10。

（十八）二十一劃
顧文炳

1993《陰陽新論》沈陽：遼寧教育出版社，1993.10。

（十九）二十二劃
龔克昌

1990《漢賦研究》濟南：山東文藝出版社，1990.5。

龔鵬程

1999《漢代思潮》嘉義：南華大學，1999.8。

三、期刊

（一）四劃
王夢鷗

1971〈陰陽五行家與星歷及占筮〉《中央研究院歷史語言研究所集刊》第四十三本第三分（民國60.11）。

王平

2002〈說文解字中的宇宙天文思想〉《北方論叢》2002年第2期。

（二）六劃
朱積孝

1986〈《說文解字》的歷史文獻價值〉《殷都學刊》1986年第2期。

（三）七劃
宋均芬

1997〈從《說文序》看許慎的語言文字觀〉《漢字文化》1997年第2期。

宋瑋明

2001〈說文解字與許慎思想淺析〉《漢湘潭工學院學報》第 3 卷第 2 期（2001.6）。

李卉

1960〈說蠱毒與巫術〉《中央研究院民族學研究所集刊》第 9 期（民國 49.3）。

李良達

1983〈《說文》部首次序及其「始一終亥」思想來源的探究〉，《古文字學論集》（1983）。

李學勤

1983〈馬王堆帛書與《鶡冠子》〉《江漢考古》1983 年第 2 期。

2003〈《說文》前敘稱經說〉《漯河職業技術學院學報》（綜合版）第 2 卷第 2 期（2003.6）。

李零

1991〈楚帛書與“式圖”〉《江漢考古》1991 年第 1 期（總第 38 期）。

李弘毅

1994〈許慎與儒學斷想：從《說文》訓釋「人」「仁」談起〉《西南師範大學學報》1994 年第 2 期。

李海霞

2000〈《說文》的部類及其文化探索〉《松遼學刊·哲學社會科學版》第 3 期（2000.6）。

汪寧生

1981〈從原始記事到文字發明〉，《考古學報》1981 年第 1 期。

（四）八劃

周藝

1989〈《說文解字》中的陰陽五行說〉《中南民族學院學報》（哲社版），1989 年第 2 期。

李旭昇

1998〈說一〉《第九屆中國文字學全國學術研討會》（國立台灣師範大學國文學系主辦，民國 87.3.21～3.22）。

林金泉

1981〈周易與陰陽五行思想〉《孔孟月刊》20 卷 1 期（民國 70.9）。

1985〈齊詩學之三基四始五際六情說探微〉《成功大學學報》第 20 卷（民國 74.7）。

1985〈陰陽五行家思想究源〉《孔孟月刊》24 卷 1 期（民國 74.9）。

1986〈詩緯星象分野考〉《成功大學學報》第 21 卷（民國 75.11）。

1988〈陰陽五行家思想之成立與流布〉《尉素秋教授八秩榮慶論文集》臺北：文史哲出版社（民國 77.10）。

1988〈易緯「六十四卦流轉注十二之辰」表研究〉《漢學研究》第 6 卷第 2 期（民國 77.12）。

1993〈易緯德運說の歷數について〉，中村璋八編《緯學研究論叢——安居香山博士追悼》（東京：平河出版社，1993.2）。

2006〈卦氣配曆——惠棟《易漢學》卦氣說引曆推步條舉證〉《經學與文化學術研討會會議論文》臺中：國立中興大學中國文系主辦，2006.12.8。

2007〈從河圖、洛書看中國傳統管理的終極理想〉「傳統文化與經營管理」學術研討會，臺南：國立成功大學文學院，民國 96.6.30，頁 1～35。

林少雄

1996〈天人合一：中國祭祀禮儀的文化意蘊〉《社會科學》第二期（1996年）。

林安梧

1997〈《揭諦》發刊詞——「道」與「言」〉《揭諦》創刊號，南華管理學院（1997.6）。

（五）九劃

姚淦銘

2000〈漢字的哲學視界〉《蘇州鐵道師範學院學報》（社會科學版）第 17 卷第 1 期（2000.3）。

2001《說文》編纂的《易》哲學視界〉，《辭書研究》2001 年第 5 期。

胡順萍

1995〈董仲舒之宇宙論——天與氣、陰陽五行彼此之關係〉《輔仁大學中國文學研究所專刊》4 期（民國 84.3）。

祝敏申

1979〈試論說文解字及許慎學術思想的進步性〉《復旦學報》1979。

2001〈許慎評傳〉《古文字研究》第 21 輯（2001.10）。

（六）十劃

唐蘭

1957〈在甲骨金文中所見的一種已經遺失的中國古文字〉，《考古學報》1957年第 2 期。

康建常

1989〈許慎的語言文字觀及其對《說文解字》的影響〉《殷都學刊》1989年第 2 期。

邰積意

2001〈漢代今、古學的分析與一致——許慎《五經異義》初論〉《孔孟月刊》第 39 卷第 12 期（2001.8）。

馬繼興、周世榮

1978〈考古發掘中所見砭石的初步探討〉《文物》1978 年第 1 期。

高婉瑜

2000〈試論《說文》中的陰陽五行〉《大陸雜誌》第 101 卷第 6 期（民國89.12）。

（七）十一劃

張政烺

1948〈六書古義〉《中央研究院歷史語言研究所集刊》第十本（民國 37 年）。

1980〈試釋周初青銅器銘文中的易卦〉《考古學報》1980：4。

張濤

2001〈經學與漢代語言文字學的發展〉《文史哲》2001 年 5 期（總第 266期）。

張強

2002〈漢前天人合一觀的歷史嬗變〉《陝西師範大學學報》第 31 卷第 1 期（2002.1）。

郭沫若

1972〈古代文字之辯證的發展〉《文物》1972 年第 1 期。

許嘉璐

1995〈說正色——《說文》顏色詞考察〉《中國典籍與文化》1995 年第 3期。

陳槃

〈古讖緯書錄解題〉（一）《中央研究院歷史語言研究所集刊》第十本（民國 31）。

〈古讖緯書錄解題〉（二）《中央研究院歷史語言研究所集刊》第十二本（民國 37）。

〈古讖緯書錄解題〉（三）《中央研究院歷史語言研究所集刊》第十七本（民國 37）。

〈讖緯釋名〉《中央研究院歷史語言研究所集刊》第十一本（民國 32）。

〈讖緯溯源〉《中央研究院歷史語言研究所集刊》第十一本（民國 32）。

〈秦漢間之所謂「符應」論略〉《中央研究院歷史語言研究所集刊》第十六本（民國 37）。

〈論早期讖緯及其與鄒衍書說之關係〉《中央研究院歷史語言研究所集刊》第二十本（民國 37）。

〈讖緯命名及其相關之諸問題〉《中央研究院歷史語言研究所集刊》第二十一本第一分（民國 38）。

陳五雲

1995〈漢代「六書」三家説申論〉《古漢語研究》1995 年第 3 期（總 28 期）。

2000《説文解字》和許慎語言哲學初探〉《上海師範大學學報》（社會科學版）第 29 卷 4 期（2000.11）。

陳志信

1996〈論許慎作説文解字的意圖── 一個思想史的解釋〉《大陸雜誌》第九十三卷第四期（民國 85.10）。

陳永豐

2000〈「説文解字」中的五行學説思想〉（香港）《樹仁學報》創刊號（2000.5）。

陳平

2003〈「據形系聯」、「雜而不越」──《説文》部首間相互系聯方式試析〉，《北京教育學院學報》第 17 卷第 1 期（2003.3）。

（八）十二劃

黃永武

1971〈説文引易學宗孟氏考〉《東吳學報》第 1 卷第 1 期（民國 60.9）。

黃德寬、常森

1994《説文解字》與儒家傳統─文化背景與漢字闡釋論例〉《江淮論壇》1994 年第 6 期。

（九）十三劃

楊季康

1998〈從"春"字看漢字的文化意蘊〉《漢字文化》1998 年第 1 期。

楊天宇

2001〈略論漢代今古文經學的鬥爭與融合〉《鄭州大學學報》（哲學社會科學版）第 34 卷第 2 期（2001.3）。

鄒曉麗

1989〈論許慎的哲學思想及其在《説文解字》中的表現〉《北京師範大學學報》1989 年第 4 期。

1989〈從《說文解字》部首的分類看許慎的文字觀〉《古漢語研究》1989
年第 3 期（總第 4 期）。

雷漢卿

1997〈《說文》"示部"字所反映的古代宗教文化釋證〉《四川大學學報》
（哲社版），1997 年第 3 期。

雷紫翰

2000〈說文鼓字釋意辨析——兼言儒家經學對漢代學術的影響〉《蘭州大學
學報》28 卷第 3 期（2000 年）。

（十）十四劃

潘志峰

1998〈試論西漢時期神仙方術及陰陽災異思想與讖緯的興起〉《河北學刊》
1998 年 6 月。

（十一）十五劃

劉敦愿

1972〈漢畫像石上的針灸圖〉《文物》1972 年第 6 期。

劉東賢

1992〈五行三合局與納音說——讀饒宗頤《秦簡中的五行說與納音說》〉《江
漢考古》1992 年第 1 期（總 42 期）。

劉道廣

1993〈漢畫的陰陽五行意識〉《漢聲》51 期（民國 82.3）。

黎千駒

1997〈論《說文解字》中的陰陽五行學說〉《懷化師範學報》第 16 卷第 4
期（1997.12）。

（十二）十六劃

錢劍夫

1989〈試論《說文》和《緯書》的關係〉《古漢語研究》1989 年第 2 期（總
第 3 期）。

賴貴三

1998〈符號與思維——由《周易》卦爻象反思文字意義的詮釋深度〉《第九
屆中國文字學全國學術研討會》（國立台灣師範大學國文學系主辦，民國
87.3.21～3.22）。

2001〈許慎《說文解字》引《易》補釋與《易》理蠡探〉，《春風煦學集—
—黃慶萱教授七秩華誕受業論集》，民國 90.4.8。

龍廷

2001〈學與術：兩漢經學演進歷程的一個視角〉《南華大學學報》（社會科學版）第 2 卷第 2 期（2001.6）。

（十三）十七劃

蕭丹

1992〈五經無雙許叔重——許慎生平事蹟考〉《河南師範大學學報》（哲學社會科學版），1992 年第 19 卷第 4 期。

謝棟元

1991〈簡析《說文解字》與中國古代文化〉《遼寧教育學院學報》1991 年第 4 期。

（十四）十八劃

雙木

1995〈釋說文解字中的干支字〉《新疆師範大學學報》1995 年第 4 期。

（十五）十九劃

龐子朝

1988〈許慎《說文解字》與陰陽五行說〉《華中師範大學學報》（哲社版），1988 年第 5 期。

1995〈論《說文解字》的文化意義〉《華中師範大學學報》（哲社版），1995 年第 5 期。

（十六）二十劃

饒宗頤

1972《太平經》與《說文解字》》《大陸雜誌》第 45 卷第 6 期（民國 61.12）。

1988〈秦簡中的五行說與納音說〉《古文字研究》第 14 輯（1988 年）。

（十七）二十一劃

顧海芳

2002〈漢語顏色詞的文化分析——關於《說文解字》對青、白、赤、黑的說解〉《沙洋師範高等專科學校學報》2002 年第 4 期。

四、學位論文

1. 王璧寰《漢代天文學與陰陽五行說之關係》臺北：政治大學中國文學研究所碩士論文，民國 69（1980）年。

2. 吳振鵬《陰陽五行之研究》香港：能仁學院哲學研究所碩士論文，1993

年。

3. 吳智雄《西漢前期經學思想研究》中正大學中國文學研究所博士論文，民國 92（2003）年。

4. 吳志鴻《兩漢哲學中宇宙論思想之研究》臺北：輔仁大學哲學研究所博士論文，民國 92（2003）年。

5. 林金泉《周秦陰陽五行家思想研究》臺北：臺灣師範大學國文研究所碩士論文，民國 70（1981）年。

6. 林明正《《說文》陰陽五行觀探析及對後世字書之影響》臺北：中國文化大學中國文學研究所碩士論文，民國 90（2001）年。

7. 林政言《讖緯學研究》臺北：中國文化大學中國文學研究所博士論文，民國 87（1998）年。

8. 周鳳玲《《說文解字》與古代天文學》內蒙古：內蒙古師範大學碩士論文，2003 年。

9. 洪春音《緯書與兩漢經學關係之研究》臺中：東海大學中國文學研究所博士論文，民國 91（2002）年。

10. 殷善培《讖緯中的宇宙秩序》臺北：淡江大學中國文學研究所碩士論文，民國 79（1990）年。

11. 殷善培《讖緯思想研究》臺北：政治大學中國文學研究所博士論文，民國 84（1995）年。

12. 陳美華《說文干支字研究》臺北：中國文化大學中國文學研究所碩士論文，民國 73（1984）年。

13. 陳明宏《《說文》中之巫術研究》嘉義：中正大學中國文學研究所碩士論文，民國 92（2003）年。

14. 蔡璧名《五行系統中的色彩》臺北：臺灣師範大學國文研究所碩士論文，民國 80（1991）年。

15. 簡松興《西漢天人思想研究》臺北：輔仁大學中國文學研究所博士論文，民國 87（1998）年。

伍、學術網址

1. 「簡帛網」http://www.bsm.org.cn/index.php。

2. 「復旦大學出土文獻與古文字中心」http://www.gwz.fudan.edu.cn/list.asp?src_Typeid=2。

【《說文解字》數術字例總表】

一、《易》學字例

編號	字例	篇卷〔註1〕	頁碼〔註2〕	編號	字例	篇　卷	頁　碼
1	文	9上20	103-107	2	字	14下25	103-107
3	屯	1下1	112	4	爻	3下44	114
5	巽	5上23	114	6	巺	5上23	114
7	兌	8下8	115	8	艮	8上42	115
9	山	9下1	116	10	水	11上1	116
11	蠱	13下5	117	12	坤	13下16	118
13	坎	13下30	120	14	夬	敘	120
15	元	1上1	124	16	天	1上1	126
17	無	12下46	128	18	地	13下16	129
19	帝	1上3	129	20	王	1上18	130
21	皇	1上38	131	22	士	1上39	131
23	人	8上1	133	24	儒〔註3〕	8上3	134,574-582

〔註1〕「篇卷」指字例於《說文解字注》原書的篇卷數，如「1下1」代表「一篇下一」。

〔註2〕「頁碼」指字例於本論六文的頁數。

〔註3〕《說文》「儒」詳略互見兩處，頁574-582是頁134的詳細發揮，並串聯本論文與儒學相關的字例作論述。

25	大	1 上 23	135	26	夫	10 下 19	136
27	菁	1 下 27	148	28	易	9 下 44	167
29	箄	5 上 5	174	30	一	1 上 1	177
31	三	1 上 17	180	32	八	2 上 1	181
33	十〔註4〕	3 上 5	181	34	二	13 下 14	184
35	四	14 下 14	184	36	五〔註5〕	14 下 15	185
37	六	14 下 16	186	38	七	14 下 16	187
39	九	14 下 16	188	40	物	2 上 10	190
41	仁〔註6〕	8 上 1	583				

〔註4〕《說文》「十」詳略互見兩處,第 181 頁爲筮數義,第 192-210 頁則專就其九宮四正四維之義作探究。

〔註5〕《說文》「五」詳略互見兩處,第 185 頁爲筮數義,第 192-210 頁則專就其九宮四正四維之義作探究。

〔註6〕「仁」本可收於第三章第二節〈《說文》三才思想〉「三才字例」之「(三) 人道之理」,茲在第七章〈《說文》數術思想闡義〉第二節之「《說文》儒學思想」另以專節說之。但本總字表仍收編在「《易》學字例」。

二、陰陽五行字例

編號	字例	篇卷	頁碼	編號	字例	篇卷	頁碼
1	陰	14下1	215	2	陽	14下1	215
3	霓	11下14	219	4	虹	13上61	219
5	䨻	11下9	221	6	霆	11下10	222
7	電	11下10	222	8	震〔註7〕	11下10	117, 223
9	霰	11下11	224	10	雹	11下11	224
11	霜	11下13	224	12	霧	11下14	224
13	霑	11下14	225	14	情	10下24	226
15	性	10下24	227	16	鮎〔註8〕	2下19	227, 488
17	魂	9上40	228	18	魄	9上40	228
19	瘳	7下24	229	20	珠	1上34	230
21	蜃	13上55	231	22	蛤	13上55	231
23	蚨	13上57	231	24	麥〔註9〕	5下33	232, 401
25	黍〔註10〕	7上56	232, 401	26	鑑	14上4	233
27	鐩	14上5	235	28	木	6上1	243
29	火	10上40	244	30	水	11上1	245
31	土	13下16	246	32	金	14上1	247
33	中	1上40	248	34	東	6上66	251

〔註7〕 本類的「震」就陰陽之氣湘激薄而說,《易》類的「震」就卦義而說。

〔註8〕 《說文》「鮎」於本論文詳略互見於第四章〈《說文》陰陽五行天人思想〉「人生性命之氣」和第六章〈《說文》之方技思想〉「醫經類」,故列兩個頁碼。

〔註9〕 《說文》「麥」爲「金也,金王而生,火王而死。」是秋生夏死的植物,其生長季節與陰陽之氣有關,故列於第四章〈《說文》陰陽五行天人思想〉第一節之三「植物陰陽之氣」,頁232。又云:「芒穀,秋種厚薶,故謂之麥。」明顯提到季節,又可視爲物候植物,故列於第五章〈《說文》天文律曆思想〉第三節「時令物候」頁401互見。

〔註10〕 《說文》「黍」爲「孔子曰黍可爲酒,故从禾入水也。」黍爲大暑種,屬火,陽氣。以黍釀酒,必有陰屬之物相感才能發酵,故列於第四章〈《說文》陰陽五行天人思想〉第一節之三「植物陰陽之氣」,頁232。又云:「吕大暑而種故謂之黍」,因大暑節氣而種,故列於第五章〈《說文》天文律曆思想〉第三節「時令物候」頁401互見。

35	（樽）	6 上 29	251	36	（叒）	6 下 1	252
37	南	6 下 4	253	38	北	8 上 44	253
39	嶽	9 下 1	253	40	西	12 上 4	254
41	時	13 下 46	255	42	霽	11 下 15	256
43	青	5 下 1	257	44	白	7 下 57	258
45	黑	10 上 55	258	46	赤	10 下 3	258
47	黃	13 上 48	259	48	碧	1 上 34	259
49	玄	4 下 4	259	50	綠	13 上 13	260
51	縹	13 上 13	260	52	絳	13 上 14	260
53	紫	13 上 16	261	54	紅	13 上 16	261
55	甘	5 上 27	261	56	鹹	12 上 4	261
57	璧〔註11〕	1 上 23	272, 441	58	瑗	1 上 23	272
59	琥	1 上 23	273	60	璋	1 上 24	273
61	圭	13 下 39	274	62	鳳〔註12〕	4 上 38	274, 341
63	鸞	4 上 39	276	64	鷟	4 上 39	276
65	鷫	4 上 40	277	66	虞	5 上 41	277
67	鷹	10 上 1	277	68	（灋）	10 上 20	278
69	（疊）	7 上 23	278	70	麒〔註13〕	10 上 21	279, 347
71	龍〔註14〕	11 下 31	280, 347	72	菫	1 下 3	280
73	來	5 下 32	281	74	禾〔註15〕	7 上 37	281, 401
75	秠	7 上 46	282	76	示	1 上 4	283
77	祺	1 上 16	283	78	禔	1 上 16	284

〔註11〕《說文》「璧」是「瑞玉圜也」，故歸為「陰陽五行」中的祥瑞之物。然《說文》「瑗」引《爾雅》曰：「好倍肉謂之瑗，肉倍好謂之璧」，有考度之制，故互見於第五章「天文律曆」之「律度量衡」，頁441。

〔註12〕《說文》「鳳」詳略互見於第四章〈《說文》陰陽五行天人思想〉第三節之「神鳥瑞獸」和第五節之「四靈神話」，故列兩個頁碼。

〔註13〕《說文》「麒」詳略互見於第四章〈《說文》陰陽五行天人思想〉的「神鳥瑞獸」和「四靈神話」，故列兩個頁碼。

〔註14〕《說文》「龍」詳略互見於第四章〈《說文》陰陽五行天人思想〉的「神鳥瑞獸」和「四靈神話」，故列兩個頁碼。

〔註15〕《說文》「禾」為「嘉穀也」，故列於第四章第三節〈《說文》災祥說〉之「祥瑞」穀物，頁281。又云：「二月始生，八月而孰，得之中和，故謂之禾。」禾為春生秋熟，亦可當作物候植物，故於第五章〈《說文》天文律曆思想〉第三節「時令物候」頁401互見。

79	氛	1 上 39	284	80	萑	4 上 30	284
81	蜃	13 上 43	284	82	蝑	13 上 43	285
83	蟲	13 下 4	285	84	禰	1 上 7	286
85	禜	1 上 12	286	86	禳	1 上 13	287
87	禂	1 上 14	288	88	瓏	1 上 24	288
89	（霝）	11 下 31	288	90	雩	11 下 15	290
91	（望）	4 上 22	290	92	（翿）	4 上 23	290
93	軷	14 上 51	291	94	甲〔註16〕	14 下 19	163, 294
95	乙	14 下 19	163, 297	96	丙	14 下 20	164, 298
97	丁	14 下 20	164, 298	98	戊〔註17〕	14 下 21	299, 321-326
99	己〔註18〕	14 下 21	120, 302	100	庚	14 下 22	164, 302
101	辛	14 下 22	165, 303	102	壬	14 下 23	165, 303, 320
103	癸	14 下 24	166, 305	104	子	14 下 24	166, 307
105	丑	14 下 28	166, 308	106	寅	14 下 29	163, 309
107	卯	14 下 29	163, 309	108	辰	14 下 30	163, 310
109	巳	14 下 30	164, 310	110	午	14 下 31	164, 310
111	未	14 下 32	164, 311	112	申	14 下 32	164, 311
113	酉	14 下 33	165, 312	114	戌	14 下 43	165, 312
115	亥	14 下 44	165, 313	116	讖	3 上 9	326
117	姓	12 下 1	328	118	媧	12 下 11	332
119	龜	13 下 9	349				

〔註16〕《説文》二十二干支字在第三章〈《説文》之《易》學思想〉作十二消息卦解釋，但主體論論述還是放在第四章〈《説文》陰陽五行思想〉，本字例總表標示兩種頁碼互見。

〔註17〕《説文》「戊」詳略互見。頁 299 爲第四章〈《説文》陰陽五行思想〉的干支義，頁 321-326 則專就其「六甲五龍相拘繳」之句作探究。

〔註18〕《説文》：「己中宮也。象萬物辟藏詘形也。己承戊，象人腹。己古文己。」「己」爲干支字，五行爲土，其「象人腹」之理源於《易·説卦傳》：「坤爲地」、「坤爲腹」之説。就《説文》此部分釋文，是以卦理解字義，放在第三章〈《説文》之《易》學思想〉。然就整體而言，還是屬於地支的釋義，放在第四章〈《説文》陰陽五行天人思想〉。因此，「己」字兩收，討論內容有詳略之分，可互見對照。

三、天文律曆字例

編號	字例	篇 卷	頁 碼	編號	字例	篇 卷	頁 碼
1	日	7上1	354	2	暈	7上6	358
3	昴	7上8	358	4	晶	7上22	359
5	曟	7上22	359	6	曑	7上23	360
7	曟	7上23	360	8	月	7上23	361
9	歲	2上41	363	10	霽	3上39	366
11	晦	7上8	369	12	冥	7上22	370
13	朔	7上24	371	14	朏	7上24	372
15	霸	7上24	372	16	朓	7上24	374
17	朒	7上24	374	18	朢	8上46	376
19	圜	6下10	377	20	稘	7上54	378
21	閏	1上18	391	22	春	1下53	393
23	秋〔註19〕	7上51	394, 401	24	冬	11下8	394
25	風	13下6	395	26	禘	1上10	397
27	祫	1上11	398	28	臘〔註20〕	4下29	269, 398
29	膢	4下29	399	30	鴠	4上26	402
31	離	4上27	402	32	雇	4上28	402
33	鶯	4上42	402	34	鷈	4上48	403
35	焉	4上57	403	36	晨	3上39	405
37	舗	5下11	405	38	早	7上2	406
39	漏	11上2	406	40	丈	3上18	412
41	寸	3下29	412	42	尋	3下30	413
43	仞	8上2	413	44	尺	8下1	419

〔註19〕《說文》「秋」雖是季節字例,但其「禾穀孰也」的釋義也可視爲物候,故分列於第五章〈《說文》天文律曆思想〉之「時令」(頁394)、「物候」(頁401)互見。

〔註20〕《說文》「臘」分別互見於第四章〈《說文》陰陽五行天人思想〉頁269、第五章〈《說文》天文律曆思想〉頁398。

45	咫	8 下 1	420	46	匹	12 下 48	421
47	科	7 上 52	424	48	程	7 上 52	424
49	秳	7 上 54	425	50	斗	14 上 32	425
51	斛	14 上 32	426	52	升	14 上 35	426
53	稷	7 上 52	427	54	秭	7 上 53	427
55	秅	7 上 53	428	56	絩	13 上 10	429
57	粲	7 上 59	430	58	糲	7 上 59	430
59	粺	7 上 59	430	60	毇	7 上 65	430
61	糳	7 上 65	430	62	稱	7 上 51	434
63	兩	7 下 39	435	64	銓	14 上 12	436
65	銖	14 上 12	437	66	錙	14 上 13	437
67	鍰	14 上 13	437	68	錙	14 上 14	439
69	錘	14 上 14	439	70	鈞	14 上 14	440
71	瑗	1 上 23	441	72	環	1 上 23	443
73	琮	1 上 23	443	74	瑒	1 上 24	444
75	班	1 上 25	444	76	珇	1 上 25	444
77	筭	5 上 20	445	78	巨	5 上 25	447
79	規	10 下 19	449	80	準	11 上 29	449
81	音	2 下 32	453	82	韶	2 下 33	454
83	章	3 上 33	455	84	竟	3 上 33	455
85	樂	6 上 54	455	86	殷	8 上 48	455
87	龠	2 下 32	456	88	竽	5 上 16	457
89	笙	5 上 17	457	90	簧〔註21〕	5 上 17	333, 459
91	簫	5 上 17	459	92	管	5 上 18	460
93	鼓	14 下 14	461	94	琴	12 下 44	461
95	瑟	12 下 45	463	96	鐘	14 上 16	463

〔註21〕《說文》「簧」云：「古者女媧作簧。」故可互見於第四章「陰陽五行思想」
之「創制神話」（三）女媧，頁333。

四、方技字例

編號	字例	篇　卷	頁　碼	編號	字例	篇　卷	頁　碼
1	體	4 下 17	467	2	衈	11 下 18	467
3	腎	4 下 21	469	4	肺	4 下 21	470
5	脾	4 下 22	471	6	肝	4 下 22	471
7	心	10 下 23	472	8	膽	4 下 22	474
9	胃	4 下 22	474	10	脬	4 下 22	475
11	腸	4 下 22	475	12	厀	5 上 50	477
13	衂	5 上 51	478	14	痒	7 下 28	478
15	痟	7 下 28	478	16	疝	7 下 29	478
17	癥	7 下 29	478	18	瘃	7 下 29	479
19	癭	7 下 31	479	20	痁	7 下 31	479
21	痎	7 下 31	480	22	蛕	13 上 42	480
23	蟯	13 上 42	480	24	髌	4 下 17	481
25	痔	7 下 31	481	26	瘻	7 下 31	481
27	痹	7 下 31	481	28	瘺	7 下 32	482
29	痙	7 下 33	482	30	殨	4 下 8	483
31	朕	4 下 20	483	32	胚	4 下 20	483
33	胎	4 下 20	483	34	瘕	7 下 30	484
35	癉	7 下 35	484	36	衄	4 上 17	485
37	斯	7 下 28	485	38	告	4 上 10	485
39	眣	4 上 10	485	40	瘍	7 下 28	485
41	疕	7 下 28	486	42	瘍	7 下 28	486
43	瘻	7 下 28	486	44	痱	7 下 29	487
45	瘻	7 下 29	487	46	疽	7 下 30	487
47	癔	7 下 30	488	48	瘇	7 下 32	488
49	衈	2 下 19	488	50	龢	2 下 21	489
51	犕	2 下 24	489	52	醫〔註22〕	14 上 40	490, 501

〔註22〕　《說文》「醫」以其「治病工也。从殹酉聲。殹，惡姿也，醫之性然。……古

53	癙	7 下 35	490	54	褶	1 上 12	491
55	砭	9 下 32	493	56	窜	7 上 24	498
57	灸	10 上 47	500	58	藥	1 下 42	502
59	薑	1 下 5	503	60	蘘	1 下 7	503
61	菔	1 下 8	503	62	蕙	1 下 8	504
63	蘭	1 下 8	504	64	蒬	1 下 9	504
65	薲	1 下 11	504	66	蕙	1 下 13	504
67	莒	1 下 15	504	68	芺	1 下 16	504
69	艾	1 下 21	505	70	芸	1 下 21	505
71	芐	1 下 22	505	72	菳	1 下 23	506
73	茢	1 下 26	506	74	芫	1 下 30	507
75	桂	6 上 4	507	76	桔	6 上 11	507
77	礜	9 下 25	508	78	包	9 上 38	510
79	（妊）	12 下 5	510	80	（嫋）	12 下 6	510
81	（孕）	14 下 24	510	82	（娠）	12 下 6	510
83	神	1 上 5	514	84	祇	1 上 5	515
85	靈	1 上 38	515	86	僊	8 上 38	515
87	仚	8 上 38	516	88	眞	8 上 40	516
89	嫡	12 下 10	517	90	玉	1 上 19	519
91	芝	1 下 3	520				

者巫彭初作醫。」釋義，做爲第六章第一節「醫經類」之「醫療技術」前言，
頁 490。又以其「得酒而使，故从酉，王育說。一曰殹，病聲。酒所以治病也，
《周禮》有醫酒。」釋義歸之「酒劑」療法，頁 501。